中國哲學史大綱

胡適著

民國滬上初版書·復制版

中國哲學史大綱

胡適 著

上海三聯書店

图书在版编目(CIP)数据

中国哲学史大纲 / 胡适著. ——上海：上海三联书店，2014.3
（民国沪上初版书・复制版）
ISBN 978-7-5426-4589-0
Ⅰ.①中… Ⅱ.①胡… Ⅲ.①哲学史—中国 Ⅳ.①B21
中国版本图书馆 CIP 数据核字(2014)第 029655 号

中国哲学史大纲
著　　者 / 胡适
责任编辑 / 陈启甸 王倩怡
封面设计 / 清风
策　　划 / 赵炬
执　　行 / 取映文化
加工整理 / 嘎拉 江岩 牵牛 莉娜
监　　制 / 吴昊
责任校对 / 笑然

出版发行 / 上海三联书店
（201199）中国上海市闵行区都市路 4855 号 2 座 10 楼
网　　址 / http://www.sjpc1932.com
邮购电话 / 021-24175971
印刷装订 / 常熟市人民印刷厂

版　　次 / 2014 年 3 月第 1 版
印　　次 / 2014 年 3 月第 1 次印刷
开　　本 / 650×900　1/16
字　　数 / 300 千字
印　　张 / 26
书　　号 / ISBN 978-7-5426-4589-0/B・342
定　　价 / 125.00 元

民国沪上初版书·复制版

出版人的话

如今的沪上，也只有上海三联书店还会使人联想起民国时期的沪上出版。因为那时活跃在沪上的新知书店、生活书店和读书出版社，以至后来结合成为的三联书店，始终是中国进步出版的代表。我们有责任将那时沪上的出版做些梳理，使曾经推动和影响了那个时代中国文化的书籍拂尘再现。出版"民国沪上初版书·复制版"，便是其中的实践。

民国的"初版书"或称"初版本"，体现了民国时期中国新文化的兴起与前行的创作倾向，表现了出版者选题的与时俱进。

民国的某一时段出现了春秋战国以后的又一次百家争鸣的盛况，这使得社会的各种思想、思潮、主义、主张、学科、学术等等得以充分地著书立说并传播。那时的许多初版书是中国现代学科和学术的开山之作，乃至今天仍是中国学科和学术发展的基本命题。重温那一时期的初版书，对应现时相关的研究与探讨，真是会有许多联想和启示。再现初版书的意义在于温故而知新。

初版之后的重版、再版、修订版等等，尽管会使作品的内容及形式趋于完善，但却不是原创的初始形态，再受到社会变动施加的某些影响，多少会有别于最初的表达。这也是选定初版书的原因。

民国版的图书大多为纸皮书，精装（洋装）书不多，而且初版的印量不大，一般在两三千册之间，加之那时印制技术和纸张条件的局限，几十年过来，得以留存下来的有不少成为了善本甚或孤本，能保存完好无损的就更稀缺了。因而在编制这套书时，只能依据辗转找到的初版书复制，尽可能保持初版时的面貌。对于原书的破损和字迹不清之处，尽可能加以技术修复，使之达到不影响阅读的效果。还需说明的是，复制出版的效果，必然会受所用底本的情形所限，不易达到现今书籍制作的某些水准。

民国时期初版的各种图书大约十余万种，并且以沪上最为集中。文化的创作与出版是一个不断筛选、淘汰、积累的过程，我们将尽力使那时初版的精品佳作得以重现。

我们将严格依照《著作权法》的规则，妥善处理出版的相关事务。

感谢上海图书馆和版本收藏者提供了珍贵的版本文献，使“民国沪上初版书·复制版”得以与公众见面。

相信民国初版书的复制出版，不仅可以满足社会阅读与研究的需要，还可以使民国初版书的内容与形态得以更持久地留存。

2014年1月1日

胡適著

中國哲學史大綱

中華民國八年二月初版

中國古代哲學史大綱序

我們今日要編中國古代哲學史、有兩層難處。第一是材料問題：周秦的書、眞的同僞的混在一處。就是眞的、其中錯簡錯字又是很多。若沒有做過清朝人叫做『漢學』的一步工夫、所搜的材料必多錯誤。第二是形式問題：中國古代學術從沒有編成系統的紀載。莊子的天下篇漢書藝文志的六藝略、諸子略、均是平行的記述。我們要編成系統、古人的著作沒有可依傍的、不能不依傍西洋人的哲學史。所以非研究過西洋哲學史的人、不能構成適當的形式。

現在治過『漢學』的人雖還不少、但總是沒有治過西洋哲學史的。留學西洋的學生、治哲學的、本沒有幾人。這幾人中、能兼治『漢學』的、更少了。適之先生生於世傳『漢學』的績溪胡氏、稟有『漢學』的遺傳性；雖自幼進新式的學校、還能自修『漢學』、至今不輟；又在美國留學的時候、兼治文學、哲學、於西洋哲學史是很有心得的。所以編中國古代哲學史的難處、一到先生手裏、就比較的容易多了。

先生到北京大學教授中國哲學史、纔滿一年。此一年的短時期中、成了這一編中國古代哲學史大綱可算是心靈手敏了。我曾細細讀了一遍、看出其中幾處的特長：

第一是證明的方法。我們對於一個哲學家、若是不能考實他生存的時代、便不能知道他思想的來原若不能辨別他遺著的眞僞、便不能揭出他實在的主義；若不能知道他所用辯證的方法、便不能發見他有無矛盾的議論。適之先生這大綱中、此三部分的研究、差不多占了全書三分之一、不但可以表示個人的苦心、並且爲後來的學者開無數法門。

第二是扼要的手段。中國民族的哲學思想遠在老子、孔子之前、是無可疑的。但要從此等一半神話、一半政史的記載中、抽出純粹的哲學思想、編成系統、不是窮年累月、不能成功的。適之先生認定所講的是中國古代哲學家的思想發達史、不是中國民族的哲學思想發達史、所以截斷衆流、從老子孔子講起。這是何等手段！

第三是平等的眼光。古代評判哲學的、不是墨非儒、就是儒非墨。且同是儒家、荀子非孟子、崇拜孟子的人、又非荀子。漢宋儒者、崇拜孔子、排斥諸子；近人替諸子抱不平、又有意嘲弄孔子。這都是鬧意氣罷了！適之先生此編、對於老子以後的諸子、各有各的長處、各有各的短處、都還他一個本來面目、是狠平等的。

第四是系統的研究。古人記學術的、都用平行法、我已說過了。適之先生此編、不但孔墨兩家有師承可考的、一一顯出變遷的痕迹。便是從老子到韓非、古人畫分做道家和儒墨名法等家的、一經排比時代、比較論旨、都有遞次演進的脈絡可以表示。此眞是古人所見不到的。

以上四種特長、是較大的、其他較小的長處、讀的人自能領會、我不必贅說了。我只盼望適之先生努力進行、由上古而中古、而近世、編成一部完全的中國哲學史大綱、把我們三千年來一半斷爛、一半龐雜的哲學界、理出一個頭緒來、給我們一種研究本國哲學史的門徑、那眞是我們的幸福了！

中華民國七年八月三日、蔡元培

中國哲學史大綱

凡例

一、本書分上中下三卷。上卷述古代哲學、自爲一册。中卷述中古哲學、下卷述近世哲學、合爲一册。這個區分、似乎不平均。但這裏面有兩層理由。第一、古代哲學書有許多話須詳細解釋、故校勘、訓詁兩項佔了許多篇幅。中古以下的書籍、不用做這幾項工夫、故篇幅少些。第二、古代哲學的規模廣大、問題繁雜、學派衆多、故須多佔篇幅。中古哲學材料較少些。近世哲學材料雖多、問題實狠簡單、派別也狠少、故不須一一細述了。

二、本書選擇材料的方法、在第一篇中另有詳細的討論。此處恕不重述了。

三、本書全用白話、但引用古書、還用原文；原文若不容易懂得、便用白話作解說。

四、本書所用的句讀符號和他種文字符號、列表如下：

(1)。　表一句的收束。

(2)、　表一頓或一讀。

(3)；　表含有幾個小讀的長讀。

(4)：　表冒下文、或總結上文。

(5)？　表疑問。

(6)！　表驚歎。

(7)………　表刪節。

(8)——　(甲)表忽轉一個意思。(例)詩伐檀『河水清且漣猗。——不稼不穡、胡取禾三百廛兮』

(乙)表夾註的字句。(例)『以上所說四種證據、——史事、文字、文體、思想、——都可叫做內證』

(丙)表總結上文幾小段。(例)——以上三項、都是消極的主張。

(9)『』「」　表引用的話的起結。有時也表特別提出的名詞或句語。

(10)字右邊的直線。　表一切私名。或稱本名。(例)墨翟、人名洛陽、地名漢、魏、朝代佛學、學派

(11)字右邊的曲線。　表書名及篇名。(例)莊子天下篇

(12)。。。。或◎◎◎◎　表特別注重的所在。

民國七年七月十五日、胡適。

中國哲學史大綱目錄

卷上　古代哲學史

中國哲學史大綱卷上（古代哲學史）

第一篇　導言

哲學的定義　哲學的定義從來沒有一定的。我如今也暫下一個定義：『凡研究人生切要的問題、從根本上著想、要尋一個根本的解決：這種學問、叫做哲學。』例如行爲的善惡、乃是人生一個切要問題。平常人對著這問題、或勸人行善去惡、或實行賞善罰惡、這都算不得根本的解決。哲學家遇著這問題、便去研究什麼叫做善、什麼叫做惡；人的善惡還是天生的呢、還是學得來的呢；我們何以能知道善惡的分別、還是生來有這種觀念、還是從閱歷經驗上學得來的呢；善何以當爲、惡何以不當爲；還是因爲善事有利所以當爲、惡事有害所以不當爲呢、還是只論善惡、不論利害呢：這些都是善惡問題的根本方面。必須從這些方面著想、方可希望有一個根本的解決。

因爲人生切要的問題不止一個、所以哲學的門類也有許多種。例如

一、天地萬物怎樣來的。　（宇宙論）

二、知識思想的範圍、作用、及方法。（名學及知識論）

三、人生在世應該如何行爲。（人生哲學。舊稱『倫理學』）

四、怎樣纔可使人有知識、能思想、行善去惡呢。（教育哲學）

五、社會國家應該如何組織、如何管理。（政治哲學）

六、人生究竟有何歸宿。（宗教哲學）

哲學史。這種種人生切要問題、自古以來、經過了許多哲學家的研究。往往有一個問題發生以後、各人有各人的見解、各人有各人的解決方法、遂致互相辨論。有時一種問題過了幾千百年、還沒有一定的解決法。例如孟子說人性是善的、告子說性無善無不善、荀子說性是惡的。到了後世、又有人說性有上中下三品、又有人說性是無善無惡可善可惡的。若有人把種種哲學問題的種種研究法、和種種解決方法、都依著年代的先後、和學派的系統、一一記敘下來、便成了哲學史。

哲學史的種類也有許多：

一、通史。例如中國哲學史、西洋哲學史之類。

二、專史。（一）專治一個時代的例如希臘哲學史、明儒學案。

（二）專治一個學派的例如禪學史、斯多亞派哲學史。

（三）專講一人的學說的例如王陽明的哲學、康德的哲學。

（四）專講哲學的一部份的歷史例如名學史、人生哲學史、心理學史。

哲學史有三個目的。

（一）明變。哲學史第一要務、在於使學者知道古今思想沿革變遷的線索。例如孟子荀子同是儒家但是孟子荀子的學說、和孔子不同。孟子又和荀子不同。又如宋儒明儒也都自稱孔氏、但是宋明的儒學、並不是孔子的儒學、也不是孟子荀子的儒學。但是這個不同之中、卻也有個相同的所在、又有個一線相承的所在。這種同異沿革的線索、非有哲學史、不能明白寫出來。

（二）求因。哲學史目的、不但要指出哲學思想沿革變遷的線索、還須要尋出這些沿革變遷的原因。例如程子朱子的哲學、何以不同於孔子孟子的哲學？陸象山王陽明的哲學、又何以不同於程子朱子呢？這些原因、約有三種：

（甲）個人才性不同。
（乙）所處的時勢不同。
（丙）所受的思想學術不同。

（三）評判。　既知思想的變遷和所以變遷的原因了、哲學史的責任還沒有完、還須要使學者知道各家學說的價值：這便叫做評判。但是我說的評判、並不是把做哲學史的人自己的眼光、來批評古人的是非得失。那種『主觀的』評判、沒有什麼大用處。如今所說、乃是『客觀的』評判。這種評判法、要把每一家學說所發生的效果表示出來。這些效果的價值、便是那種學說的價值。這些效果、大概可分爲三種：

（甲）要看一家學說在同時的思想、和後來的思想上、發生何種影響。
（乙）要看一家學說在風俗政治上、發生何種影響。
（丙）要看一家學說的結果、可造出什麼樣的人格來。

例如古代的『命定主義、』說得最痛切的、莫如莊子。莊子把天道看作無所不在、無所不包、故說『庸詎知吾所謂天之非人乎？所謂人之非天乎？』因此他有『乘化以待盡』的學說。這種學說、在當時遇著荀子、便發生一種反動力。荀子說『莊子蔽於天而不知人』、所以荀子的天論極力主張征服天行、以利人事。但是後來莊子這種學說的影響、養成一種樂天安命的思想、牢不可破。在社會上、好的效果、便是一種達觀主義；不好的效果、便是懶惰不肯進取的心理。造成的人才、好的便是陶淵明蘇東坡；不好的便是劉伶一類達觀的廢物了。

中國哲學在世界哲學史上的位置。　世界上的哲學大概可分為東西兩支。東支又分印度中國兩系。西支也分希臘猶太兩系。初起的時候、這四系都可算作獨立發生的。到了漢以後、猶太系加入希臘系、成了歐洲中古的哲學。印度系加入中國系、成了中國中古的哲學。到了近代、印度系的勢力漸衰、儒家復起、遂產生了中國近世的哲學、歷宋元明清直到於今。歐洲的思想漸漸脫離了猶太系的勢力、遂產生歐洲的近世哲學。到了今日、這兩大支的哲學互相接觸、互相影響。五十年後、一百年後、或竟能發生一種世界的哲學、也未可知。

附世界哲學統系圖

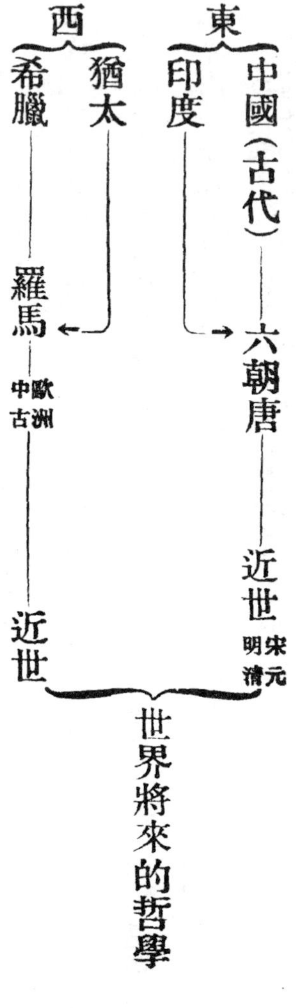

中國哲學史的區分　中國哲學史可分三個時代：

(一)古代哲學　自老子至韓非、爲古代哲學。這個時代、又名「諸子哲學。」

(二)中世哲學　自漢至北宋、爲中世哲學。這個時代、大略又可分作兩個時期：

(甲)中世第一時期。　自漢至晉、爲中世第一時期。這一時期的學派、無論如何不同、都還是以古代諸子的哲學作起點的。例如淮南子是折衷古代各家的；董仲舒是儒家的一支；王充的天論得力於道家、性論折衷於各家；魏晉的老莊之學、更不用說了。

(乙)中世第二時期。 自東晉以後、直到北宋、這幾百年中間、是印度哲學在中國最盛的時代。印度的經典、次第輸入中國。印度的宇宙論、人生觀、知識論、名學、宗教哲學、都能於諸子哲學之外、別開生面、別放光彩。此時凡是第一流的中國思想家、如智顗、玄奘、宗密、窺基、多用全副精力、發揮印度哲學。那時的中國系的學者、如王通、韓愈、李翺諸人、全是第二流以下的人物。他們所有的學說、浮泛淺陋、全無精闢獨到的見解。故這個時期的哲學、完全以印度系爲主體。

(三)近世哲學。 唐以後、印度哲學已漸漸成爲中國思想文明的一部份。譬如喫美味、中古第二時期是仔細咀嚼的時候。唐以後便是胃裏消化的時候了。喫的東西消化時、與人身本有的種種質料結合、別成一些新質料。印度哲學在中國、到了消化的時代、與中國固有的思想結合、所發生的新質料、便是中國近世的哲學。我這話初聽了好像近於武斷。平心而論、宋明的哲學、或是程朱、或是陸王、表面上雖都不承認和佛家禪宗有何關係。其實沒有一派不曾受印度學說的影響的。這種影響、約有兩方面。一面是直接的。如由佛家的觀心、回到孔子的『操心』到孟子的『盡心』『養心』到大學的『正心』是直接的影響。一面是反動的。佛家見解儘管玄妙、終究是出世的、是『非倫理的。』宋明的儒家、攻擊佛家的出世主義、故極力提倡『倫理的』入世主義。明心見性、以成佛果、終是自私自利。正心誠意、以至於齊家、治國、平天下、便是倫理的人生哲學了。這是反動的影響。

明代以後、中國近世哲學完全成立。佛家已衰、儒家成爲一尊。於是又生反動力、遂有漢學宋學之分。清初的漢學家、嫌宋儒用主觀的見解、來解古代經典、有『望文生義』『增字解經』種種流弊。故漢學的方法、只是用古訓、古音、古本等等客觀的根據、來求經典的原意。故嘉慶以前的漢學宋學之爭、還只是儒家的內鬨。但是漢學家既重古訓古義、不得不研究與古代儒家同時的子書、用來作參考互證的材料。故清初的諸子學、不過是經學的一種附屬品、一種參攷書。不料後來的學者、越研究子書、越覺得子書有價値。故孫星衍、王念孫、王引之、顧廣圻、俞樾、諸人、對於經書與子書、檢直沒有上下輕重和正道異端的分別了。到了最近世、如孫詒讓章炳麟諸君、竟都用全副精力、發明諸子學。於是從前作經學附屬品的諸子學、到此時代、竟成專門學。一般普通學者、崇拜子書、也往往過於儒書。豈但是『附庸蔚爲大國、』檢直是『婢作夫人』了。

綜觀清代學術變遷的大勢、可稱爲古學昌明的時代。自從有了那些漢學家考據、校勘、訓詁的工夫、那些經書子書、方纔勉強可以讀得。這個時代、有點像歐洲的『再生時代。』再生時代西名 Renaissance 舊譯文藝復興時代。歐洲到了『再生時代、』昌明古希臘的文學哲學、故能推翻中古『經院哲學』舊譯煩瑣哲學、極不通。原文爲 Scholasticism、今譯原義。的勢力、產出近世的歐洲文化。我們中國到了這個古學昌明的時代、不但有古書可讀、又恰當西洋學術思想輸入的時代、有西洋的新舊學說可供我們的參考研究。我們今日的學術思想、有這兩個大源頭：一方面是漢學家傳給我們的古書；一方面是西洋的新舊學說。這兩大潮流匯合以後、中國若不能產生一種中國的新哲學、那就眞是孤負了這個好機會了。

哲學史的史料　上文說哲學史有三個目的：一是明變、二是求因、三是評判。但是哲學史先須做了一番根本工夫、方才可望達到這三個目的。這個根本工夫、叫做述學。述學是用正確的手段、科學的方法、精密的心思、從所有的史料裏面、求出各位哲學家的一生行事、思想淵源沿革、和學說的眞面目。爲什麼說『學說的眞面目』呢？因爲古人讀書編書最不細心、往往把不相干的人的學說併入某人的學說；（例如韓非子的第一篇是張儀說秦王的書。又如墨子經上下、經說上下、大取、小取、諸篇、決不是墨翟的書。）或把假書作爲眞書；（如管子、關尹子、晏子春秋之類。）或把後人加入的篇章、作爲原有的篇章；（此弊諸子書皆不能免。試舉莊子爲例。莊子中僞篇最多。世人竟有認說劍、漁父諸篇爲眞者。其他諸篇、更無論矣。）或不懂得古人的學說、遂致埋沒了；（如墨子經上諸篇。）或把古書解錯了、遂失原意；（如漢人用分野、爻辰、卦氣、說易經、宋人用太極圖、先天卦位圖、說易經。又如漢人附會春秋、來說災異、宋人顚倒大學、任意補增、皆是其例。）或各用己意解古書、鬧得後來衆說紛紛、糊塗混亂。（如大學中「格物」兩字、解者多至七十餘家。又如老莊之書、說者紛紛、無兩家相同者。）有此種種障礙、遂把各家學說的眞面目大半失掉了。至於哲學家的一生行事、和所居的時代、古人也最不留意。老子可見楊朱、莊周可見魯哀公、管子能說毛嬙西施、墨子能見吳起之死、和中山之滅;商鞅能知長平之戰;韓非能說荆齊燕魏之亡。此類笑柄、不可勝數。史記說老子活了一百六十多歲、或言二百餘歲、又說孔子死後一百二十九年、老子還不曾死。那種神話、更不足論了。哲學家的時代、既不分明、如何能知道他們思想的傳授沿革?最荒謬的是漢朝的劉歆班固說諸子的學說都出於王官;又說、『合其要歸、亦六經之支與流裔。』(漢書藝文志。看胡適「諸子不出於王官論」太平洋雜誌第一卷第七號。)諸子既都出於王官與六經、還有什麼別的淵源傳授可說?

以上所說、可見『述學』之難。述學的所以難、正爲史料或不完備或不可靠。哲學史的史料、大概可分爲兩種:一爲原料、一爲副料。今分說於下:

一、原料。　哲學史的原料、卽是各哲學家的著作。近世哲學史對於這一層、大概沒有什麼大困難。因爲近世哲學發生在印書術通行以後、重要的哲學家的著作、都有刻板流傳;偶有散失埋沒的書、終究不多。但近世哲學史的史料、也不能完全沒有疑竇。如謝良佐的上蔡語錄裏、是否有江民表的書?如朱熹的家禮是否可信爲他自己的主張?這都是可疑的問題。又宋儒以來、各家都有語錄、都是門弟子筆記的。這些語錄、是否無誤記誤解之處、也是一個疑問。但是大致看來、近世哲學史料還不至有大困難。到了中世哲學史便有大困難了。漢代的書、如賈誼的新書、董仲舒的春秋繁露、都有後人增加的痕迹。又如王充的論衡、是漢代一部奇書、但其中如亂龍篇極力爲董仲舒作土龍求雨一事辯護、與全書的宗旨恰相反。篇末又有『論衡終之、故曰亂龍、亂者、終也、』的話、全無道理、明是後人假造的。此外重複的話極多。僞造的書定不止這一篇。又如仲長統的昌言、乃是中國政治哲學史上有數的書、如今已失、僅存三篇。魏晉人的書、散失更多。三國志、晉書、世說新語所稱各書、今所存的、不過幾部書。如世說新語說魏晉注莊子的有幾十家、今但有郭象注完全存在。晉書說魯勝有墨辯注、今看其序、可見那注定極有價值、可惜現在不傳了。後人所編的漢魏六朝人的集子、大抵多係東鈔西摘而成的、那原本的集子大半都散失了。故中古哲學史料最不完全。我們不能完全恢復魏晉人的哲學著作、是中國哲學史最不幸的事。到了古代哲學史、這個史料問題更困難了。表面上看來、古代哲學史的重要材料、如孔、老、墨、莊、孟、荀、韓非的書、都還存在。仔細研究起來、這些書差不多沒有一部是完全可靠的。大概老子裏假的最少。孟子或是全眞、或是全假。宋人疑孟子者甚多。依我看來、大約是眞的。稱『子曰』或『孔子曰』的書極多、但是眞可靠的實在不多。墨子荀子兩部書裏、狠多後人雜湊僞造的文字。莊子一書、大概十分之八九是假造的。韓非子也只有十分之一二可靠。此外如管子、列子、晏子春秋諸書、是後人雜湊成的。關尹子、鶡冠子、商君書、是後人僞造的。鄧析子也是假書。尹文子似乎是眞書、但不無後人加入的材料。公孫龍子有眞有假、又多錯誤。這是我們所有的原料。更想到莊子天下篇、和荀子非十二子篇、天論篇、解蔽篇所舉它囂、魏牟、陳仲、即孟子之陳仲子。宋鈃、即孟子之宋牼。彭蒙、田駢、愼到、今所傳愼子五篇是佚文。惠施、申不害；和王充論衡所舉的世碩、漆雕開、宓子賤、公孫尼子、都沒有著作遺傳下來。更想到孔門一脈的儒家、所著書籍、何止大小戴禮記裏所採的幾篇？如此一想、可知中國古代哲學的史料、於今所存不過十分之一二。其餘的十分之八九、都不曾保存下來。古人稱『惠施多方、其書五車。』於今惠施的學說、只賸得一百多個字。若依此比例、恐怕現存的古代史料、還沒有十分之一二呢！原著的書既散失了這許多、於今又無發見古書的希望、於是有一班學者、把古書所記各人的殘章斷句、一一搜集成書。如汪繼培或孫星衍的尸子、如馬國翰的玉函山房輯佚書這種書可名爲『史料鉤沉』在哲學史上也極爲重要。如惠施的五車書都失掉了、幸虧有莊子天下篇所記的十事、還可以考見他的學說的性質。又如告子與宋鈃的書、都不傳了、今幸虧有孟子的告子篇、和荀子的正論篇、還可以考見他們的學說的大概。又如各代歷史的列傳裏、也往往保存了許多中古和近世的學說。例如後漢書的仲長統傳保存了三篇昌言；梁書的范縝傳保存了他的神滅論。這都是哲學史的原料的一部份。

二、副料　原料之外、還有一些副料、也極重要。凡古人所作關於哲學家的傳記軼事、評論、學案、書目、都是哲學史的副料。例如禮記中的檀弓、論語中的十八十九兩篇、莊子中的天下篇、荀子中的正論篇、呂氏春秋、韓非子的顯學篇、史記中各哲學家的列傳、皆屬於此類。近世文集裏有許多傳狀序跋、也往往可供參考。至於黃宗羲的明儒學案、及黃宗羲、黃百家、全祖望的宋元學案、更爲重要的哲學史副料。若古代中世的哲學都有這一類的學案、我們今日編哲學史便不至如此困難了。副料的重要、約有三端。第一、各哲學家的年代家世事蹟、未必在各家著作之中、往往須靠這種副料、方才可以考見。第二、各家哲學的學派系統、傳授源流、幾乎全靠這種副料作根據。例如莊子天下篇與韓非子顯學篇論墨家派別、為他書所無。天下篇說墨家的後人、『以堅白同異之辯相訾、以觭偶不仵之辭相應、』可考證後世俗儒所分別的『名家』原不過是墨家的一派。不但『名家出於禮官之說』不能成立、還可證明古代本無所謂『名家。』（說詳見本書第八篇。）第三、有許多學派的原著已失、全靠這種副料裏面論及這種散佚的學派、借此可以考見他們的學說大旨。如莊子天下篇所論宋鈃、彭蒙、田駢、慎到、惠施、公孫龍、桓團及其他辯者的學說；如荀子正論篇所稱宋鈃的學說、都是此例。上節所說的『史料鉤沉』也都全靠這些副料裏所引的各家學說。

以上論哲學史料是什麼。

史料的審定　中國人作史、最不講究史料。神話官書、都可作史料、全不問這些材料是否可靠。却不知道史料若不可靠、所作的歷史便無信史的價值。孟子說、『盡信書、則不如無書。』孟子何等崇拜孔子、但他對於孔子手定之書、還持懷疑態度。何況我們生在今日、去古已遠、豈可一味迷信古書、甘心受古代作偽之人的欺騙？哲學史最重學說的眞相、先後的次序、和沿革的線索。若把那些不可靠的材料信爲眞書、必致(一)失了各家學說的眞相；(二)亂了學說先後的次序；(三)亂了學派相承的系統。我且舉管子一部書爲例。管子這書、定非管仲所作、乃是後人把戰國末年一些法家的議論、和一些儒家的議論、(如內業篇、如弟子職篇。)和一些道家的議論、(如白心心術等篇。)還有許多夾七夾八的話、併作一書；又僞造了一些桓公與管仲問答諸篇、又雜湊了一些紀管仲功業的幾篇；遂附會爲管仲所作。今定此書爲假造的證據甚多、單舉三條：

(一)小稱篇記管仲將死之言、又記桓公之死。管仲死於西歷前六四三年。小稱篇又稱毛嬙西施。西施當吳亡時還在。吳亡在西歷前四七二年、管仲已死百七十年了。此外如形勢解說『五伯、』七臣七主說『吳王好劍、楚王好細腰。』皆可見此書爲後人僞作。

(二)立政篇說『寢兵之說勝、則險阻不守；兼愛之說勝、則士卒不戰。』立政九敗解說『兼愛』道：『視天下之民如其民、視人國如吾國。如是則無幷兼攘奪之心。』這明指墨子的學說、遠在管仲以後了。(法法篇亦有求廢兵之語。)

（三）左傳紀子產鑄刑書、西歷前五三六叔向極力反對。過了二十幾年、晉國也作刑鼎、鑄刑書。孔子也極不贊成。西歷前五一三這都在管仲死後一百多年。若管仲生時已有了那樣完備的法治學說、何以百餘年後賢如叔向孔子、竟無一毫法治觀念？或言孔子論晉鑄刑鼎一段、不狠可靠。但叔向諫子產書、決不是後人能假造的。何以子產答叔向書、也只能說『吾以救世而已？』爲什麽不能利用百餘年前已發揮盡致的法治學說？這可見管子書中的法治學說、乃是戰國末年的出產物、決不是管仲時代所能突然發生的。全書的文法筆勢也都不是老子孔子以前能產生的。卽以論法治諸篇看來、如法法篇兩次說『春秋之記、臣有弑其君子有弑其父者矣』可見是後人僞作的了。

管子一書既不是眞書、若用作管仲時代的哲學史料、便生出上文所說的三弊：（一）管仲本無這些學說、今說他有、便是張冠李戴、便是無中生有。（二）老子之前、忽然有心術白心諸篇那樣詳細的道家學說；孟子荀子之前數百年、忽然有內業那樣深密的儒家心理學；法家之前數百年、忽然有法法明法禁藏諸篇那樣發達的法治主義。若果然如此、哲學史便無學說先後演進的次序、竟變成了靈異記、神祕記了！（三）管仲生當老子孔子之前一百多年、已有那樣規模廣大的哲學。這與老子以後一步一步、循序漸進的思想發達史完全不合。故認管子爲眞書、便把諸子學直接間接的淵源系統一齊推翻。

以上用管子作例、表示史料的不可不審定。讀古書的人、須知古書有種種作僞的理由。第一、有一種人實有一種主張、却恐怕自己的人微言輕、不見信用、故往往借用古人的名字。莊子所說的「重言」、卽是這一種借重古人的主張。康有爲稱這一種爲「託古改制」、極有道理。古人言必稱堯舜、只因爲堯舜年代久遠、可以由我們任意把我們理想中的制度一概推到堯舜的時代。卽如黃帝內經假託黃帝、周髀算經假託周公、都是這個道理。韓非說得好:

孔子墨子俱道堯舜、而取舍不同、皆自謂眞堯舜。堯舜不復生、將誰使定儒墨之誠乎? (顯學篇)

正爲古人死無對證、故人多可隨意託古改制。這是作僞書的第一類。第二、有一種人爲了錢財、有意僞作古書。試看漢代求遺書的令、和諸王貴族求遺書的競爭心、便知作假書在當時定可發財。這一類造假書的、與造假古董的同一樣心理。他們爲的是錢、故東拉西扯、篇幅越多、越可多賣錢。故管子晏子春秋、諸書、篇幅都極長。有時得了眞本古書、因爲篇幅太短、不能多得錢、故又東拉西扯、增加許多卷數。如莊子韓非子都屬於此類。但他們的買主、大半是一些假充內行的收藏家、沒有眞正的賞鑒本領。故這一類的假書、於書中年代事實、往往不曾考校正確。因此莊子可以見魯哀公、管子可以說西施。這是第二類的僞書。大概這兩類之中、第一類『託古改制』的書、往往有第一流的思想家在內。第二類『託古發財』的書、全是下流人才、思想既不高尚、心思又不精密、故最容易露出馬脚來。如周禮一書、是一種託古改制的國家組織法。我們雖可斷定他不是『周公致太平』之書、却不容易定他是什麼時代的人假造的。至於管子一類的書、說了作者死後的許多史事、便容易斷定了。

審定史料之法　審定史料乃是史學家第一步根本工夫。西洋近百年來史學大進步、大半都由於審定史料的方法更嚴密了。凡審定史料的眞僞、須要有證據、方能使人心服。這種證據、大概可分五種：（此專指哲學史料。）

(一)史事。　書中的史事、是否與作書的人的年代相符。如不相符、卽可證那一書或那一篇是假的。如莊子見魯哀公便太前了；如管仲說西施便太後了。這都是作僞之證。

(二)文字。　一時代有一時代的文字、不致亂用作僞書的人、多不懂這個道理。故往往露出作僞的形迹來。如關尹子中所用字：『術咒』『誦咒』『役神』『豆中攝鬼、杯中釣魚、畫門可開、土鬼可語、』『嬰兒蘂女金樓絳宮青蛟白虎寶鼎紅爐、』是道士的話。『石火』『想』『識』『五識並馳』『尙自不見我將何爲我所』是佛家的話。這都是作僞之證。

(三)文體。　不但文字可作證、文體也可作證。如管子那種長篇大論的文體、決不是孔子前一百多年所能作的。後人儘管仿古、古人決不仿今如關尹子中、『譬犀望月、月影入角、特因識生、始有月形、而彼眞月、初不在角；』『又譬如水中之影、有去有來、所謂水者、實無去來：』這決不是佛經輸入以前的文體。不但一個時代有一個時代的文體、一個人也有一個人的文體。如莊子中說劍、讓王、漁父盜跖等篇、決不是莊周的文體。韓非子中主道、揚搉（今作揚權）等篇和五蠹、顯學等篇、明是兩個人的文體。

（四）思想　凡能著書立說成一家言的人、他的思想學說、總有一個系統可尋、決不致有大相矛盾衝突之處。故看一部書裏的學說是否能連絡貫串、也可帮助證明那書是否眞的。最淺近的例、如韓非子的第一篇、勸秦王攻韓、第二篇、勸秦王存韓。這是絕對不相容的。司馬光不仔細考察、便罵韓非請人滅他自己的祖國、死有餘辜、豈不是冤煞韓非了！大凡思想進化有一定的次序、一個時代有一個時代的問題、卽有那個時代的思想。如墨子裏經上下、經說上下、大取、小取等篇、所討論的問題、乃是墨翟死後百餘年纔發生的、決非墨翟時代所能提出。因此可知這六篇書決不是墨子自己做的。不但如此、大凡一種重要的新學說發生以後、決不會完全沒有影響。若管仲時代已有管子書中的法治學說、決不會二三百年中沒有法治觀念的影響。又如關尹子說、『卽吾心中可作萬物』；又說、『風雨雷電、皆緣氣而生、而氣緣心生。猶如內想大火、久久之覺熱；內想大水、久久之覺寒。』這是極端的萬物唯心論。若老子關尹子時代已有這種唯心論、決無毫不發生影響之理。周秦諸子竟無人受這種學說的影響、可見關尹子完全是佛學輸入以後的書、決不是周秦的書。這都是用思想來考證古書的方法。

(五)旁證　以上所說四種證據。史事、文字、文體、思想、皆可叫做內證。因這四種都是從本書裏尋出來的。還有一些證據、是從別書裏尋出的、故名爲旁證。旁證的重要有時竟與內證等。如西洋哲學史家考定柏拉圖 Plato 的著作、凡是他的弟子亞里士多德 Aristotle 書中所曾稱引的書、都定爲眞是柏拉圖的書。又如清代惠棟閻若璩諸人考證梅氏古文尙書之僞、所用方法、幾乎全是旁證。（看閻若璩古文尙書疏證、及惠棟古文尙書考。）又如荀子正論篇引宋子曰、『明見侮之不辱、使人不鬭。』又曰、『人之情欲寡、（欲是動詞）而皆以己之情爲欲多、是過也。』尹文子說、『見侮不辱、見推不矜、禁暴息兵、救世之鬭。』莊子天下篇合論宋鈃尹文的學說道、『見侮不辱、救民之鬭；禁攻寢兵、救世之戰。』又說、『以禁攻寢兵爲外、以情欲寡小爲內。』又孟子記宋牼聽見秦楚交戰、便要去勸他們息兵。以上四條、互相印證、卽互爲旁證證明宋鈃尹文實有這種學說。

以上說審定史料方法的大概。今人談古代哲學，不但根據管子、列子、鬻子、晏子春秋、鶡冠子等書，認爲史料，甚至於高談『邃古哲學』『唐虞哲學』，全不問用何史料。最可怪的是竟有人引列子天瑞篇『有太易、有太初、有太始、有太素』一段，及淮南子『有始者、有未始有始者、有未始有夫未始有始者』一段，用作『邃古哲學』的材料，說這都是『古說而諸子述之。吾國哲學思想初萌之時，大抵其說卽如此！』(謝無量中國哲學史第一編第一章，頁六。)這種辨法，似乎不合作史的方法。韓非說得好：

無參驗而必之者，愚也。弗能必而據之者，誣也。故明據先王，必定堯舜者，非愚卽誣也。(顯學篇)

參驗卽是我所說的證據。以現在中國考古學的程度看來，我們對於東周以前的中國古史，只可存一個懷疑的態度。至於『邃古』的哲學，更難憑信了。唐虞夏商的事實，今所根據，止有一部尚書。但尚書是否可作史料，正難決定。梅賾僞古文，固不用說。卽二十八篇之『眞古文』，依我看來，也沒有信史的價值。如皋陶謨的『鳳皇來儀』，『百獸率舞、』如金縢的『天大雷電以風、禾盡偃、大木斯拔。……王出郊、天乃雨、反風。禾則盡起。二公命邦人、凡大木所偃、盡起而築之、歲則大孰。』這豈可用作史料？我以爲尚書或是儒家造出的『託古改制』的書、或是古代歌功頌德的官書、無論如何、沒有史料的價值。古代的書只有一部詩經可算得是中國最古的史料。詩經小雅說、

十月之交、朔日辛卯、日有食之。

後來的歷學家、如梁虞劆、隋張胄元、唐傅仁均、僧一行、元郭守敬、都推定此次日食在周幽王六年十月辛卯朔日入食限。清朝閻若璩阮元推算此日食、也在幽王六年。近來西洋學者也說詩經所記月日、（西歷紀元前七七六年八月二十九日）中國北部可見日蝕。這不是偶然相合的事、乃是科學上的鐵證。詩經有此一種鐵證、便使詩經中所說的國政、民情、風俗、思想、一一都有史料的價值了。至於易經更不能用作上古哲學史料。易經除去十翼、止賸得六十四個卦、六十四條卦辭、三百八十四條爻辭、乃是一部卜筮之書、全無哲學史料可說。故我以爲我們現在作哲學史、只可從老子孔子說起。用詩經作當日時勢的參考資料。其餘一切『無徵則不信』的材料、一概闕疑。這個辦法、雖比不上

別的史家的淹博、或可免『非愚卽誣』的譏評了。

整理史料之法　哲學史料既經審定、還須整理。無論古今哲學史料、都有須整理之處。但古代哲學書籍、更不能不加整理的工夫。今說整理史料的方法、約有三端：

(一)校勘。　古書經了多少次傳寫、遭了多少兵火蟲魚之刼、往往有脫誤、損壞、種種缺點。校勘之學、便是補救這些缺點的方法。這種學問、從古以來、多有人研究、但總不如清朝王念孫、王引之、盧文弨、孫星衍、顧廣圻、俞樾、孫詒讓諸人的完密謹嚴、合科學的方法。孫詒讓論諸家校書的方法道、

> 綜論厥善、大氐以舊刊精校爲據依、而究其微恉、通其大例、精研博攷、不參成見。其諟正文字譌舛、或求之於本書、或旁證之他籍、及援引之類書、而以聲類通轉爲之錧鍵。(札迻序。)

大抵校書有三種根據：(一)是舊刊精校的古本。例如荀子解蔽篇『不以己所臧害所將受。』宋錢佃本、元刻本、明世德堂本、皆作『所已臧』、可據以改正。(二)是他書或類書所援引。例如荀子天論篇『脩道而不貳』王念孫校曰、『脩當爲

循。貳當爲貣字之誤也。貣與忒同。……羣書治要作循道而不忒。』(三)是本書通用的義例。例如墨子小取篇『辟也者舉也物而以明之也』。畢沅刪第二『也』字。便無意思。王念孫說、『也與他同。舉他物以明此物、謂之譬。……墨子書通以也爲他。說見備城門篇。』這是以本書的通例作根據。又如小取篇說、『此與彼同類、世有彼而不自非也。墨者有此而非之、無故也焉。』王引之曰、『無故也焉、當作無也故焉。也故卽他故。下文云、此與彼同類、世有彼而不自非也。墨者有此而罪非之、無也故焉。文正與此同。』這是先用本篇構造相同的文句、來證『故也』當作『也故』；又用全書以也爲他的通例、來證『也故』卽『他故』。

(二)訓詁。　古書年代久遠、書中的字義、古今不同。宋儒解書、往往妄用己意、故常失古義。清代的訓詁學、所以超過前代、正因爲戴震以下的漢學家、註釋古書、都有法度、都用客觀的佐證、不用主觀的猜測。三百年來、周秦兩漢的古書所以可讀、不單靠校勘的精細、還靠訓詁的謹嚴。今述訓詁學的大要、約有三端：(一)根據古義。或用古代的字典、(如爾雅、說文、廣雅之類。)或用古代箋註、(如詩的毛鄭、淮南子的許高。)作根據。

或用古書中相同的字句作印證。今引王念孫讀書雜記餘編上一條爲例：

老子五十三章、『行於大道唯施是畏』。王弼曰『唯施爲之是畏也』。河上公注略同。念孫按二家以『施爲』釋施字非也施讀爲迆。迆邪也。言行於大道之中、唯懼其入於邪道也。……說文、『迆衺行也』。引禹貢『東迆北會於匯』。孟子離婁篇、『施從良人之所之』。趙注、『施者邪施而行』。丁公著音迆。淮南齊俗篇『去非者非批邪施也』。高注曰、『施微曲也』。要略篇『接徑直施』。高注曰、『施、邪也』。是施與迆通。史記賈生傳『庚子日施兮』。漢書施作斜。斜亦邪也。韓子解老篇釋此章之義曰、『所謂大道也者端道也所謂貌施也者邪道也』。此尤其明證矣。

這一則中引古字典一條、古書類似之例五條、古註四條。這都是根據古義的註書法。(二)根據文字假借聲類通轉的道理。古字通用全由聲音。但古今聲韻有異、若不懂音韻變遷的道理、便不能領會古字的意義。自顧炎武、江永、錢大昕、孔廣森諸人以來、音韻學大興。應用於訓詁學、收效更大。今舉二例。易繫辭傳『旁行而不流。』又乾文言『旁通情也。』舊注多解旁爲邊旁。王引之說、『旁之言溥也、偏也。說文「旁、溥也。」旁溥偏一聲之轉。周官男巫曰、「旁招以茅、」謂偏招於四方也。月令曰、「命有司大難、旁磔、」亦謂偏磔於四方也。……楚語曰、「武丁使以夢象「旁求四方之賢、」謂偏求四方之賢也。』又書堯典『湯湯洪水方割；』微子『小民方興、相爲敵讎；』立政『方行天下、至于海表；』呂刑『方告無辜於上。』舊說方字都作四方解。王念孫說、『方皆讀爲旁。旁之言溥也、偏也。說文曰、「旁、溥也。」旁與方古字通。（堯典「共工方鳩僝功、」史記引作旁；皋陶謨「方施象刑惟明、」新序引作旁。）商頌「方命厥后、」鄭箋曰、「謂偏告諸侯。」是方爲偏也。……「方告無辜於上、」論衡變動篇引此、方作旁。旁亦偏也。』以上兩例、說方旁兩字皆作溥偏解。今音讀方爲輕脣音、旁爲重脣音。不知古無輕脣音、故兩字同音、相通。與溥字偏字皆爲同紐之字。這是音韻學幫助訓詁字的例。（三）根據文法的研究　古人講書最不講究文法上的構造。往往把助字、介字、連字、狀字、等等都解作名字代字等等的實字。清朝訓詁學家最講究文法的、是王念孫王引之父子兩人。他們的經傳釋詞、用歸納的方法、比較同類的例句、尋出各字的文法上的作用、可算得馬氏文通之前的一部文法學要書。這種研究法、在訓詁學上別開一新天地。今舉一條例如下：

老子三十一章『夫佳兵者不祥之器』釋文『佳、善也』河上云『飾也』。念孫案、善飾二訓、皆於義未安。……今案佳字當作隹、字之誤也。隹、古唯字也。唯兵爲不祥之器、故有道者不處。上言『夫唯』下言『故』、文義正相承也。八章云、『夫唯不爭、故無尤』十五章云『夫唯不可識、故強爲之容』。又云、『夫唯不盈、故能蔽不新成。』二十二章云『夫唯不爭、故天下莫能與之爭』。皆其證也。古鐘鼎文、唯字作隹、石鼓文亦然。又夏竦古文四聲韻載道德經唯字作⿱日厓。据此則今本作唯者、皆後人所改。此隹字若不誤爲佳、則後人亦必改爲唯矣。（王念孫讀書雜誌餘篇上。）

以上所述三種根據、乃是訓詁學的根本方法。

(三)貫通。　上文說整理哲學史料之法、已說兩種。校勘是書的本子上的整理、訓詁是書的字義上的整理。沒有校勘、我們定讀誤書；沒有訓詁、我們便不能懂得書的眞意義。這兩層雖極重要、但是作哲學史還須有第三層整理的方法。這第三層、可叫做『貫通』。貫通便是把每一部書的內容要旨融會貫串、尋出一個脈絡條理、演成一家有頭緒有條理的學說。宋儒注重貫通、漢學家注重校勘訓詁。但是宋儒不明校勘訓詁之學、（朱子稍知之而不甚精。）故流於空疏、流於臆說。清代的漢學家、最精校勘訓詁、但多不肯做貫通的工夫、故流於支離碎瑣。校勘訓詁的工夫、到了孫詒讓的墨子閒詁、可謂最完備了。（此書尙多缺點、此所云最完備、乃比較之辭耳。）但終不能貫通全書、述墨學的大旨。到章太炎方纔於校勘訓詁的諸子學之外、別出一種有條理系統的諸子學。太炎的原道、原名、明見、原墨、訂孔、原法、齊物論釋、都屬於貫通的一類。原名、明見、齊物論釋、三篇、更爲空前的著作。今細看這三篇、所以能如此精到、正因太炎精於佛學、先有佛家的因明學、心理學、純粹哲學、作爲比較印證的材料、故能融會貫通、於墨翟、莊周、惠施、荀卿的學說裏面尋出一個條理系統。於此可見整理哲學史料的第三步、必須於校勘訓詁之外、還要有比較參考的哲學資料。爲什麼呢？因爲古代哲學去今太遠、久成了絕學。當時發生那些學說的特別時勢、特別原因、現在都沒有了。當時討論最激烈的問題、現在都不成問題了。當時通行的學術名詞、現在也都失了原意了。但是別國的哲學史上、有時也曾發生那些問題、也曾用過那些名詞、也曾產出大同小異或小同大異的學說。我們有了這種比較參考的材料、往往能互相印證互相發明。今舉一個極顯明的例。墨子的經上下、經說上下、大取、小取、六篇、從魯勝以後、幾乎無人研究。到了近幾十年之中、有些人懂得幾何算學了、方纔知道那幾篇裏有幾何算學的道理。後來有些人懂得光學力學了、方纔知道那幾篇裏又有光學力學的道理。後來有些人懂得印度的名學心理學了、方纔知道這幾篇裏又有名學知識論的道理。到了今日、這幾篇二千年沒人過問的書、竟成中國古代的第一部奇書了！我做這部哲學史的最大奢望、在於把各家的哲學融會貫通、要使他們各成有頭緒條理的學說。我所用的比較參證的材料、便是西洋的哲學。但是我雖用西洋哲學作參考資料、並不以爲中國古代也有某種學說、便可以自誇自喜。做歷史的人、千萬不可存一毫主觀的成見。須知東西的學術思想的互相印證、互相發明、至多不過可以見得人類的官能心理大概相同、故遇著大同小異的境地時勢、便會產出大同小異的思想學派東家所有、西家所無、只因爲時勢境地不同、西家未必不如東家、東家也不配誇炫於西家。何況東西所同有、誰也不配誇張自豪。故本書的主張、但以爲我們若想貫通整理中國哲學史的史料、不可不借用別系的哲學、作一種解釋演述的工具。此外別無他種穿鑿附會、發揚國光、自己誇耀的心。

史料結論　以上論哲學史料：先論史料爲何、次論史料所以必須審定、次論審定的方法、次論整理史料的方法。前後差不多說了一萬字。我的理想中、以爲要做一部可靠的中國哲學史、必須要用這幾條方法。第一步須搜集史料。第二步須審定史料的眞假。第三步須把一切不可信的史料全行除去不用。第四步須把可靠的史料仔細整理一番：先把本子校勘完好、次把字句解釋明白、最後又把各家的書貫串領會、使一家一家的學說、都成有條理有統系的哲學。做到這個地位、方纔做到『述學』兩個字。然後還須把各家的學說、攏統研究一番、依時代的先後、看他們傳授的淵源、交互的影響、變遷的次序：這便叫做『明變。』然後研究各家學派興廢沿革變遷的原故：這便叫做『求因。』然後用完全中立的眼光、歷史的觀念、一一尋求各家學說的效果影響、再用這種種影響效果來批評各家學說的價值：這便叫做『評判。』

這是我理想中的中國哲學史、我自己深知道當此初次嘗試的時代、我這部書定有許多未能做到這個目的、和未能謹守這些方法之處。所以我特地把這些做哲學史的方法詳細寫出。一來呢、我希望國中學者用這些方法來評判我的書。二來呢、我更希望將來的學者用這些方法來做一部更完備更精碻的中國哲學史。

參考書舉要

論哲學史、看 Windelband's A History of Philosophy 頁八至十八。

論哲學史料、參看同書、頁十五至十七注語。

論史料審定及整理之法、看 C. V. Langlois and Seignobos's Introduction to the Study of History

論校勘學、看王念孫讀淮南子雜志敘（讀書雜誌九之二十二）。及俞樾古書疑義舉例、論西洋校勘學、看 Encyclopaedia Britannica 中論 Textual Criticism 一篇。
論訓詁學、看王引之經義述聞卷三十一及三十二。

第二篇　中國哲學發生的時代

第一章　中國哲學結胎的時代

大凡一種學說、決不是劈空從天上掉下來的。我們如果能仔細研究、定可尋出那種學說有許多前因、有許多後果。譬如一篇文章、那種學說不過是中間的一段。這一段定不是來無蹤影、去無痕迹的。定然有個承上起下、承前接後的關係。要不懂他的前因、便不能懂得他的眞意義。要不懂他的後果、便不能明白他在歷史上的位置。這個前因、所含不止一事。第一是那時代政治社會的狀態。第二是那時代的思想潮流。這兩種前因、時勢和思潮、狠難分別。因爲這兩事又是互相爲因果的。有時是先有那時勢、纔生出那思潮來；有了那種思潮、時勢受了思潮的影響、一定有大變動；所以時勢生思潮、思潮又生時勢、時勢又生新思潮。所以這學術史上尋因求果的研究、是狠不容易的。我們現在要講哲學史、不可不先研究哲學發生時代的時勢、和那時勢所發生的種種思潮。

中國古代哲學大家、獨有孔子一人的生年死年、是我們所曉得的。孔子生於周靈王二十一年、當西歷紀元前五五一年。死於周敬王四十一年、當西歷前四七九年。孔子曾見過老子、老子比孔子至多不過大二十歲、大約生於周靈王的初年、當西歷前五七〇年左右。中國哲學到了老子孔子的時候、纔可當得『哲學』兩個字。我們可把老子孔子以前的二三百年、當作中國哲學的懷胎時代。爲便利起見、我們可用西歷來記算如下：

前八世紀、周宣王二十八年、到東周桓王二十年。西歷紀元前八〇〇年、到七〇〇年。

前七世紀、周桓王二十年、到周定王七年。西歷前七〇〇年、到六〇〇年。

前六世紀、周定王七年、到周敬王二十年。西歷前六〇〇年、到五〇〇年。

這三百年可算得一個三百年的長期戰爭。一方面是北方戎狄的擾亂。宣王時、常與玁狁開戰。幽王時、戎禍最烈。犬戎殺幽王、在西歷前七七一年。後來周室竟東遷以避戎禍。狄滅衞、殺懿公、在前六六〇年。一方面是南方楚吳諸國的勃興。楚稱王在前七〇四年。吳稱王在前五八五年。中原的一方面、這三百年之中、那一年沒有戰爭侵伐的事。周初許多諸侯、早已漸漸的被十幾個強國吞併去了。東遷的時候、晉、鄭、魯最強。後來魯、鄭衰了、便到了『五霸』時代。到了春秋的下半段、便成了晉楚爭霸的時代了。

這三個世紀中間、也不知滅了多少國、破了多少家、殺了多少人、流了多少血。只可惜那時代的政治和社會的情形、已無從詳細查考了。我們如今參考詩經國語左傳幾部書、仔細研究起來、覺得那時代的時勢、大概有這幾種情形：

第一、這長期的戰爭、鬧得國中的百姓、死亡喪亂、流離失所、痛苦不堪。如詩經所說、

肅肅鴇羽、集于苞栩。王事靡盬、不能蓺稷黍。父母何怙？悠悠蒼天、曷其有所！（唐風鴇羽）

陟彼岵兮、瞻望母兮。母曰、『嗟予季行役、夙夜無寐！上愼旃哉、猶來無棄！』（陟岵）

昔我往矣、楊柳依依。今我來思、雨雪霏霏。行道遲遲、載渴載飢。我心傷悲、莫知我哀！（小雅采薇。參看出車、杕杜。）

何草不黃！何日不行！何人不將、經營四方！　何草不玄！何人不矜！哀我征夫、獨爲匪民！（小雅何草不黃）

中谷有蓷、暵其濕矣！有女仳離、啜其泣矣！啜其泣矣！何嗟及矣！（王風中谷有蓷）

有兔爰爰、雉離于羅。我生之初、尚無爲。我生之後、逢此百罹。尚寐無吪！（兔爰）

苕之華、其葉青青。知我如此、不如無生！ 二 牂羊墳首、三星在罶。人可以食、鮮可以

飽。三（苕之華）

讀了這幾篇詩、可以想見那時的百姓受的痛苦了。

第二、那時諸侯互相侵略、滅國破家不計其數。古。代。封。建。制。度。的。種。種。社。會。階。級、都。漸。漸。的。銷。滅。了。就是那些不曾銷滅的階級、也漸漸的可以互相交通了。

古代封建制度的社會、最重階級。左傳昭十年、芋尹無宇曰、『天子經略、諸侯正封、古之制也。封略之內、何非君土？食土之毛、誰非君臣？……天有十日、人有十等。下所以事上、上所以共神也。故王臣公、公臣大夫、大夫臣士、士臣皁、皁臣輿、輿臣隸、隸臣僚、僚臣僕、僕臣臺。馬有圉、牛有牧、以待百事。』古代社會的階級、約有五等：

一、王（天子）
二、諸侯（公侯伯子男）
三、大夫
四、士
五、庶人（皁輿隸僚僕臺）

到了這時代、諸侯也可稱王了。大夫有時比諸侯還有權勢了。(如魯之三家、晉之六卿、到了後來、三家分晉、田氏代齊、更不用說了。) 亡國的諸侯卿大夫、有時連奴隸都比不上。國風上說的：

式微式微、胡不歸！微君之躬、胡爲乎泥中！(邶風式微)

瑣兮尾兮、流離之子！叔兮伯兮、褎如充耳！(邶風旄丘)

可以想見當時亡國君臣的苦處了。國風又說、

東人之子、職勞不來。西人之子、粲粲衣服。舟人之子、熊羆是裘。私人之子、百僚是試。(小雅大東)

可以想見當時下等社會的人、也往往有些『暴發戶』、往往會爬到社會的上層去。再看論語上說的公叔文子和他的家臣大夫僎同升諸公、又看春秋時飯牛的甯戚、賣作奴隸的百里奚、鄭國商人弦高、都能跳上政治舞台、建功立業。可見當時的社會階級、早已不如從前的嚴緊了。

第三、封建時代的階級雖然漸漸銷滅了、卻新添了一種生計上的階級。那時社會漸漸成了一個貧富很不平均的社會。富貴的太富貴了、貧苦的太貧苦了。

國風上所寫貧苦人家的情形、不止一處。參觀上文第一條 內中寫那貧富太不平均的、也不止一處。如

小東大東、杼柚其空。糾糾葛屨、可以履霜。佻佻公子、行彼周行。既往既來、使我心疚。(小雅大東)

糾糾葛屨、可以履霜。摻摻女手、可以縫裳。要之襋之、『好人』服之! 『好人』提提、宛然左辟、佩其象揥。維是褊心、是以爲刺。(魏風葛屨)

這兩篇竟像英國虎德(Thomas Hood)的『縫衣歌』的節本。寫的是那時代的資本家、僱用女工、把那『摻摻女子』的血汗工夫、來做他們發財的門徑。葛屨本是夏天穿的、如今這些窮工人到了下霜下雪的時候、也還穿著葛屨。怪不得那些慈悲的詩人忍不過要痛罵了。又如

彼有旨酒、又有嘉肴、洽比其鄰、昏姻孔云。念我獨兮、憂心慇慇! 佌佌彼有屋、蔌蔌方有穀、民今之無祿、天夭是椓。哿矣富人、哀此惸獨! (小雅正月)

這也是說貧富不平均的更動人的、是下面的一篇:

坎坎伐檀兮。置之河之干兮。河水淸且漣猗。——不稼不穡。胡取禾三百廛兮！不狩不獵、胡瞻爾庭有縣貆兮！彼君子兮、不素餐兮！（魏風伐檀）

這竟是近時社會黨攻擊資本家不該安享別人辛苦得來的利益的話了！

第四、那時的政治。除了幾國之外、大概都是狠黑暗、狠腐敗的王朝的政治。我們讀小雅的節南山、正月、十月之交、雨無正、幾篇詩、也可以想見了。其他各國的政治內幕、我們也可想見一二。例如

（邶風）北門　（齊風）南山、敝笱、載驅、　（檜風）匪風

（鄘風）鶉之奔奔　（秦風）黃鳥　（曹風）候人

（王風）兔爰　（陳風）株林

寫得最明白的、莫如

人有土田、女反有之。人有民人、女覆奪之。此宜無罪、女反收之。彼宜有罪、女覆說之。（大雅瞻卬）

最痛快的、莫如

> 碩鼠碩鼠、無食我黍。三歲貫女、莫我肯顧。逝將去汝、適彼樂土！樂土樂土！爰得我所！（碩鼠）

又如

> 匪鶉匪鳶、翰飛戾天。匪鱣匪鮪、潛逃于淵。（小雅四月）

這首詩寫虐政之不可逃、更可憐了。還不如

> 魚在于沼、亦匪克樂。潛雖伏矣、亦孔之炤。憂心慘慘、念國之爲虐。（正月）

這詩說卽使人都變做魚、也沒有樂趣的。這時的政治、也就可想而知了。

這四種現象、（一）戰禍連年、百姓痛苦；（二）社會階級漸漸銷滅；（三）生計現象貧富不均；（四）政治黑暗、百姓愁怨。這四種現狀、大約可以算得那時代的大概情形了。

第二章　那時代的思潮（詩人時代）

上章所講三個世紀的時勢、政治那樣黑暗、社會那樣紛亂、貧富那樣不均、民生那樣痛苦。有了這種時勢、自然會生出種種思想的反動。從前第八世紀、到前第七世紀、這兩百年的思潮、除了一部詩經、別無可考。我們可叫他做詩人時代（三百篇中以株林一篇爲最後。）

株林大概作於陳靈公末年。

這時代的思想、大概可分幾派：

第一、憂時派。

(例)節彼南山、維石巖巖。赫赫師尹、民具爾瞻！憂心如惔、不敢戲談。國既卒斬、何用不監？(節南山)

憂心惸惸、念我無祿。民之無辜、并其臣僕。哀我人斯、于何從祿！瞻烏爰止、于誰之屋？瞻彼中林、侯薪侯蒸。民今方殆、視天夢夢。既克有定、靡人弗勝。有皇上帝、伊誰云憎！(正月)

彼黍離離、彼稷之苗。行邁靡靡、中心搖搖！知我者謂我心憂、不知我者謂我何求。悠悠蒼天、此何人哉！(黍離)

園有桃、其實之殽。心之憂矣、我歌且謠。不知我者、謂我士也驕。彼人是哉！子曰何其！心之憂矣、其誰知之！其誰知之！蓋亦勿思。(園有桃)

第二、厭世派。　憂時愛國、却又無可如何、便有些人變成了厭世派。

（例）我生之初、尚無爲。我生之後、逢此百罹。尚寐無吪！（兔爰）

隰有萇楚、猗儺其枝。夭之沃沃、樂子之無知！（隰有萇楚）

苕之華、其葉青青。知我如此、不如無生！（苕之華）

第三、樂天安命派　有些人到了沒法想的時候、只好自推自解、以爲天命如此、無可如何、只好知足安命罷。

（例）出自北門、憂心殷殷。終窶且貧、莫知我艱。已矣哉！天實爲之、謂之何哉！（北門）

衡門之下、可以棲遲。泌之洋洋、可以樂飢。豈其食魚、必河之魴？豈其取妻、必齊之姜？　豈其食魚、必河之鯉？豈其取妻、必宋之子？（衡門）

第四、縱慾自恣派　有些人抱了厭世主義、看看時事不可爲了、不如『遇飲酒時須飲酒、得高歌處且高歌』罷。

（例）蘀兮蘀兮、風其吹女。叔兮伯兮、倡予和女。（蘀兮。倡字一頓。）

蟋蟀在堂、歲聿其莫。今我不樂、日月其除。……（蟋蟀）

山有樞、隰有榆。子有衣裳、弗曳弗婁。子有車馬、弗馳弗驅。宛其死矣、他人是愉。

山有漆、隰有栗、子有酒食。何不日鼓瑟？且以喜樂、且以永日！宛其死矣、他人入室！（山有樞）

第五、憤世派（激烈派）　有些人對著黑暗的時局、腐敗的社會、卻不肯低頭下心的忍受他們受了冤屈、定要作不平之鳴的。

（例）溥天之下、莫非王土。率土之濱、莫非王臣。大夫不均、我從事獨賢。……或燕燕居息、或盡瘁事國。或偃息在牀、或不已于行。　或不知叫號、或慘慘劬勞。或棲遲偃仰、或王事鞅掌。　或湛樂飲酒、或慘慘畏咎。或出入風議、或靡事不爲。（北山）

坎坎伐檀兮、置之河之干兮。河水淸且漣猗。不稼不穡、胡取禾三百廛兮！不狩不獵、胡瞻爾庭有縣貆兮！彼君子兮、不素餐兮！（伐檀）

碩鼠碩鼠、無食我黍。三歲貫女、莫我肯顧。逝將去汝、適彼樂土！樂土樂土！爰得我所。（碩鼠）

這幾派大約可以代表前七八世紀的思潮了。請看這些思潮、沒有一派不是消極的。到了伐檀和碩鼠的詩人、已漸漸的有了一點勃勃的獨立精神。你看那伐檀的詩人、對於那時的『君子』、何等冷嘲熱罵！又看那碩鼠的詩人、氣憤極了、把國也不要了、去尋他自己的樂土樂國。到了這時代、思想界中已下了革命的種子了。這些革命種子發生出來、便成了老子孔子的時代。

第三篇　老子

一、老子略傳

老子的事蹟、已不可考。据史記所說、老子是楚國人、（禮記曾子問正義引史記作陳國人。）名耳、字聃、姓李氏。（今本史記作『姓李氏、名耳、字伯陽、謚曰聃』乃是後人據列傳妄改的。索隱云『許愼云、聃、耳曼也。故名耳、字聃。有本字伯陽、非正也。老子號伯陽父、此傳不稱也』王念孫讀書雜志三之四、引索隱此節、又經典釋文序錄、文選注、後漢書桓帝紀注、竝引史記云老子字聃。可證今本史記所說是後人僞造的、後人所以要說老子字伯陽父者、因爲周幽王時有個太史伯陽、後人要合兩人爲一人、說老子曾做幽王的官、當孔子生時、他已活了二百五十歲了。）他曾做周室『守藏室之史』。史記孔子世家和老子列傳孔子曾見過老子。這事不知在於何年、但据史記孔子與南宮敬叔同適周。又据左傳孟僖子將死、命孟懿子與南宮敬叔從孔子學禮、（昭七年。）孟僖子死於昭公二十四年二月。淸人閻若璩因禮記曾子問孔子曰、『昔吾從老聃助葬於巷黨、及堩、日有食之』、遂推算昭公二十四年夏五月乙未朔、巳時日食、恰入食限。閻氏因斷定孔子適周見老子在昭公二十四年、當孔子三十四歲。（四書釋地續。）這話狠像可信。但還有可疑之處：一則曾子問是否可信；二則南宮敬叔死了父親、不到三個月、是否可同孔子適周；三則曾子問所說日食、即便可信、難保不是昭公三十一年的日食。但無論如何、孔子適周總在他三十四歲以後、當西歷紀元前五一八年以後。大概孔子見老子在三十四歲（西歷前五一八年、日食。）與四十一歲（定五年、西歷前五一一年、日食。）之間。老子比孔子至多不過大二十歲、老子當生於周靈王初年、當西歷前五七〇年左右。

老子死時、不知在於何時。莊子養生主篇明記老聃之死。莊子這一段文字決非後人所能假造的、可見古人並無老子『入關仙去』『莫知所終』的神話。史記中老子活了『百有六十餘歲』『二百餘歲』的話、大概也是後人加入的。老子卽享高壽、至多不過活了九十多歲罷了。

上文說老子『名耳、字聃、姓李氏』、何以又稱老子呢？依我看來、那些『生而皓首、故稱老子』的話、固不足信；（此出神僊傳。謝无量中國哲學史用之。）『以其年老、故號其書爲老子』（高士傳、）也不足信。我以爲『老子』之稱、大概不出兩種解說。（一）『老』或是字。春秋時人往往把『字』用在『名』的前面、例如叔梁（字）紇（名）、孔父（字）嘉（名）、正（字）考父（名）、孟明（字）視（名）、孟施（字）舍（名）、皆是。左傳文十一年、襄十年、正義都說『古人連言名字者、皆先字後名。』或者老子本名聃、字耳、一字老、（老訓壽考、古多用爲名字者、如檀弓晉有張老、楚語楚有史老。古人名字同舉、先說字而後說名、故戰國時的書皆稱老聃。王念孫春秋名字解詁及讀書雜志俱依索隱說、据說文『聃、耳曼也』釋名耳字聃之意。今按朱駿聲說文通訓定聲聃字下引漢老子銘云『聃然、老旌之貌也』又禮記曾子問注『老聃古壽考者之號也』是聃亦有壽考之意、故名聃、字老。非必因其壽考而後稱之也。此與人稱叔梁紇、正考父、都不舉其姓氏、正同一例。又古人的『字』下可加『子』字『父』字等字、例如孔子弟子冉求字有、可稱『有子』、哀十一年左傳。故後人又稱『老子』這是一種說法。(二)『老』或是姓。古代有氏姓的區別。尋常的小百姓、各依所從來爲姓、故稱『百姓』『萬姓』。貴族於姓之外、還有氏、如以國爲氏、以官爲氏之類。老子雖不曾做大官、或者源出於大族、故姓老而氏李、後人不懂古代氏族制度、把氏姓兩事混作一事、故說『姓某氏』、其實這三字是錯的。老子姓老、故人稱老聃也稱老子。這也可備一說。這兩種解說都可通、但我們現今沒有憑據、不能必定那一說是的。

二、老子考。 今所傳老子的書、分上下兩篇、共八十一章。這書原本是一種雜記體的書、沒有結構組織。今本所分篇章、決非原本所有。其中有許多極無道理的分斷。如二十章首句『絕學無憂』當屬十九章之末、與『見素抱樸、少私寡欲』兩句爲同等的排句。讀者當删去某章某章等字、合成不分章的書、然後自己去尋一個段落分斷出來、（元人吳澄作道德眞經註、合八十一章為六十八章。中如合十七、十八、十九、為一章。三十、三十一、為一章。六十三、六十四、為一章。六十七、六十八、六十九、為一章。皆極有理、遠勝河上公本。）又此書中有許多重複的話、和許多無理插入的話、大概不免有後人妄加妄改的所在。今日最通行的刻本、有世德堂的河上公章句本、華亭張氏的王弼注本、讀者須參看王念孫、俞樾、孫詒讓、諸家校語。（章太炎極推崇韓非子解老喻老兩篇。其實這兩篇所說、雖偶有好的、大半多淺陋之言。如解『攘臂而仍之』『生之徒十有三』『帶利劍』等句、皆極無道理。但這兩篇所據老子、像是古本、可供我們校勘參考。）

三、革命家之老子。　上篇說老子以前的時勢、和那種時勢所發生的思潮。老子親見那種時勢、又受了那些思潮的影響、故他的思想完全是那個時代的產兒、完全是那個時代的反動。看他對於當時政治的評判道：

民之饑、以其上食稅之多、是以饑。民之難治、以其上之有為、是以難治。民之輕死、以其求生之厚、是以輕死。

民不畏死、奈何以死懼之？若使民常畏死、而為奇者吾得執而殺之、孰敢？

天下多忌諱、而民彌貧；民多利器、國家滋昏；人多伎巧、奇物滋起；法令滋彰、盜賊多有。

天之道損有餘而補不足。人之道則不然：損不足以奉有餘。

這四段都是很激烈的議論。讀者試把伐檀碩鼠兩篇詩記在心裏、便知老子所說「人之道損不足以奉有餘」和「民之饑以其上食稅之多、是以饑」的話、乃是當時社會的實在情形。更回想苕之華詩「知我如此、不如無生」的話、便知老子所說「民不畏死」、「民之輕死、以其求生之厚、是以輕死」的話、也是當時的實在情形。人誰不求生？到了「知我如此不如無生」的時候、束手安分也是死、造反作亂也是死、自然輕死、自然不畏死了。

還有老子反對有爲的政治、主張無爲無事的政治、也是當時政治的反動。凡是主張無爲的政治哲學、都是干涉政策的反動因爲政府用干涉政策、却又沒干涉的本領、越干涉越弄糟了、故挑起一種反動、主張放任無爲。歐洲十八世紀的經濟學者政治學者、多主張放任主義、正爲當時的政府實在太腐敗無能、不配干涉人民的活動。老子的無爲主義、依我看來、也是因爲當時的政府不配有爲、偏要有爲；不配干涉、偏要干涉、所以弄得『天下多忌諱而民彌貧民多利器國家滋昏；法令滋彰、盜賊多有。』上篇所引瞻卬詩說的、『人有土田、汝反有之人有民人、汝覆奪之；此宜無罪、女反收之；彼宜有罪、汝覆說之、』那種虐政的效果、可使百姓人人有『匪鶉匪鳶、翰飛戾天；匪鱣匪鮪、潛逃於淵、』的感想。（老子尤恨當時的兵禍連年、故書中屢攻擊武力政策。如『師之所處荊棘生焉、大軍之後、必有凶年』『兵者不祥之器』『天下無道、戎馬生於郊』皆是。）故老子說『民之難治、以其上之有爲、是以難治。』

老子對於那種時勢、發生激烈的反響、創爲一種革命的政治哲學。他說、

大道廢、有仁義；智惠出、有大僞；六親不和、有孝慈；國家昏亂、有忠臣。

所以他主張

絕聖棄智、民利百倍；絕仁棄義、民復孝慈；絕巧棄利、盜賊無有！

這是極端的破壞主義。他對於國家政治、便主張極端的放任。他說、

治大國若烹小鮮。（河上公注、烹小魚不去腸、不去鱗、不敢撓、恐其糜也。）

又說、

我無爲而自民化、我好靜而民自正、我無事而民自富、我無欲而民自朴。其政悶

悶、其民醇醇；其政察察、其民缺缺。

又說、

太上、下知有之。其次、親而譽之。其次、畏之。其次、侮之。信不足、焉有不信。（焉、乃也。）猶兮其貴言、（貴言、不輕易其言也。所謂『行不言之教』是也。）功成事遂、百姓皆謂我自然。

老子理想中的政治、是極端的放任無爲、要使功成事遂、百姓還以爲全是自然應該如此、不說是君主之功。故『太上、下知有之』、是說政府完全放任無爲、百姓的心裏只覺得有個政府的存在罷了；實際上是『天高皇帝遠』、有政府和無政府一樣。『下知有之』、永樂大典本及吳澄本、皆作『不知有之』；日本本作『下不知有之』、說此意更進一層、更明顯了。

我述老子的哲學、先說他的政治學說。我的意思要人知道哲學思想不是懸空發生的。有些人說哲學起於人類驚疑之念、以爲人類目覩宇宙間萬物的變化生滅、驚歎疑怪、要想尋出一個滿意的解釋、故產生哲學。這話未必盡然。人類的驚疑心可以產生迷信與宗教、但未必能產生哲學。人類見日月運行、雷電風雨、自然生驚疑心、但他一轉念、便說日有日神、月有月神；雷有雷公、電有電母；天有天帝、病有病魔；於是他的驚疑心、便有了滿意的解釋、用不著哲學思想了。卽如希臘古代的宇宙論、又何嘗是驚疑的結果？那時代歐亞非三洲古國、如埃及巴比侖猶太等國的宗教觀念、和科學思想、與希臘古代的神話宗教相接觸、自然起一番衝突、故發生『宇宙萬物的本源究竟是什麼、』的問題。並不是泰爾史（Thales）的驚奇心忽然劈空提出這個哲學問題的。在中國的一方面、最初的哲學思想、全是當時社會政治的現狀所喚起的反動。社會的階級秩序已破壞混亂了、政治的組織不但不能救補維持、並且呈現同樣的腐敗紛亂。當時的有心人、目覩這種現狀、要想尋一個補救的方法、於是有老子的政治思想。但是老子若單有一種革命的政治學說、也還算不得根本上的解決、也還算不得哲學。老子觀察政治社會的狀態、從根本上著想、要求一個根本的解決、遂爲中國哲學的始祖。他的政治上的主張、也只是他的根本觀念的應用。如今說他的根本觀念是什麼。

四、老子論天道　老子哲學的根本觀念是他的天道觀念。老子以前的天道觀念、都把天看作一個有意志、有知識、能喜能怒、能作威作福的主宰。試看詩經中說『有命自天、命此文王』（大明）又屢說『帝謂文王』（皇矣）是天有意志『天監在下』『上帝臨汝』；（大明）『皇矣上帝、臨下有赫、監觀四方、求民之莫』（皇矣）是天有知識『有皇上帝、伊誰云憎？』（正月）『敬天之怒、無敢戲豫；敬天之渝、無敢馳驅』（板）是天能喜怒『昊天不傭、降此鞠凶；昊天不惠、降此大戾』（節南山）『天降喪亂、降此蟊賊』（桑柔）『天降喪亂、饑饉薦臻』（雲漢）是天能作威作福。老子生在那種紛爭大亂的時代、眼見殺人、破家、滅國、等等慘禍、以爲若有一個有意志知覺的天帝、決不致有這種慘禍。萬物相爭相殺、人類相爭相殺、便是天道無知的證據。故老子說、

天地不仁、以萬物爲芻狗

這仁字有兩種說法。第一、仁是慈愛的意思。這是最明白的解說。王弼說、『地不爲獸生芻而獸食芻、不爲人生狗而人食狗。無爲於萬物、而萬物各適其所用。』這是把不仁作無有恩意解。第二、仁卽是『人』的意思。中庸說、『仁者、人也』；孟子說、『仁也者、人也』；劉熙釋名說、『人、仁也；仁、生物也』；不仁便是說不是人、不和人同類。古代把

天看作有意志、有知識、能喜怒的主宰、是把天看作人同類、這叫做天人同類說(Anthropomorphism)老子的『天地不仁』說、似乎也含有天地不與人同性的意思、人性之中、以慈愛爲最普通、故說天地不與人同類、卽是說天地無有恩意、老子這一個觀念、打破古代天人同類的謬說、立下後來自然哲學的基礎。

打破古代的天人同類說、是老子的天道觀念的消極一方面、再看他的積極的天道論:

有物混成、先天地生、寂兮寥兮、獨立而不改、周行而不殆、可以爲天下母吾不知其名、字之曰道、強爲之名曰大。

老子的最大功勞、在於超出天地萬物之外、別假設一個『道』這個道的性質、是無聲、無形;有單獨不變的存在、又周行天地萬物之中;生於天地萬物之先、又却是天地萬物的本源。這個道的作用、是

大道氾兮、其可左右。萬物恃之而生而不辭、功成不名有、衣養萬物而不爲主。

道的作用、並不是有意志的作用、只是一個『自然』自是自己、然是如此、『自然』只、

是自己如此。（謝著中國哲學史云、「自然者、究極之謂也」不成話。）老子說、

> 道常無爲而無不爲。

道的作用、只是萬物自己的作用、故說「道常無爲」。但萬物所以能成萬物、又只是一個道、故說「而無不爲」。

五、論無　老子是最先發見「道」的人。這個「道」本是一個抽象的觀念、太微妙了、不容易說得明白。老子又從具體的方面著想、於是想到一個「無」字、覺得這個「無」的性質、作用、處處和這個「道」最相像。老子說、

> 三十輻、共一轂、當其無、有車之用。埏埴以爲器、當其無、有器之用。鑿戶牖以爲室、當其無、有室之用。故有之以爲利、無之以爲用。

無卽是虛空。上文所舉的三個例、一是那車輪中央的空洞、二是器皿的空處、三是窗洞門洞、和房屋裏的空處。車輪若無中間的圓洞、便不能轉動；器皿若無空處、便不能裝物事；門戶若沒有空洞、便不能出入；房屋裏若沒有空處、便不能容人。這個大虛空、無形、無聲；整個的不可分斷、却又無所不在；一切萬有若沒有他、便沒有用處。這幾項

性質、正合上文所說『寂兮寥兮、獨立而不改、用行而不殆、可以爲天下母、』的形容。所以老子所說的『無』與『道、』檢直是一樣的。所以他既說、

道生一、一生二、二生三、三生萬物。

一方面又說、

天地萬物生於有、有生於無。

道與無同是萬物的母、可見道即是無、無即是道。大概哲學觀念初起的時代、名詞不完備、故說理不能周密。試看老子說『吾無以名之、』『強名之、』可見他用名詞的困難。他提出了一個『道』的觀念、當此名詞不完備的時代、形容不出這個『道』究竟是怎樣一個物事、故用那空空洞洞的虛空來說那無爲而無不爲的道。卻不知道『無』是對於有的名詞、所指的是那無形體的空間、如何可以代表那無爲而無不爲的『道?』只因爲老子把道與無看作一物、故他的哲學都受這個觀念的影響。莊子便不如此。老莊的根本區別在此。

老子說『天地萬物生於有、有生於無。』且看他怎樣說這無中生有的道理。老子說、

視之不見名曰夷。聽之不聞名曰希。搏之不得名曰微。此三者不可致詰、故混而爲一。其上不皦、其下不昧。繩繩不可名、復歸於無物。是謂無狀之狀、無物之象。是謂惚恍。

又說、

道之爲物、惟恍惟惚。惚兮恍兮、其中有象。恍兮惚兮、其中有物。

這也可見老子尋相當名詞的困難。老子既說道是『無』、這裏又說道不是『無』。乃是『有』與『無』之間的一種情境、雖然看不見、聽不着、摸不到、但不是完全沒有形狀的。不過我們不能形容他、又叫不出他的名稱、只得說他是『無物』；只好稱他做『無狀之狀、無物之象』；只好稱他做『恍惚』。這個『恍惚』先是『無狀之狀、無物之象』、故說『惚兮恍兮、其中有象』。後來忽然從無物之象變爲有物、故說『恍兮惚兮其中有物』。這便是『天地萬物生於有、有生於無』的歷史。（論象字參看下文第四篇第三章。）

六、名與無名。　中國古代哲學的一個重要問題、就是名實之爭。老子是最初提出這個問題的人。他說、惚兮恍兮、其中有象。恍兮惚兮、其中有物。窈兮冥兮、其中有精。其精甚眞、其中有信。自古及今、其名不去、以閱（王弼本原作說。今刊本作閱、乃後人所改。）衆甫。吾何以知衆甫之然（王本今作狀原本似作然。）哉？以此。

這一段論名的原起、與名的功用。既有了法象、然後有物。有物之後、於是發生知識的問題。人所以能知物、只爲每物有一些精純的物德、最足代表那物的本性、（說文『精、擇也』擇其特異之物德、故謂之精。眞字古訓誠、訓天、訓身。能代表此物的特性、故謂之眞。）卽所謂『其中有精、其精甚眞、其中有信』。這些物德、如雪的寒與白、如人的形體官能、都是極可靠的知識上的信物。故說『其中有信』。（說文『信、誠也』又古謂符節爲信。）這些信物都包括在那物的『名』裏面。如說『人』、便可代表人的一切表德；說『雪』、便可代表雪的一切德性。個體的事物儘管生死存滅、那事物的類名、却永遠存在。人生人死而『人』名常在；雪落雪消、而『雪』名永存。故說『自古及今、其名不去、以閱衆甫』。衆甫卽是萬物。又說『吾何以知衆甫之然哉？以此』。此字指『名』。我們所以能知萬物、多靠名的作用。

老子雖深知名的用處、但他又極力崇拜『無名』。名是知識的利器、老子是主張絕

聖棄智的、故主張廢名。他說、

道可道、非常道。（俞樾說常通尙、尙上也）名可名、非常名。無名、天地之始。有名、萬物之母。故常無、欲以觀其妙；常有、欲以觀其徼。（常無常有、作一頓。舊讀兩欲字爲頓、乃是錯的。）

老子以爲萬有生於無、故把無看得比有重。上文所說萬物未生時、是一種「繩繩不可名」的混沌狀態。故說「無名天地之始。」後來有象有信、然後可立名字、故說「有名萬物之母」。因爲無名先於有名、故說可道的道、不是上道；可名的名、不是上名。老子又常說「無名之朴」的好處。無名之朴、卽是那個繩繩不可名的混沌狀態。老子說、

道常（常尙也）無名朴。（五字爲句。朴字舊連下讀、似乎錯了。）雖小、天下不敢臣。侯王若能守之、萬物將自賓。天地相合以降甘露。（此八字既失韻、又不合老子哲學。疑係後人加入的話。）民莫之令而自均。始制有名、名亦既有、夫亦將知之。（王弼今本之作止。下句同。今依河上公本改正。之止古文相似、易誤。）知之所以不治。（王弼本所作可、治字各本皆作殆。適按王弼注云「始制官長、不可不立名分以定尊卑、故始制有名也。過此以往、將爭錐刀之末、故曰名亦既有、夫亦將知止也。遂任名以號物、則失治之母也。故知止所以不殆也」細看此注、可見王弼原本作「夫亦將知之、知之所以不治」若作知止、則注中所引叔向諫子產的話、全無意思。注中又說「任名則失治之母」可證殆本作治。注末殆字同。後世妄人因下文四十四章有「知止不殆」的話、遂把此章也改成「知止可以不殆」又亂改王注知之爲知止、所以不治爲所

以不殆、却忘了『失治之母』的治字。可以作證。不但注語全文可作鐵證也。

這是說最高的道是那無名朴。後來制有名字、（王弼訓始制爲『樸散始爲官長之時』似乎太深了一層。）智識遂漸漸發達、民智日多、作僞行惡的本領也更大了。大亂的根源、卽在於此。老子說、

古之爲治者、非以明民、將以愚之。民之難治、以其智多。故以智治國、國之賊。不以智治國、國之福。

『民之難治以其智多』、卽是上文『夫亦將知之、知之所以不治』的註脚、老子何以如此反對智識呢？大概他推想當時社會國家種種罪惡的根原、都由於多欲。文明程度越高、知識越複雜、情欲也越發展。他說、

五色令人目盲、五音令人耳聾、五味令人口爽、馳騁田獵令人心發狂、難得之貨令人行妨。

這是攻擊我們現在所謂文明文化。他又說、

天下皆知美之爲美、斯惡已。皆知善之爲善、斯不善已。故有無相生、難易相成；長短相較、高下相傾；音聲相和、前後相隨。是以聖人處無爲之事、行不言之敎。……

……不尙賢、使民不爭。不貴難得之貨、使民不爲盜。不見（讀現）可欲、使民心不亂。是以聖人之治、虛其心實其腹弱其志強其骨：常使民無知無欲

這一段是老子政治哲學的根據。老子以爲一切善惡美醜、賢不肖、都是對待的名詞。正如長短、高下、前後、等等。無長便無短、無前便無後、無美便無醜、無善便無惡、無賢便無不肖。故人知美是美的、便有醜的了；知善是善的、便有惡的了；知賢是賢的、便有不肖的了。平常那些賞善罰惡尊賢去不肖、都不是根本的解決。根本的救濟方法須把善惡美醜賢不肖一切對待的名詞都銷滅了、復歸於無名之朴的混沌時代須要常使民無知無欲。無知、自然無欲了。無欲、自然沒有一切罪惡了。前面所引的『大道廢、有仁義；智慧出、有大僞；六親不和、有孝慈；國家昏亂、有忠臣』和『絕聖棄智、絕仁棄義、絕巧棄利』、也都是這個道理。他又說、

道常無爲而無不爲。侯王若能守之、萬物將自化。化而欲作、（欲是名詞、謂情欲也。）吾將鎭之以無名之朴。無名之朴、夫亦將無欲。不欲以靜、天下將自定。

老子所處的時勢、正是『化而欲作』之時。故他要用無名之朴來鎭壓。所以他理想中

的至治之國、是一種

小國寡民、使有什伯人之器而不用。（什是十倍、伯是百倍。文明進步、用機械之力代人工。一車可載千斤、一船可裝幾千人。這多是什伯人之器。下文所說『雖有舟輿、無所乘之、雖有甲兵、無所陳之』正釋這一句。）使民重死而不遠徙。雖有舟輿、無所乘之。雖有甲兵、無所陳之。使民復結繩而用之。甘其食、美其服、安其居、樂其俗。鄰國相望、鷄狗之聲相聞、民至老死不相往來。

這是『無名』一個觀念的實際應用。這種學說、要想把一切交通的利器、守衞的甲兵、代人工的機械、行遠傳久的文字、……等等制度文物、全行毀除。要使人類依舊回到那無知無欲老死不相往來的烏託邦。

七、無爲。　本篇第三節說老子對於社會政治有兩種學說。一是毀壞一切文物制度、一是主張極端放任無爲的政策。第一說的根據、上節已說過。如今且說他的無爲主義。他把天道看作『無爲而無不爲』、以爲天地萬物、都有一個獨立而不變、周行而不殆的道理、用不著有什麽神道作主宰、更用不著人力去造作安排。老子的『天道』、就是西洋哲學的自然法。（Law of Nature 或譯『性法』非）日月星的運行、動植物的生老死、都有自然法的支配適合。凡深信自然法絕對有效的人、往往容易走到極端的放任主義。如十八世紀的英法經濟學者、又如斯賓塞 (Herbert Spencer) 的政治學說、都以爲既有了『無爲而無不爲』的天道、何必要政府來干涉人民的舉動？老子也是如此。他說、

天之道。不爭而善勝、不言而善應、不召而自來、繟然而善謀。天網恢恢、疏而不失。

這是說『自然法』的森嚴。又說、

常有司殺者殺。夫代司殺者殺、是謂代大匠斲。夫代大匠斲者、希有不傷其手者矣。

這個『司殺者』便是天、便是天道。違背了天道、擾亂了自然的秩序、自有『天然法』來處置他、不用社會和政府的干涉。若用人力去賞善罰惡、便是替天行道、便是『代司殺者殺』。這種代劊子手殺人的事、正如替大匠斲木頭、不但無益於事、並且往往鬧出亂子來。所以說『民之難治、以其上之有爲、是以難治。』所以又說、『天下多忌諱而民彌貧、……法令滋彰、盜賊多有。』所以他主張一切放任、一切無爲。『損之又損、以至於無爲、無爲而無不爲。』

八、人生哲學　老子的人生哲學、(舊稱倫理學、殊未當。)和他的政治哲學相同、也只是要人無知無欲。詳細的節目是『見素抱朴、少私寡欲、絕學無憂』他說。

衆人熙熙、如享太牢、如登春臺。我獨泊兮其未兆、如嬰兒之未孩。儽儽兮若無所歸。衆人皆有餘、而我獨若遺。我愚人之心也哉！沌沌兮、俗人昭昭、我獨昏昏；俗人察察、我獨悶悶。澹兮其若海、飂兮若無止。衆人皆有以、而我獨頑似鄙。我獨異於人而貴食母。

別人都想要昭昭察察的知識、他却要那昏昏悶悶的愚人之心。此段所說的『貴食母』、卽是前所引的『虛其心、實其腹』。老子別處又說『聖人爲腹不爲目』、也是此意。老子只要人肚子吃得飽飽的、做一個無思無慮的愚人；不願人做有學問知識的文明人。這種觀念也是時勢的反動。隰有萇楚的詩人說、

隰有萇楚、猗儺其枝。天之沃沃、樂子之無知！

老子的意思、正與此相同。知識愈高、欲望愈難滿足、又眼見許多不合意的事、心生無限煩惱、倒不如無知的草木、無思慮的初民、反可以混混沌沌、自尋樂趣。老子常勸人

知足。他說、

知足不辱、知止不殆、可以長久。……罪莫大於可欲。（孫詒讓按韓詩外傳引可欲作多欲。）禍莫大於不知足。咎莫大於欲得。故知足之足常足矣。

但是知足不是容易做到的。知識越開、越不能知足。故若要知足、除非毀除一切知識。

老子的人生哲學、還有一個重要觀念、叫做『不爭主義』。他說、

江海所以能爲百谷王者、以善下之、故能爲百谷王。……以其不爭、故天下莫能與之爭。

曲則全、枉則直、窪則盈。……夫唯不爭、故天下莫與之爭。

上善若水、水利萬物而不爭。處衆人之所惡、故幾於道。

天下柔弱莫過於水、而攻堅勝者莫之能勝。其無以易之。弱之勝強、柔之勝剛、天下莫不知、莫能行。

這種學說、也是時勢的反動。那個時代是一個兵禍連年的時代。小國不能自保、大國又爭霸權、不肯相下。老子生於這個時代、深知武力的競爭、以暴禦暴、只有更烈、決沒

有止境。只有消極的軟工夫、可以抵抗強暴。狂風吹不斷柳絲、齒落而舌長存、又如最柔弱的水可以衝開山石、鑿成江河。人類交際、也是如此。湯之於葛、太王之於狄人、都是用柔道取勝。楚莊王不能奈何那肉袒出迎的鄭伯、也是這個道理。老子時的小國、如宋、如鄭、處列強之間、全靠柔道取勝。故老子提出這個不爭主義、要人知道柔弱能勝剛強；要人知道『夫唯不爭、故天下莫與之爭。』他教人莫要『爲天下先、』又教人『報怨以德。』他要小國下大國、大國下小國。他說暫時吃虧忍辱、並不害事。要知『物或損之而益、或益之而損。……強梁者不得其死。』這句話含有他的天道觀念。他深信『自然法』的『天網恢恢、疎而不失、』故一切聽其自然。物或損之而益、或益之而損、都是天道之自然。宇宙之間、自有『司殺者殺、』故強梁的總不得好死。我們儘可逆來順受、且看天道的自然因果罷。

第四篇　孔子

第一章　孔子略傳

孔丘、字仲尼、魯國人、生於周靈王二十一年（西歷紀元前五五一）。死於周敬王四十一年（西歷紀元前四七九）。他一生的行事、大概中國人也都知道、不消一一的敍述了。他曾見過老子。大概此事在孔子三十四歲之後。（詳說上章、）

孔子本是一個實行的政治家。他曾做過魯國的司空、又做過司寇。魯定公十年、孔子以司寇的資格做定公的儐相、和齊侯會於夾谷、狠替魯國爭得些面子。後來因爲他的政策不行、所以把官丢了去周遊列國。他在國外遊了十三年、也不曾遇有行道的機會。到了六十八歲回到魯國、專做著述的事業。把古代的官書、删成尙書、把古今的詩歌、删存三百多篇；還訂定了禮書樂書。孔子晚年最喜周易、那時的周易不過是六十四條卦辭和三百八十四條爻辭。孔子把他的心得、做成了六十四條卦象傳、三百八十四條爻象傳、六十四條彖辭。後人又把他的雜說纂輯成書、便是繫辭傳文言。這兩種之中、已有許多話是後人胡亂加入的、如文言中論四德的一段。此外還有雜卦、序卦、說卦、更靠不住了。除了刪詩書定禮樂之外、孔子還作了一部春秋。孔子自己說他是『述而不作』的。所以詩、書、禮、樂、都是他刪定的、不是自己著作的。就是易經的諸傳、也是根據原有的周易作的、就是春秋也是根據魯國的史記作的。

此外還有許多書、名爲是孔子作的、其實都是後人依託的、例如一部孝經、稱孔子爲『仲尼』、稱曾參爲『曾子』、又夾許多『詩云』『子曰』、可見決不是孔子做的。孝經鉤命訣說的『吾志在春秋行在孝經』的話、也是漢人假造的誑語、決不可信。

一部論語雖不是孔子做的、却極可靠、極有用。這書大概是孔門弟子的弟子們所記孔子及孔門諸子的談話議論。研究孔子學說的人、須用這書和易傳春秋兩書參攷互證。此外便不可全信了。

孔子本有志於政治改良、所以他說、

苟有用我者、期月而已可也、三年有成。

又說、

如有用我者、吾其爲東周乎。

後來他見時勢不合、沒有政治改良的機會。所以專心教育、要想從教育上收効。他深信教育功効最大、所以說『有教無類』、又說『性相近也、習相遠也』。史記說他的弟子有三千之多。這話雖不知眞假、但是他教學幾十年、周遊幾十國、他的弟子定必不少。

孔子的性情德行、是不用細述的了。我且引他自己說自己的話：

飯疏食、飲水、曲肱而枕之、樂亦在其中矣。不義而富且貴、於我如浮雲。

這話雖不大像『食不厭精膾不厭細』『席不正不坐』『割不正不食』的人的口氣、却狠可想見孔子的爲人、他又說他自己道、

其爲人也、發憤忘食、樂以忘憂、不知老之將至云爾。

這是何等精神！論語說、

子路宿於石門。晨門曰、『奚自？』子路曰、『自孔氏』。曰、『是知其不可而爲之者歟？』

『知其不可而爲之』七個字寫出一個孳孳懇懇終身不倦的志士。

第二章　孔子的時代

孟子說孔子的時代、是

邪說暴行有作：臣弒其君者有之、子弒其父者有之。

這個時代、既叫做邪說暴行的時代、且看是些什麼樣的邪說暴行。

第一　『暴行』就是孟子所說的『臣弒其君子弒其父』了。春秋二百四十年中、共有弒君三十六次。內中有許多是子弒父的、如楚太子商臣之類。此外還有貴族世卿專權竊國、如齊之田氏、晉之六卿、魯之三家。還有種種醜行、如魯之文姜、陳之夏姬、衞之南子、彌子瑕、怪不得那時的隱君子要說、

滔滔者天下皆是也、而誰與易之？

第二　『邪說』一層、孟子卻不曾細述。我如今且把那時代的『邪說』略舉幾條。

（一）老子　老子的學說、在當時眞可以算得『大逆不道』的『邪說』了。你看他說『民之飢以其上食稅之多』、又說『聖人不仁』、又說『民不畏死、奈何以死畏之？』又說『絕仁棄義、民復孝慈；絕聖去知、民利百倍。』這都是最激烈的破壞派的理想、（詳見上篇）

（二）少正卯　孔子作司寇、七日便殺了一個『亂政大夫少正卯。』有人問他爲什麼把少正卯殺了。孔子數了他的三大罪：

一、其居處足以撮徒成黨。
二、其談說足以飾褻熒衆。
三、其強禦足以反是獨立。

這三件罪名、譯成今文便是『聚衆結社、鼓吹邪說、淆亂是非。』

(三)鄧析　孔子同時思想界的革命家、除了老子、便該算鄧析。鄧析是鄭國人、和子產孔子同時。左傳魯定公九年、(西歷前五零一)『鄭駟歂殺鄧析而用其竹刑。』那時子產已死了二十一年、(子產死於昭公二十年、西歷前五二二)　呂氏春秋和列子都說鄧析是子產殺的、這話恐怕不確。第一因爲子產是極不願意壓制言論自由的。左傳說、

鄭人游於鄉校以論執政。然明謂子產曰、『毀鄉校、何如?』子產曰、『何爲?夫人朝夕退而遊焉、以議執政之善否。其所善者、吾則行之。其所惡者、吾則改之。是吾師也。若之何毀之?』

可見子產決不是殺鄧析的人。第二子產鑄刑書、在西歷前五三六年。駟歂用竹刑、在

西歷前五零一年。兩件事相差三十餘年。可見子產鑄的是『金刑、』駟顓用的是『竹刑、』決不是一件事。（金刑還是極笨的刑鼎。竹刑是可以傳寫流通的刑書。）

鄧析的書都散失了。如今所傳的鄧析子、乃是後人假造的。我看一部鄧析子、只有開端幾句或是鄧析的話。那幾句是

天於人無厚也。君於民無厚也。……何以言之？天不能屏悖厲之氣、全夭折之人、使爲善之民必壽、此於民無厚也。凡民有穿窬爲盜者、有詐僞相迷者、此皆生於不足、起於貧窮、而君必欲執法誅之、此於民無厚也。……

這話和老子『天地不仁』的話相同、也含有激烈的政治思想。

列子書說『鄧析操兩可之說、設無窮之辭。』呂氏春秋說、

鄧析……與民之有獄者約、大獄一衣、小獄襦袴。民之獻衣襦袴而學訟者、不可勝數。以非爲是、以是爲非、是非無度、而可與不可日變。所欲勝因勝、所欲罪因罪。

又說、

鄭國多相縣以書者。（這就是出報紙的起點。）子產令無縣書、鄧析致之。子產令無致書、鄧析

倚之。(縣書是把議論張掛在一處叫人觀看。致書是送上門去看。倚書是混在他物裏夾帶去看。)令無窮而鄧析應之亦無窮矣。

又說、

洧水甚大、鄭之富人有溺者。人得其死者。富人請贖之。其人求金甚多。以告鄧析。鄧析曰『安之。人必莫之賣矣。』得死者患之、以告鄧析。鄧析又答之曰、『安之。此必無所更買矣。』

這種人物、檢直同希臘古代的『哲人』(Sophisti)一般。希臘的『哲人』所說的都有老子那樣激烈、所行的也往往有少正卯鄧析那種遭忌的行爲。希臘的守舊派、如梭格拉底柏拉圖之流、對於那些『哲人』、非常痛恨。中國古代的守舊派、如孔子之流、對於這種『邪說』自然也非常痛恨。所以孔子做司寇便殺少正卯。孔子說、

放鄭聲、遠佞人。鄭聲淫、佞人殆。

又說、

惡紫之奪朱也、惡鄭聲之亂雅樂也、惡利口之覆邦家者。

他又說、

天下有道、則庶人不議。

要懂得孔子的學說、必須先懂得孔子的時代。是一個『邪說橫行、處士橫議』的時代。這個時代的情形既是如此『無道』、自然總有許多『有心人』對於這種時勢生出種種的反動。如今看來、那時代的反動大約有三種：

第一、極端的破壞派。　老子的學說、便是這一派。鄧析的反對政府、也屬於這一派。

第二、極端的厭世派。　還有些人看見時勢那樣腐敗、便灰心絕望、隱世埋名、寧願做極下等的生活、不肯干預世事。這一派人在孔子的時代也就不少。所以孔子說、

賢者辟世、其次辟地、其次辟色、其次辟言。……作者七人矣。

那論語上所記『晨門』『荷蕢』『丈人』『長沮桀溺』都是這一派。接輿說、

鳳兮鳳兮！何德之衰！已而已而！今之從政者殆而！

桀溺對子路說、

滔滔者、天下皆是也、而誰以易之？且而與其從辟人之士也、豈若從辟世之士哉？

第三、積極的救世派。　孔子對於以上兩派、都不贊成。他對於那幾個辟世的隱者、

雖狠原諒他們的志趣、終不贊成他們的行爲。所以他批評伯夷叔齊……柳下惠少連諸人的行爲道、

我則異於是、無可無不可。

又他聽了長沮桀溺的話、便覺得大失所望、因說道、

鳥獸不可與同羣。吾非斯人之徒與、而誰與？天下有道、丘不與易也。

正爲『天下無道』、所以他纔去栖栖皇皇的奔走、要想把無道變成有道。懂得這一層、方纔可懂得孔子的學說。

第三章　易

孔子生在這個『邪說暴行』的時代、要想變無道爲有道、却從何處下手呢？他說、

臣弑其君、子弑其父、非一朝一夕之故、其所由來者漸矣、由辨之不早辨也。易曰、『履霜堅冰至』、蓋言順也。（易文言）

社會國家的變化、都不是『一朝一夕之故』、都是漸漸變成的。如今要改良社會國家、不是『頭痛醫頭腳痛醫腳』的工夫所能辦到的。必須從根本上下手。孔子學說的一

切根本、依我看來、都在一部易經。我且先講易經的哲學。

易經這一部書、古今來多少學者做了幾屋子的書、也還講不明白。我講易經和前人不同。我以爲從前一切河圖、洛書、讖緯術數、先天太極、……種種議論、都是謬說。如今若要懂得易的眞意、須先把這些謬說掃除乾淨。

我講易以爲一部易經只有三個基本觀念、(一)易、(二)象、(三)辭、

第一、易 ◎ 易便是變易的易。天地萬物都不是一成不變的、都是時時刻刻在那裏變化的。孔子有一天在一條小河上、看那滾滾不絕的河水、不覺嘆了一口氣說道、

逝者如斯夫！不舍晝夜！

『逝者』便是『過去種種』。(程子說、『此道體也。天運而不已、日往則月來、寒往則暑來、水流而不息、物生而無窮、皆與道爲體、運乎晝夜、未嘗已也』朱子說、『天地之化、往者過、來者續、無一息之停』此兩說大旨都不錯。)天地萬物、都像這滔滔河水、纔到了現在、便早又成了過去、這便是『易』字的意義。

一部易講『易』的狀態、以爲天地萬物的變化、都起於一個動字。何以會有『動』呢？這都因爲天地之間、本有兩種原力：一種是剛性的、叫做『陽』、一種是柔性的、叫做

『陰』這剛柔兩種原力、互相衝突、互相推擠、於是生出種種運動、種種變化。所以說、『剛柔相推而生變化』、又說、『一陰一陽之謂道』。孔子大概受了老子的影響、故他說萬物變化完全是自然的、唯物的、不是唯神的。孔子受老子的影響、最明顯的證據、如論語極推崇『無爲而治』又如『或曰、以德報怨』亦是老子的學說。

在易經裏、陽與陰兩種原力、用『⚊ ⚋』兩種符號作代表。易繫辭傳說、

是故易有太極、是生兩儀。兩儀生四象。四象生八卦。

這是代表萬物由極簡易的變爲極繁雜的、的公式。此處所說『太極』並不是宋儒說的『太極圖』。說文說『極、棟也』。極便是屋頂上的橫梁、在易經上便是一畫的『⚊』。『儀、匹也』。兩儀便是那一對『⚊』『⚋』。四象便是『⚌⚍⚎⚏』。由八卦變爲六十四卦、便可代表種種的『天下之至賾』、和『天下之至動』、却又都從一條小小的橫畫上生出來。這便是『變化由簡而繁』的明例了。

易經常把乾坤（『⚊』『⚋』）代表『易』『簡』。有了極易極簡的、纔有極繁賾的。所以說『乾坤其易之門耶』、又說『易簡而天下之理得矣』。

萬物變化、既然都從極簡易的原起漸漸變出來、若能知道那簡易的遠因、便可以推知後來那些複雜的後果、所以易繫辭傳說、

德行恆易以知險、……德行恆簡以知阻。

因爲如此、所以能『彰往而察來、』所以能『温故而知新。』論語上子張問十世以後的事可能前知嗎?孔子說不但十世、百世亦可推知。這都因孔子深信萬物變化都是由簡而繁、成一條前後不斷的直線、所以能由前段推知後段、由前因推到後果。

這便是易經的第一個基本觀念。

第二、象　繫辭傳說、『易也者象也。』這五個字是一部易的關鍵。這是說一切變遷進化、都只是一個『象』的作用。要知此話怎講、須先問這象字作何解。繫辭傳說、『象也者像也。』(像字是後人所改。古無像字。孟京虞董姚皆作象、可證。)韓非子說、『人希見生象也、而案其圖以想其生、故諸人之所以意想者皆謂之象。』(解老篇。)我以爲韓非子這種說法似乎太牽強了。象字古代大概用『相』字。說文、『相、省視也。从目从木。』目視物、得物的形象、故相訓省視。從此引申、遂把所省視的『對象』也叫做『相』(如詩棫樸『金玉其相』之相。)後來相人術的

相字、還是此義。相字既成專門名詞、故普通的形相、遂借用同音的『象』字。（如僖十五年左傳『物生而後有象』）引申爲象效之意。凡象效之事、與所仿效的原本、都叫做『象』。這一個灣可轉得深了。本來是『物生而後有象』、象是仿本、物是原本。到了後來把所仿效的原本叫做象、如畫工畫虎所用作模型的虎也是『象』、（亦稱法象）便是把原本叫作『象』了、例如老子說、

道之爲物、惟恍惟惚。惚兮恍兮、其中有象。恍兮惚兮、其中有物。

有人根據王弼注、以爲原本當是『恍兮惚兮、其中有物、惚兮恍兮、其中有象、』二句應在後。這是『物生而後有象』的說法。却不知道老子偏要說『象生而後有物』他前文曾說『無物之象』可以作證。老子的意思大概以爲先有一種『無物之象』、後來從這些法象上漸漸生出萬物來。故先說『其中有象』、後說『其中有物』。但這個學說、老子的書裏不曾有詳細的發揮。孔子接著這個意思、也主張『象生而後有物』。象是原本的模型、物是仿效這模型而成的。繫辭傳說、

在天成象、在地成形、變化見矣。

這和老子先說「有象」、後說「有物」、同一意思。「易也者、象也、象也者、像也」、正是說易的變化的道理只是一個象效的作用。先有一種法象、然後有仿效這法象而成的物類。

以上說易經的象字是法象之意。（法象即是模範。）孔子以為人類歷史上種種文物制度的起原都由於象、都起於仿效種種法象。這些法象、大約可分兩種：一種是天然界的種種「現象」（如云「天垂象、見吉凶、聖人則之」）一種是物象所引起的「意象」、又名「觀念」。繫辭傳說：

古者庖犧氏之王天下也、仰則觀象于天、俯則觀法于地、觀鳥獸之文與地之宜、近取諸身、遠取諸物、於是始作八卦、以通神明之德、以類萬物之情。

作結繩而為網罟、以佃以漁、蓋取諸離。（䷝）

庖犧氏沒、神農氏作、斲木為耜、揉木為耒、……蓋取諸益。（䷩）

日中為市、致天下之民、聚天下之貨、交易而退、各得其所、蓋取諸噬嗑。（䷔）

神農氏沒、黃帝、堯、舜氏作、……垂衣裳而天下治、蓋取諸乾坤。

刳木為舟、剡木為楫、……蓋取諸渙。（䷺）

服牛乘馬、引重致遠、……蓋取諸隨。（䷐）

重門擊柝、以待暴客、……蓋取諸豫。(䷏)
斷木爲杵、掘地爲臼、……蓋取諸小過。(䷽)
弦木爲弧、剡木爲矢、……蓋取諸睽。(䷥)
上古穴居而野處。後世聖人易之以宮室、上棟下宇、以待風雨、蓋取諸大壯。(䷡)
古之葬者、厚衣之以薪、葬之中野、不封不樹、喪期無數。後之聖人易之以棺槨、蓋取諸大過。(䷛)
上古結繩而治。後世聖人易之以書契、百官以治、萬民以察、蓋取諸夬。(䷪)

這一大段說的有兩種象。第一是先有天然界的種種『現象』、然後有庖犧氏觀察這些『現象』、起了種種『意象』、都用卦來表出。這些符號、每個或代表一種『現象』、或代表一種『意象』。例如☲是火、☵是水、是兩種物象。䷿是未濟(失敗)䷾是既濟(成功)是兩種意象。

後來的聖人從這些物象意象上、又生出別的新意象來、例如䷺(渙)代表一個

『風行水上』（或『木在水上』）的意象。後人從這意象上忽然想到一個『船』的意象、因此便造出船來。所以說、

刳木爲舟、剡木爲楫、……蓋取諸渙。

又如䷽（小過）代表一個『上動下靜』的意象。後人見了這個觀念、忽然想到一種上動下靜的物事的意象、因此便造出杵臼來。所以說、

斷木爲杵、鑿地爲臼、……蓋取諸小過。

又如䷛（大過）代表一個『澤滅木』的意象。後人見了這個意象、忽然發生兩個意象。一是怕大水浸沒了他的父母的葬地、若不封不樹、便認不出來了。一是怕大水把那柴裹的死屍要浸爛了。因此便生出『棺槨』的意象來、造作棺槨、以免『澤滅木』的危險。所以說、

古之葬者、厚衣之以薪、葬之中野、不封不樹、喪期無數。後世聖人易之以棺槨、蓋取諸大過。

又如䷪（夬）代表『澤上于天』是一個大雨的意象。後人見了、忽然生出一個普及

博施的意象。因此又想起古代結繩的法子、既不能行遠、又不能傳後、於是便又生出一個普及博施的『書契』的意象。從這個觀念上、才有書契文字的制度。所以說、

上古結繩而治、後世聖人易之以書契、……蓋取諸夬。

以上所說古代器物制度的原起、未必件件都合著歷史的事實。但是孔子對於『象』的根本學說、依我看來、是極明白無可疑的了。這個根本學說是人類種種的器物制度都起於種種的『意象』。

六十四章象傳全是這個道理、例如䷃(蒙)是一個『山下出泉』的意象。山下出泉、是水的源頭、後人見了、便生出一個『兒童教育』的意象。所以說『蒙、君子以果行育德。』又如䷐(隨)和䷗(復)一個代表『雷在澤中』、一個代表『雷在地下』、都是收聲蟄伏的雷、後人見了、因生出一個『休息』的意象。所以由『隨』象上生出夜晚休息的習慣、又造出用牛馬引重致遠以節省人力的制度。由『復』象上也生出『七日來復、』『至日閉關、商旅不行、后不省方』的假期制度。又如䷫(姤)代表『天下有風』的意象、後人因此便想到『天下大行』的意象、於是造出『施命誥四方』的制度。又如

䷓（觀）代表『風行地上』和上文的『姤』象差不多。後人從這個意象上、便造出『省方觀民設教』的制度。又如䷎（謙）代表『地中有山』山在地下、是極卑下的意象。後人見了這個意象、便想到人事高下多寡的不均平。於是便發生一種『捋多益寡、稱物平施、』的觀念。又如䷙（大畜）代表『天在山中』山中看天、有如井底觀天、是一個『識見鄙陋』的意象。後人因此便想到補救陋識的方法、所以說『天在山中、大畜、君子以多識前言往行、以畜其德。』

以上所說、不過是隨便亂舉幾卦作例。但是據這些例看來、已可見孔子的意思、不但說一切器物制度、都是起于種種意象、並且說一切人生道德禮俗也都是從種種意象上發生出來的。

因爲『象』有如此重要、所以說、

易有聖人之道四焉、……以制器者尚其象。

形而上者謂之道形而下者謂之器化而裁之謂之變。推而行之謂之通。舉而措之天下之民謂之事業。

又說、

是故闔戶謂之坤、闢戶謂之乾。一闔一闢謂之變、往來不窮謂之通。見乃謂之象。形乃謂之器。制而用之謂之法。利用出入民咸用之謂之神。

那種種開闔往來變化的『現象』、到了人的心目中便成『意象』。這種種『意象』、有了有形體的仿本、便成種種『器』。制而用之、便成種種『法』。（法是模範標準）舉而措之天下之民、便成種種『事業』。到了『利用出入民咸用之』的地位、便成神功妙用了。

『象』的重要既如上文所說、可見『易也者象也』一句、眞是一部易經的關鍵。一部。易經只是一個『象』字。古今說易的人、不懂此理、卻去講那些『分野』、『爻辰』、『消息』、『太一』、『太極』、……種種極不相干的謬說、所以越講越不通了。（清代漢學家過崇漢學。欲重興漢諸家易學。惠棟、張惠言、尤多鉤沈繼絕之功。然漢人易學實無價值。焦贛、京房、翼奉之徒、皆『方士』也。鄭玄、虞翻、皆不能脫去漢代『方士』的臭味。王弼注易、掃空漢人陋說、實爲易學一大革命。其注雖不無可議、然高出漢學百倍矣。惠張諸君之不滿意於宋之『道士易』是也。其欲復與漢之『方士易』則非也。）

這是易的第二個基本觀念。

第三、辭。易經六十四卦、三百八十四爻、每卦每爻都有一個『象』、但是單靠

「象」也還不夠。因爲

易有四象、（適按此處象與辭對稱、不當有「四」字。此涉上文而誤也。因此一字、遂使諸儒聚訟「四象」是何物、終不能定。若衍此字、則毫不廢解矣。）所以示也。繫辭焉、所以告也。聖人立象以盡意、設卦以盡情僞、係辭焉以盡其言。

「象」但可表示各種「意象」。若要表示「象」的吉凶動靜、須要用「辭」。例如䷎（謙）但可表示「地中有山」的意象、却不能告人這「象」的吉凶善惡。於是作爲卦辭道、

䷎謙亨、君子有終。

這便可指出這一卦的吉凶悔吝了。又如謙卦的第一爻、是一個陰爻、在謙卦的最下層、眞可謂謙之又謙、損之又損了。但單靠這一畫、也不能知道他的吉凶、所以須有爻辭道、

初六、謙謙君子、用涉大川、吉。

這便指出這一爻的吉凶了。「辭」的作用在於指出卦象或爻象的吉凶、所以說、

繫辭焉以斷其吉凶。

又說、

辨吉凶者存乎辭。

辭字从𤔔辛說文云『辭訟也。（段依廣韻作『說也』）从𤔔辛、猶理辜也。』朱駿聲說、『分爭辯訟謂之辭。後漢周紓傳「善爲辭案條教」注、辭案猶今案牘也。』辭的本義是爭訟的『斷語』『判辭』易經的『辭』、都含『斷』字『辨』字之意。在名學上、象只是『詞』、(Term)是『概念』、(Concept) 辭即是『辭』、亦稱『命題』、(Judgment or Proposition) 例如『謙亨』一句、謙是『所謂』、亨是『所以謂』合起來成爲一辭。用『所以謂』來斷定『所謂』、故叫做辭。（西文 Judgment 本義也是訟獄的判辭。）

繫辭傳有辭的界說道、

是故卦有小大、辭有險易。辭也者各指其所之

『之』是趨向。卦辭爻辭都是表示一卦或一爻的趨向如何、或吉或凶、或亨或否、叫人見了便知趨吉避凶。所以說『辭也者各指其所之』。又說、

聖人有以見天下之賾、而擬諸形容、象其物宜、是故謂之象。聖人有以見天下之

動、而觀其會通、以行其典禮、繫辭焉以斷其吉凶、是故謂之爻。（爻字似當作辭。下文作辭、可證。）極天下之賾者存乎卦、鼓天下之動者存乎辭。

象所表示的、是『天下之賾』的形容物宜。辭所表示的、是『天下之動』的會通吉凶。象是靜的、辭是動的；象表所『像』、辭表何之。『天下之動』的動、便是『活動』、便是『動作』。萬物變化、都由於『動』、故說、

吉凶悔吝者生乎動者也。

又說、

吉凶者、失得之象也。悔吝者、憂虞之象也。

吉凶者言乎其失得也。悔吝者言乎其小疵也。

動而『得』、便是吉；動而『失』、便是凶；動而有『小疵』、便是悔吝。『動』有這樣重要、所以須有那些『辭』來表示各種『意象』動作時的種種趨向、使人可以趨吉避凶、趨善去惡。能這樣指導、便可鼓舞人生的行爲。所以說『鼓天下之動者存乎辭』。又說、

天地之大德曰生。聖人之大寶曰位。何以守位曰人。何以聚人曰財。理財正辭禁

民爲非曰義。

辭的作用、積極一方面、可以『鼓天下之動』；消極一方面、可以『禁民爲非』。

這是易經的第三個基本觀念。

這三個觀念(一)易、(二)象、(三)辭、便是易經的精華。孔子研究那時的卜筮之易、竟能找出這三個重要的觀念第一、萬物的變動不窮、都是由簡易的變作繁賾的。第二、人類社會的種種器物制度禮俗、都有一個極簡易的原起、這個原起便是『象』人類的文明史只是這些『法象』實現爲制度文物的歷史。第三、這種種『意象』變動作用時、有種種吉凶悔吝的趨向、都可用『辭』表示出來、使人動作都有儀法標準、使人明知利害、不敢爲非。——這就是我的『易論』。我且引一段繫辭傳作這篇的結束：

聖人有以見天下之賾、而擬諸形容、象其物宜、是故謂之『象』。聖人有以見天下之動、而觀其會通、以行其典禮、繫辭焉以斷其吉凶、是故謂之爻。（爻似當作辭。說見上。）言天下之至賾而不可亞也。（亞字从荀本。）言天下之至動而不可亂也。擬之而後言、儀之而後動。（儀舊作議。釋文云、『陸姚桓元荀柔之作儀』適按作儀是也。儀、法也。與上文擬字對文。）擬儀以成其變化。

『象』與『辭』都是給我們摹擬儀法的模範。

第四章　正名主義

孔子哲學的根本觀念、依我看來、只是上篇所說的三個觀念：

第一、一切變遷都是由微變顯、由簡易變繁賾、所以說、

臣弒其君、子弒其父、非一朝一夕之故、其所由來者漸矣。由辨之不早辨也。易曰、『履霜堅冰至』蓋言順也。

知道一切變遷都起於極微極細極簡易的、故我們研究變遷、應該從這裏下手。所以說、

夫易、聖人之所以極深而研幾也。（韓注、『極未形之理曰深、適動微之會曰幾』）唯深也、故能通天下之志；唯幾也、故能成天下之務。

『深』是隱藏未現的。『幾』字易繫辭說得最好。

幾者動之微、吉凶之先見者也。（舊無凶字、義不可通。今按孔穎達正義云、『諸本或有凶字者、其定本則無也』是唐時尚有有凶字之本。今據增。）

孔子哲學的根本觀念、只是要『知幾』、要『見幾』、要『防微杜漸』。大凡人生哲學、（即倫理學）論人生行爲的善惡、約分兩大派。一派注重『居心』、注重『動機』。一派注重行爲的效果影響。孔子的人生哲學、屬於『動機』一派。

第二、人類的一切器物制度禮法、都起於種種『象』。換言之、『象』便是一切制度文物的『幾』。這個觀念、極爲重要。因爲『象』的應用、在心理和人生哲學一方面、就是『意』、就是『居心』。（孟子所謂『以仁存心、以禮存心』之存心。）就是俗話說的『念頭』。在實際一方面、就是『名』、就是一切『名字』。（鄭玄說、古曰名、今曰字。）『象』的學說、於孔子的哲學上、有三層效果。（一）因爲象是事物的『動機』、故孔子的人生哲學、極注重行爲的『居心』和『動機』。（二）因爲『象』在實際上、即是名號名字、故孔子的政治哲學主張一種『正名』主義。（三）因爲象有倣效模範的意思、故孔子的教育哲學和政治哲學、又注重標準的榜樣行爲、注重正己以正人、注重以德化人。

第三、積名成『辭』、可以表示意象動作的趨向、可以指出動作行爲的吉凶利害、因此可以作爲人生動作的嚮導。故說、理財正辭、禁民爲非、曰義。

『正辭』與『正名』只是一事。孔子主張『正名』『正辭』、只是一方面要鼓天下之動、一方面要禁民爲非。

以上所說、是孔子哲學的重要大旨。如今且先說『正名主義』

正名主義、乃是孔子學說的中心問題。這個問題的重要、見於論語子路篇。

子路曰、『衞君待子而爲政、子將奚先？』

子曰、『必也正名乎！』馬融注正百事之名。

子路曰、『有是哉、子之迂也！奚其正？』

子曰、『野哉由也！君子於其所不知、蓋闕如也。名不正、則言不順。言不順、則事不成。事不成、則禮樂不興。禮樂不興、則刑罰不中。刑罰不中、則民無所措手足。故君子名之必可言也、言之必可行也。君子於其言、無所苟而已矣。』

請看名不正的害處、竟可致禮樂不興、刑罰不中、百姓無所措手足。這是何等重大的問題！如今且把這一段仔細研究一番：

怎麼說『名不正則言不順』呢？『言』是『名』組合成的。名字的意義若沒有正當的標準、便連話都說不通了。孔子說、

觚不觚、觚哉？觚哉？

『觚』是有角之形。（漢書律歷志『成六觚』蘇林曰、『六觚、六角也』又郊祀志『八觚宣通、象八方』師古曰、『觚、角也』班固西都賦『上觚稜而棲金爵』注云、『觚、八觚、有隅者也』可證。）故有角的酒器叫做『觚』。後來把觚字用泛了、凡酒器可盛三升的、都叫做『觚』、不問他有角無角。所以孔子說『現在觚沒有角了。這也是觚嗎？這也是觚嗎？』不是觚的都叫做『觚』、這就是言不順。且再舉一例。孔子說、

政者、正也。子率以正、孰敢不正？

政字从正、本有正意。現今那些昏君貪官的政府、也居然叫做『政』、這也是『言不順』了。

這種現象、是一種學識思想界昏亂『無政府』的怪現象。語言文字（名）是代表思想的符號。語言文字沒有正確的意義、還用什麼來做是非眞假的標準呢？沒有角的東西可叫做『觚』、一班暴君汙吏可叫做『政』、怪不得少正卯鄧析一般人、要『以非

爲是、以是爲非、是非無度、而可與不可日變』用呂氏春秋語。了。

孔子當日眼見那些『邪說暴行』說見本篇第二章。以爲天下的病根在於思想界沒有公認的是非眞僞的標準、所以他說、

天下有道、則庶人不議、

他的中心問題只是要建設一種公認的是非眞僞的標準。建設下手的方法便是『正名』這是儒家公有的中心問題。試引荀卿的話爲證：

『今聖王沒、名守慢、奇辭起、名實亂、是非之形不明、則雖守法之吏、誦數之儒、亦皆亂也。……異形離心交喩異物名實互紐貴賤不明、同異不別：如是、則志必有不喩之患、而事必有困廢之禍』荀子正名篇。詳解見第十一篇第三章。

不正名則『志必有不喩之患、而事必有困廢之禍』這兩句可作孔子『名不正則言不順、言不順則事不成』兩句的正確註脚。

怎麽說『事不成則禮樂不興、禮樂不興則刑罰不中』呢？這是說是非眞僞善惡、若沒有公認的標準、則一切別的種種標準如禮樂刑罰之類、都不能成立、正如荀卿說

的『名守慢、奇辭起、名實亂、是非之形不明、則雖守法之吏、誦數之儒亦皆亂也。』『正名』的宗旨只要建設是非善惡的標準、已如上文所說。這是孔門政治哲學的根本理想。論語說、

齊景公問政於孔子、孔子對曰、『君君臣臣、父父子子。』公曰、『善哉！信如君不君、臣不臣、父不父、子不子、雖有粟、吾得而食諸？』

『君君臣臣父父子子』也只是正名主義。正名的宗旨、不但要使觚的是『觚』、方的是『方』、還須要使君眞是君、臣眞是臣、父眞是父、子眞是子。不君的君、不臣的臣、不子的子、和不觚的觚、有角的圜、是同樣的錯謬。

如今且看孔子的正名主義如何實行。孟子說、

世衰道微、邪說暴行有作、臣弑其君者有之、子弑其父者有之。孔子懼、作春秋。春秋、天子之事也。是故孔子曰、『知我者其惟春秋乎！罪我者其惟春秋乎！』

又說、

昔者禹抑洪水而天下平。周公兼夷狄、驅猛獸、而百姓寧。孔子成春秋而亂臣賊

子懼。

一部春秋便是孔子實行正名的方法。春秋這部書、一定是有深意『大義』的、所以孟子如此說法。孟子又說、

王者之迹熄而詩亡、詩亡、然後春秋作。晉之乘、楚之檮杌、魯之春秋、一也。其事則齊桓晉文、其文則史。孔子曰、『其義則丘竊取之矣。』

莊子天下篇也說『春秋以道名分。』這都是論春秋最早的話、該可相信。若春秋沒有什麼『微言大義』、單是一部史書、那眞不如『斷爛朝報』了。孔子不是一個全無意識的人、似乎不至於做出這樣極不可讀的史書。

論春秋的眞意、應該研究公羊傳和穀梁傳、晚出的左傳最沒有用。我不主張『今文』、也不主張『古文』、單就春秋而論、似乎應該如此主張。

春秋正名的方法可分三層說：

第一、正名字　春秋的第一個方法、是要訂正一切名字的意義。這是言語學、文法學的事業。今舉一例。春秋說、

僖公十有六年、春王正月、戊申朔、隕石於宋五。

是月、六鷁退飛、過宋都。

（公羊傳）曷爲先言『霣』而後言『石』？霣石記聞、聞其磌然、視之則『石』、察之則『五』。是月者何？僅逮是月也。……曷爲先言『六』而後言『鷁』？六鷁退飛、記見也。視之則『六』、察之則『鷁』、徐而察之則退飛。……

（穀梁傳）『隕石於宋五』先『隕』而後『石』、何也？『隕』而後『石』也。于宋四境之內曰『宋』。後數、散辭也、耳治也。『是月也、六鶂退飛過宋都』。『是月也』決不日而月也。『六鶂退飛過宋都』先數、聚辭也、目治也。……君子之於物、無所苟而已。石鶂且猶盡其辭、而況於人乎？故五石六鶂之辭不設、則王道不亢矣。

（董仲舒春秋繁露深察名號篇）春秋辨物之理以正其名、名物如其眞、不失秋毫之末。故名霣石則後其『五』、言退鷁則先其『六』。聖人之謹於正名如此。『君子於其言、無所苟而已矣。』五石六鷁之辭是也。

『春秋辨物之理以正其名、名物如其眞』這是正名的第一義。古書辨文法上詞性之區別、莫如公羊穀梁兩傳。公羊傳講詞性更精。不但名詞、(如車馬曰賵、貨財曰賻、衣服曰襚之類。)動詞、(如春曰苗、秋曰蒐、冬曰狩、春曰祠、夏曰礿、秋曰嘗、冬曰烝、直來曰來、大歸曰來歸等。)分別得詳細、並且把狀詞、(如既者何、盡也。)介詞、(如及者何、累也。)連詞、(如遂者何、生事也、乃者何、難之也、之類。)之類、都仔細研究文法上的作用。所以我說春秋的第一義、是文法學言語學的事業。

第二、定名分　上一條是『別同異』這一條是『辨上下』那時的周天子久已不算什麼東西、楚吳都已稱王、此外各國、也多拓地滅國、各自稱雄、孔子眼見那紛爭無主的現象、回想那封建制度最盛時代、井井有條的階級社會、眞有去古日遠的感慨。所以論語說、

孔子謂季氏八佾舞於庭、是可忍也、孰不可忍也！

讀這兩句、可見他老人家氣得鬍子發抖的神氣！論語又說、

三家者以雍徹。子曰、『相維辟公天子穆穆』奚取於三家之堂？

孔子雖明知一時做不到那『天下有道禮樂征伐自天子出』的制度、他却處處要保存那紙上的封建階級。所以春秋於吳楚之君、只稱『子』、齊晉只稱『侯』、宋雖弱小、却

稱『公』踐土之會、明是齊桓公把周天子叫來、春秋却說是『天王狩於河陽』、周天子的號令久不行了、春秋每年仍舊大書『春王正月』。這都是『正名分』的微旨。論語說、

子貢欲去告朔之餼羊、子曰、『賜也、爾愛其羊、我愛其禮』。

這便是春秋大書『春王正月』一類的用意。

第三、寓褒貶　春秋的方法最重要的、在於把褒貶的判斷寄託在記事之中。司馬遷史記自序、引董仲舒的話道、

夫春秋上明三王之道、下辨人事之紀、別嫌疑、明是非、定猶豫、善善惡惡、賢賢賤不肖、……王道之大者也。

善善惡惡、賢賢賤不肖、便是褒貶之意。上章說『辭』字本有判斷之意、故『正辭』可以『禁民爲非』。春秋的『書法』、只是要人看見了生畏懼之心、因此趨善去惡。卽如春秋書弒君三十六次、中間狠有個分別、都寓有『記者』褒貶的判斷。如下舉的例：

(例一)隱四年三月戊申、衞州吁弒其君完。

(例二)隱四年九月、衞人殺州吁于濮。

（例三）桓二年春王正月戊申、宋督弒其君與夷及其大夫孔父。

（例四）文元年冬十月丁未、楚世子商臣弒其君頵。（公穀皆作髡）

（例五）文十六年、宋人弒其君杵臼。

（例六）文十八年冬、莒弒其君庶其。

（例七）宣二年秋九月乙丑、晉趙盾弒其君夷皋。

（例八）成十八年春王正月庚申、晉弒其君州蒲。

卽舉此八例、可以代表春秋書弒君的義例。（例一）與（例三、四、七）同是書明弒者之名、却有個分別。（例一）是指州吁有罪。（例三）帶著褒獎與君同死的大夫。（例四）寫『世子商臣』以見不但是弒君、又是弒父、又是世子弒父。（例七）雖與（例一）同式、但弒君的人並不是趙盾、乃是趙穿、因爲趙盾不討賊、故把弒君之罪責他。這四條是稱臣弒君之例。（例二、五、六、八）都是稱君不稱弒者之例、却也有個分別。（例二）稱『衞人』、又不稱州吁爲君、是討賊的意思、故不稱弒、只稱殺、又明說『于濮』、濮是陳地、不是衞地、這是說衞人力不能討賊、却要借助於外國人。（例五）也稱『宋人』、是責備被弒的君有該死之罪、但他究竟是正式的君主、故稱『其君。』（例六）與（例八）都是稱『國』弒君之例。稱『人』還只說『有些人』、稱『國』便含有『全國』的意思。故稱國弒君、那被弒之君、一定是罪大惡極的了。（例六）是太子僕弒君、又是弒父。據左傳。因爲死者罪該死、故不著太子僕弒君弒父之罪。（例八）是欒書中行偃使程滑去弒君的、因爲君罪惡太甚、故不罪弒君的人、卻說這是國民的公意。

這種褒貶的評判、如果眞能始終一致、本也狠有價値。爲什麼呢？因爲這種書法、不單是要使『亂臣賊子』知所畏懼、並且教人知道君罪該死、弒君不爲罪；父罪該死、弒父不爲罪。如上所舉的例六是。這是何等精神！只可惜春秋一書、有許多自相矛盾的書法。如魯國幾次弒君、卻不敢直書。於是後人便生出許多『爲尊者諱、爲親者諱、爲賢者諱』等等文過的話、便把春秋的書法弄得沒有價値了。這種矛盾之處、或者不是孔子的原文、後來被『權門』干涉、方纔改了的。我想當日孔子那樣稱贊晉國的董狐。宣二年左傳。豈有破壞自己的書法？但我這話、也沒有旁的證據、只可算一種假設的猜想罷了。

總論　春秋的三種方法、——正名字、定名分、寓褒貶、——都是孔子實行『正名』『正辭」的方法。這種學說、初看去覺得是狠幼稚的。但是我們要知道這種學說、在中國學術思想上、有絕大的影響。我且把這些效果、略說一二、作爲孔子正名主義的評判。

(1)語言文字上的影響　孔子的『君子於其言無所苟而已矣』一句話、實是一切訓詁書的根本觀念。故公羊穀梁、都含有字典氣味。董仲舒的書更多聲音通假的詁訓。（如名訓『鳴以出命』號訓謞、訓效、民訓瞑、性訓生、之類。）也有從字形上著想的訓詁。（如說王字爲三畫而連其中。說文解字引之。）大概孔子的正名說、無形之中、含有提倡訓詁書的影響。

(2)名學上的影響　自從孔子提出『正名』的問題之後、古代哲學家都受了這種學說的影響。以後如荀子的『正名論』（看第十一篇第三章。）法家的『正名論』（看第十二篇。）不用說了。卽如墨子的名學、（看第六篇第三四章、）便是正名論的反響。楊朱的『名無實實無名』（看第七篇。）也是這種學說的反動。我們檢直可以說孔子的正名主義、實是中國名學的始祖。正如希臘梭格拉底的『概念說』、是希臘名學的始祖。（參觀上篇老子論名一節。）

(3)歷史上的影響　中國的歷史學幾千年來、狠受了春秋的影響。試讀司馬遷史記自序、及司馬光資治通鑑論『初命三晉爲諸侯』一段、及朱熹通鑑綱目的正統書法各段、便可知春秋的勢力了。春秋那部書、只可當作孔門正名主義的參考書看、却不可當作一部模範的史書看。後來的史家把春秋當作作史的模範、便大錯了。爲什麼呢？因爲歷史的宗旨在於『說眞話、記實事。』春秋的宗旨、不在記實事、只在寫個人心中對於實事的評判。明是趙穿弑君、却說是趙盾弑君。明是晉文公召周天子、却說是『天王狩于河陽。』這都是個人的私見、不是歷史的實事。後來的史家、崇拜春秋太過了、所以他們作史、不去討論史料的眞僞、只顧講那『書法』和『正統』、種種謬說。春秋的餘毒就使中國只有主觀的歷史、沒有物觀的歷史。

第五章　一以貫之

論語說孔子對子貢道：

賜也、汝以予爲多學而識之者與？

對曰、然、非與？

曰、非也、予一以貫之。（十五）

何晏註這一章最好。他說、

善有元、事有會。天下殊塗而同歸、百慮而一致。知其元、則衆善舉矣。故不待學而一知之。

何晏所引、乃易繫辭傳之文。原文是、

子曰、天下何思何慮？天下同歸而殊塗、一致而百慮。天下何思何慮？

韓康伯注這一條也說、

苟識其要、不在博求。一以貫之、不慮而盡矣。

論語又說、

子曰、參乎吾道一以貫之。

曾子曰、唯。

子出、門人問曰、何謂也？

曾子曰、夫子之道、忠恕而已矣。(四)

『一以貫之』四個字、當以何晏所說爲是。孔子認定宇宙間天地萬物、雖然頭緒紛繁、却有系統條理可尋。所以『天下之至賾』和『天下之至動』、都有一個『會通』的條理、可用『象』與『辭』表示出來。『同歸而殊塗、一致而百慮』也只是說這個條理系統。尋得出這個條理系統、便可用來綜貫那紛煩複雜的事物。正名主義的目的、在於『正名以正百物』、也只是這個道理。一個『人』字可包一切人、一個『父』字可包一切做父的。這便是繁中的至簡、難中的至易。所以孔門論知識、不要人多學而識之。孔子明說『多聞、擇其善者而從之、多見而識之』、不過是『知之次也』(七)可見眞知識、在於能尋出事物的條理系統、卽在於能『一以貫之』。貫字本義爲穿、爲通、爲統。『一以貫之』卽是後來荀子所說的『以一知萬』、『以一持萬』。這是孔子的哲學方法。一切『知幾』說、『正名』主義、都是這個道理。

自從曾子把『一以貫之』解作『忠恕』、後人誤解曾子的意義、以爲忠恕乃是關於人生哲學的問題。所以把『一以貫之』也解作『盡己之心、推己及人』、這就錯了。『忠恕』兩字本有更廣的意義。大戴禮三朝記說、

知忠必知中、知中必知恕、知恕必知外。……內思畢心(一作必)曰知中。中以應實曰知恕、內恕外度曰知外。

章太炎作訂孔下論忠恕爲孔子的根本方法、說、

心能推度曰恕、周以察物曰忠。故夫聞一以知十、舉一隅而以三隅反者、恕之事也。……周以察物、舉其徵符、而辨其骨理者、忠之事也、……『身觀焉』忠也。『方不障』恕也。（章氏叢書檢論三。『身觀焉、方不障』見墨子經說下。說詳本書第八篇第二章。）

太炎這話發前人所未發。他所據的三朝記雖不是周末的書、但總可算得一部古書。恕字本訓『如』。（蒼頡篇、）聲類說『以心度物曰恕』恕卽是推論，(Inference) 推論總以類似爲根據。如中庸說、

伐柯伐柯、其則不遠。執柯以伐柯、睨而視之、猶以爲遠。

這是因手裏的斧柄與要砍的斧柄同類、故可由這個推到那個。聞一知十、舉一反三、都是用類似之點、作推論的根據。恕字訓『如』、卽含此意。忠字太炎解作親身觀察的知識、（墨子經說下、『身觀焉、親也』）周語說『考中度衷爲忠』又說『中能應外、忠也』中能應外爲忠、與三朝記的『中以應實、曰知恕』同意。可見忠恕兩字意義本相近、不易分別。中庸有一章上文說『忠恕違道不遠』是忠恕兩字並舉。下文緊接『施諸己而不願、亦勿施於

人』下文又說『所求乎子以事父』一大段、說的都只是一個『恕』字。此可見『忠恕』兩字、與『恕』字同意、分知識爲『親知』（即經驗）與『說知』（即推論）乃是後來墨家的學說。太炎用來解釋忠恕兩字、恐怕有點不妥。我的意思、以爲孔子說的『一以貫之』和曾子說的『忠恕』只是要尋出事物的條理統系、用來推論、要使人聞一知十、舉一反三。這是孔門的方法論、不單是推己及人的人生哲學。

孔子的知識論、因爲注重推論、故注意思慮。論語說、

學而不思則罔。思而不學則殆。（二）

學與思兩者缺一不可。有學無思、只可記得許多沒有頭緒條理的物事、算不得知識。有思無學、便沒有思的材料、只可胡思亂想、也算不得知識。但兩者之中、學是思的預備、故更爲重要。有學無思雖然不好、但比有思無學害還少些。所以孔子說、多聞多見、還可算得是『知之次也』。又說、

吾嘗終日不食、終夜不寢、以思。無益、不如學也。（十五）

孔子把學與思兩事看得一樣重、初看去似乎無弊。所以竟有人把『學而不思則罔、

思而不學則殆』兩句來比康德的『感覺無思想是瞎的、思想無感覺是空的。』但是孔子的『學』與康德所說的『感覺』略有不同。孔子的『學』並不是耳目的經驗。看他說『多聞、多見而識之』（識通志。）『好古敏以求之』、『信而好古』、『博學於文』、那一句說的是實地的觀察經驗？墨家分知識爲三種。一是親身的經驗、二是推論的知識、三是傳受的知識。（說詳第八篇第二章。）孔子的『學』只是讀書只是文字上傳受來的學問。所以他的弟子中、那幾個有豪氣的、都不滿意於這種學說。那最爽快的子路駁孔子道：

有民人焉、有社稷焉、何必讀書然後爲學？（十一）

這句話孔子不能駁回、只得罵他一聲『佞者』罷了。還有那『堂堂乎』的子張也說、

士見危授命、見得思義、祭思敬、喪思哀、其可已矣。（十九）

這就是後來陸九淵一派重『尊德性』而輕『道問學』的議論了。

所以我說孔子論知識注重『一以貫之』注重推論、本來很好。只可惜他把『學』字看作讀書的學問、後來中國幾千年的教育、都受這種學說的影響、造成一國的『書生』廢物、這便是他的流弊了。

以上說孔子的知識方法。

『忠恕』雖不完全屬於人生哲學、却也可算得是孔門人生哲學的根本方法。論語上子貢問可有一句話可以終身行得的嗎？孔子答道：

其恕乎。己所不欲、勿施於人。(十五)

這就是大學的絜矩之道：

所惡於上、毋以使下；所惡於下、毋以事上；所惡於前、毋以先後；所惡於後、毋以從前；所惡於右、毋以交於左；所惡於左、毋以交於右；此之謂絜矩之道。

這就是中庸的忠恕：

忠恕違道不遠。施諸己而不願、亦勿施於人。君子之道四、丘未能一焉：所求乎子以事父、未能也；所求乎臣以事君、未能也；所求乎弟以事兄、未能也；所求乎朋友、先施之、未能也。

這就是孟子說的『善推其所爲』。

老吾老、以及人之老。幼吾幼、以及人之幼。……古之人所以大過人者、無他焉、善

推其所爲而已矣。（一）

這幾條都只說了一個『恕』字。恕字在名學上是推論、在人生哲學一方面、也只是一個『推』字。我與人同是人、故『己所不欲、勿施於人』、故『所惡於上、毋以使下』、故『所求乎子以事父』、故『老吾老、以及人之老』、只要認定我與人同屬的類、——只要認得我與人的共相、——便自然會推己及人。這是人生哲學上的『一以貫之』。

上文所說『恕』字只是要認得我與人的『共相』。這個『共相』卽是『名』所表示。孔子的人生哲學、是和他的正名主義有密切關係的。古書上說楚王失了一把寶弓、左右的人請去尋他、楚王說、『楚人失了、楚人得了、何必去尋呢？』孔子聽人說這話、歎息道、『何不說「人失了、人得了？」何必說「楚人」呢？』這箇故事很有道理。凡注重『名』的名學、每每先求那最大的名。『楚人』不如『人』的大、故孔子要楚王愛『人』。故『恕』字說文訓仁。（訓仁之字、古文作㤎。後乃與訓如之恕字混耳。）論語記仲弓問仁、孔子答語有『己所不欲、勿施於人』一句、可見仁與恕的關係。孔門說仁雖是愛人、（論語十三、說文、仁、親也、）卻和後來墨家說的『兼愛』不相同。墨家的愛、是『無差等』的愛、孔門的愛是『有差等』的愛。故說『親親之殺。』看儒家喪服的制度、從三年之喪、一級一級的降到親盡無服、這便是『親親之殺。』這都由於兩家的根本觀念不同。墨家重在『兼而愛之』的兼字、儒家重在『推恩足以保四海』的推字、故同說愛人而性質截然不同。

仁字不但是愛人還有一箇更廣的義。今試舉論語論仁的幾條爲例。

顏淵問仁。子曰『克己復禮爲仁。』……顏淵曰、『請問其目。』子曰、『非禮勿視、非禮勿聽、非禮勿言、非禮勿動。』

仲弓問仁。子曰、『出門如見大賓、使民如承大祭。己所不欲、勿施於人。在邦無怨、在家無怨。』

司馬牛問仁。子曰、『仁者其言也訒。』(以上十二)

樊遲問仁。子曰『居處恭、執事敬、與人忠。』(十三)

以上四條、都不止於愛人。細看這幾條、可知仁卽是做人的道理。克己復禮；出門如見大賓、使民如承大祭；居處恭、執事敬、與人忠：都只是如何做人的道理。故都可說是仁。中庸說、『仁者、人也。』孟子說『仁也者、人也。』下七 孔子的名學注重名的本義、要把理想中標準的本義來改正現在失了原意的事物。例如『政者正也』之類。『仁者人也』只是說仁是理想的人道、做一箇人、須要能盡人道、能盡人道、即是仁。後人如朱熹之流、說『仁者無私心而合天理之謂』、乃是宋儒的臆說、不是孔子的本意。蔡孑民中國倫理學史說孔子所說的『仁』、乃是『統攝諸德完成人格之名』。這話甚是。論語記子路問成人、孔子答道、

若臧武仲之知、公綽之不欲、卞莊子之勇、冉求之藝、文之以禮樂、亦可以爲成人矣。（十四）

成人卽是盡人道、卽是『完成人格』、卽是仁。

孔子又提出『君子』一箇名詞、作爲人生的模範。『君子』本義爲『君之子』、乃是階級社會中貴族一部分的通稱。古代『君子』與『小人』對稱、君子指士以上的上等社會、小人指士以下的小百姓。試看國風小雅所用『君子』、與後世小說書中所稱『公子』、『相公』有何分別？後來封建制度漸漸破壞、『君子』『小人』的區別、也漸漸由社會階級的區別、變爲個人品格的區別。孔子所說君子、乃是人格高尙的人、乃是有道

德、至少能盡一部分人道的人。故說、

君子而不仁者有矣夫、未有小人而仁者也。(十四)

這是說君子雖未必能完全盡人道、但是小人決不是盡人道的人。又說、

君子道者三、我無能焉：仁者不憂、知者不惑、勇者不懼。(十四)

司馬牛問君子。子曰、君子不憂不懼。……內省不疚、夫何憂何懼？(十二)

子路問君子。子曰、脩己以敬、……脩己以安人、……脩己以安百姓。(十四)

凡此皆可見君子是一種模範的人格。孔子的根本方法、上章已說過、在於指出一種理想的模範、作爲個人及社會的標準、使人『擬之而後言、儀之而後動』。他平日所說『君子』便是人生品行的標準。

上文所說人須盡人道。由此理推去、可說做父須要盡父道、做兒子須要盡子道、做君須要盡君道、做臣須要盡臣道。故論語說、

齊景公問政於孔子。孔子對曰、『君君、臣臣、父父、子子。』公曰、『善哉！信如君不君、臣不臣、父不父、子不子、雖有粟、吾得而食諸？』(十二)

又易經家人卦說、

家人有嚴君焉、父母之謂也。父父子子、兄兄弟弟、夫夫婦婦、而家道正。正家而天下定矣。

這是孔子正名主義的應用。君君臣臣、父父子子、便是使家庭社會國家的種種階級、種種關係、都能『顧名思義』做到理想的標準地步。這個標準地步、就是大學上說的『止於至善』大學說、

爲人君、止於仁;爲人臣、止於敬;爲人子、止於孝;爲人父、止於慈;與國人交、止於信。

這是倫常的人生哲學。『倫』字說文云『輩也、一曰道也。』曲禮注、『倫猶類也。』論語『言中倫』包注『道也、理也。』孟子注『倫序也』人與人之間、有種種天然的、或人爲的交互關係。如父子、如兄弟、是天然的關係。如夫妻、如朋友、是人造的關係。每種關係便是一『倫』每一倫有一種標準的情誼行爲。如父子之恩、如朋友之信、這便是那一倫的『倫理』儒家的人生哲學、認定個人不能單獨存在、一切行爲都是人與人交互關係的行爲、都是倫理的行爲。故中庸說、

天下之達道五、曰、君臣也、父子也、夫婦也、昆弟也、朋友之交也：五者、天下之達道也。

『達道』是人所共由的路。參看論語十八、子路從而後一章。因爲儒家認定人生總離不了這五條達道、總逃不出這五個大倫、故儒家的人生哲學只要講明如何處置這些倫常的道理。只要提出種種倫常的標準倫理。如左傳所舉的六順：君義、臣行、父慈、子孝、兄愛、弟敬；如禮運所舉的十義：父慈、子孝、兄良、弟悌、夫義、婦聽、長惠、幼順、君仁、臣忠；如孟子所舉的五倫：父子有親、君臣有義、夫婦有別、長幼有序、朋友有信。故儒家的人生哲學、是倫理的人生哲學。後來孟子說墨子兼愛、是無父；楊子爲我、是無君。無父無君、卽是禽獸。孟子的意思、其實只是說墨家和楊氏老莊各家近於楊氏。的人生哲學、或是極端大同主義、或是極端個人主義、都是非倫理的人生哲學。我講哲學、不用『倫理學』三個字、卻稱『人生哲學』也只是因爲『倫理學』只可用於儒家的人生哲學、而不可用於別家。

孔子的人生哲學、不但注重模範的倫理、又還注重行爲的動機。論語說、

視其所以、觀其所由、察其所安、人焉廋哉？人焉廋哉？（二）

這一章乃是孔子人生哲學很重要的學說、可惜舊註家多不曾懂得這一章的眞義、『以』字何晏解作『用』說『言視其所行用』極無道理。朱熹解作『爲』說『爲善者爲君子、爲惡者爲小人』也無道理、『以』字當作『因』字解。邶風『何其久也、必有以也』◎左傳昭十三年、『我之不共魯故之以』又老子『衆人皆有以』此諸『以』字皆作因爲◎解。凡『所以』二字連用、『以』字總作因爲解。孔子說觀察人的行爲、須從三方面下手。第一、看他因爲什麼要如此做；第二、看他怎麼樣做、用的什麼方法；第三、看這種行爲、在做的人身心上發生何種習慣、何種品行。（朱熹說第二步爲『意之所從來』是把第二步看作第一步了。說第三步道、『安、所樂也。所由雖善、而心之所樂者、不在於是、則亦僞耳、豈能久而不變哉』却很不錯。）第一步是行爲的動機、第二步是行爲的方法。第三步是行爲所發生的品行。這種三面都到的行爲論是極妥善無弊的。只可惜孔子有時把第一步的動機看得很重、所以後來的儒家便偏向動機一方面、把第二步第三步都拋棄不顧了。孔子論動機的話、如下舉諸例：

今之孝者、是謂能養。至於犬馬、皆能有養。不敬、何以別乎？（二）

人而不仁、如禮何？人而不仁、如樂何？（三）

苟志於仁矣、無惡也。(四)

動機。不善、一切孝弟禮樂都只是虛文、沒有道德的價值這話本來不錯、即墨子也不能不認『意』的重要。看耕柱篇第四節。但孔子生平、痛恨那班聚斂之臣、斗筲之人的謀利政策、故把義利兩樁分得太分明了。他說、

放於利而行、多怨。(四)

君子喻於義、小人喻於利。(四)

但他卻並不是主張『正其誼不謀其利』的人。論語說、

子適衞、冉有僕。子曰『庶矣哉!』冉有曰『既庶矣、又何加焉?』子曰『富之。』曰、『既富矣、又何加焉?』曰、『教之。』(十四)

這豈不是『倉廩實而後知禮節、衣食足而後知榮辱』的政策嗎?可見他所反對的利、乃是個人自營的私利。不過他不曾把利字說得明白、論語又有『子罕言利』的話、又把義利分作兩個絕對相反的物事、故容易被後人誤解了。

但我以爲與其說孔子的人生哲學注重動機、不如說他注重養成道德的品行。後

來的儒家只爲不能明白這個區別、所以有極端動機的道德論。孔子論行爲、分動機、方法、品行三層、已如上文所說。動機與品行都是行爲的『內容』。我們論道德、大概分內容和外表兩部。譬如我做了一件好事、若單是爲了這事結果的利益、或是爲了名譽、或是怕懼刑罰笑罵、方纔做去、那都是『外表』的道德。若是因爲我覺得理該去做、不得不去做、那便是屬於『內容』的道德。內容的道德論、又可分兩種。一種偏重動機、認定『天理』(如宋儒中之主張天理人欲論者、)或認定『道德的律令』(如康德)有絕對無限的尊嚴、善的理該去做、惡的理該不去做。一種注重道德的習慣品行、習慣已成、卽是品行。(習慣 Habit, 品行 Character)有了道德習慣的人見了善自然去做、見了惡自然不去做。例如良善人家的子弟、受了良善的家庭教育、養成了道德的習慣、自然會行善去惡、不用勉強。

孔子的人生哲學、依我看來、可算得是注重道德習慣一方面的。他論人性道：

性相近也、習相遠也。惟上智與下愚不移。(十七)

『習』卽是上文所說的習慣。孔子說、

吾未見好德如好色者也。(九)

已矣乎！吾未見好德如好色者也！（十五）

這兩章意同而辭小異、可見這是孔子常說的話。他說不曾見好德如好色的人、可見他不信好德之心是天然有的。好德之心雖不是天然生就的、卻可以培養得成。培養得純熟了、自然流露。便如好色之心一般、毫無勉強。大學上說的『如惡惡臭、如好好色、』便是道德習慣已成時的狀態。孔子說、

知之者、不如好之者。好之者、不如樂之者。（六）

人能好德惡不善、如好好色、如惡惡臭、便是到了『好之』的地位。道德習慣變成了個人的品行動容周旋無不合理、如孔子自己說的『從心所欲不踰矩、』那便是已到『樂之』的地位了。

這種道德的習慣、不是用強迫手段可以造成的。須是用種種教育涵養的工夫方能造得成。孔子的正名主義、只是要寓褒貶、別善惡、使人見了善名、自然生愛、見了惡名、自然生惡。人生無論何時何地、都離不了名。故正名是極大的德育利器。（參看荀子正名篇及尹文子大道篇。）此外孔子又極注重禮樂。他說、

興於詩、立於禮、成於樂。(八)

不學詩、無以言、……不學禮、無以立。(十六)

詩、可以興、可以觀、可以羣、可以怨、……人而不爲周南召南、其猶正牆面而立也歟。(十七)

恭而無禮則勞。有子曰、恭近於禮、遠恥辱也。愼而無禮則葸。勇而無禮則亂。直而無禮則絞。(八)

詩與禮樂都是陶融身心、養成道德習慣的利器。故孔子論政治也主張用『禮讓爲國。』又主張使絃歌之聲、遍於國中。此外孔子又極注重模範人格的感化。論語說、

季康子問政於孔子曰、『如殺無道、以就有道、何如?』孔子對曰、『子爲政、焉用殺;子欲善、而民善矣。君子之德風、小人之德草、草上之風必偃。』(十三)

爲政以德、譬如北辰居其所而衆星共之。(二)

因此他最反對用刑治國。他說、

道之以政、齊之以刑、民免而無恥。道之以德、齊之以禮、有恥且格。(二)

第五篇　孔門弟子

史記有仲尼弟子列傳一卷、記孔子弟子七十七人的姓名年歲甚詳。我以爲這一篇多不可靠。篇中說『弟子籍出孔氏古文近是』這話含混可疑。且篇中把澹臺滅明公伯僚都算作孔子的弟子、更可見是後人雜湊成的。況且篇中但詳於各人的姓字年歲、却不記各人所傳的學說。卽使這七十七人都是眞的、也毫無價值、算不得哲學史的材料。孔子家語所記七十六人、不消說得、是更不可靠了。參看馬驌繹史卷九十五。所以我們今日若想作一篇『孔門弟子學說考』是極困難的事。我這一章所記、並不求完備、不過略示孔子死後他一門學派的趨勢罷了。

韓非顯學篇說、

自孔子之死也、有子張之儒、有子思之儒、有顏氏之儒、有孟氏之儒、有漆雕氏之儒、有仲良氏道藏本作梁、之儒、有孫氏卽荀卿、之儒、有樂正氏之儒。

自從孔子之死到韓非、中間二百多年、先後共有過這八大派的儒家。這八大派並不是同時發生的、如樂正氏、如子思、都是第三代的；孟氏孫氏都是第四或第五代的。顏氏仲良氏今不可考。只有子張和漆雕氏兩家是孔子直傳的弟子。今試作一表如下：

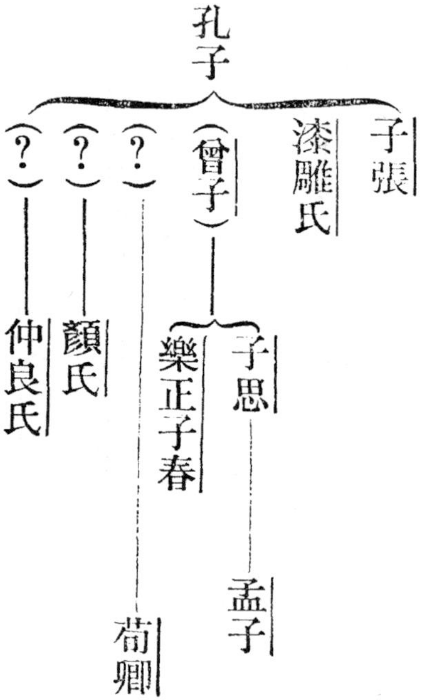

最可怪的是曾子子夏子游諸人都不在這八家之內。或者當初曾子子夏子游有子諸人都是孔門的正傳、『言必稱師、』（論語十九曾子兩言『吾聞諸夫子』禮記祭義樂正子春曰『吾聞諸曾子、曾子聞諸夫子』）故不別立宗派。祇有子張和漆雕開與曾子一班人不合、故別成學派。子張與同門不合、論語中證據甚多、如

子游曰、『吾友張也、爲難能也、然而未仁。』（十九）

曾子曰、『堂堂乎張也、難與並爲仁矣。』（十九）

子張是陳同甫陸象山一流的人、瞧不上曾子一般人『戰戰兢兢』的萎縮氣象、故他說、

執德不弘、信道不篤、焉能爲有？焉能爲無？（十九）

士見危致命、見得思義、祭思敬、喪思哀、其可已矣。（同）

又子夏論交道、『可者與之、其不可者拒之。』子張駁他道、

君子尊賢而容衆、嘉善而矜不能。我之大賢歟、於人何所不容？我之不賢歟、人將拒我、如之何其拒人也？（同）

看他這種闊大的氣象、可見他不能不和子夏曾子等人分手、別立宗派。漆雕開一派、『不色撓、不目逃；行曲則違於臧獲、行直則怒於諸侯。』（韓非子顯學篇。）乃是儒家的武俠派、也不配做儒家的正宗。（王充論衡說漆雕開論性有善有惡、是非性善論。）只可惜子張和漆雕兩派的學說如今都不傳了、我們如今只能略述孔門正傳一派的學說罷。

孔門正傳的一派、大概可用子夏子游曾子一班人做代表。我不能細說各人的學說、且提出兩個大觀念。一個是『孝』、一個是『禮』。這兩個問題、孔子生時都不曾說得

周密、到了曾子一般人手裏、方才說得面面都到。從此以後、這兩個字便漸漸成了中國社會的兩大勢力。

孝

孔子何嘗不說孝道、但總不如曾子說得透切圓滿。曾子說、

> 孝有三：大孝尊親、其次弗辱、其次能養。（禮記祭義。）

什麼叫做尊親呢？第一、是增高自己的人格、如孝經說的『立身行道、揚名於後世、以顯父母。』第二、是增高父母的人格、所謂『先意承志、諭父母於道。』尊親卽是孝經的『嚴父。』孝經說、

> 人之行莫大於孝、孝莫大於嚴父、（嚴父謂尊嚴其父。）嚴父莫大於配天。

什麼叫做弗辱呢？第一、卽是孝經所說『身體髮膚、受之父母、不敢毀傷』的意思。祭義所說『父母全而生之、子全而歸之』也是此意。第二、是不敢玷辱父母傳與我的人格。這一層曾子說得最好。他說、

> 身也者、父母之遺體也。行父母之遺體、敢不敬乎？居處不莊、非孝也。事君不忠、非孝也。涖官不敬、非孝也。朋友不信、非孝也。戰陳無勇、非孝也。五者不遂、烖及其親、

敢不敬乎？（祭義）

什麼叫做能養呢？孔子說的、

今之孝者、是謂能養。至於犬馬、皆能有養。不敬、何以別乎？（論語二）

事父母幾諫。見志不從、又敬不違、勞而不怨。（論語四）

這都是精神的養親之道。不料後來的人只從這個養字上用力、因此造出許多繁文縟禮來。例如禮記上說的：

子事父母、雞初鳴、咸盥漱、櫛縰、笄總、拂髦、冠緌纓、端韠紳、搢笏。左右佩用：左佩紛帨、刀、礪、小觿、金燧；右佩玦、捍、管、遰、大觿、木燧。偪屨著綦。……以適父母之所。及所、下氣怡聲、問衣燠寒、疾痛苛癢、而敬抑搔之。出入、則或先或後、而敬扶持之。進盥、少者捧盤、長者捧水、請沃盥。盥卒、授巾。問所欲而敬進之。（內則）

這竟是現今戲臺上的臺步、臉譜、武場套數、成了刻板文字、便失了孝的眞意了。曾子說的三種孝、後人只記得那最下等的一項、只在一個『養』字上做工夫。甚至於一個母親發了癡心、冬天要吃鮮魚、他兒子便去睡在冰上、冰裏面便跳出活鯉魚來了。（晉書）

王祥傳這種鬼話、竟有人信以爲眞、以爲孝子應該如此！可見孝的眞義久已埋沒了。

孔子的人生哲學、雖是倫理的、雖注重『君君、臣臣、父父、子子、夫夫、婦婦、』却並不曾用『孝』字去包括一切倫理。到了他的門弟子、以爲人倫之中獨有父子一倫最爲親切、所以便把這一倫提出來格外注意、格外用功。如孝經所說、

父子之道天性也。……故不愛其親而愛他人者、謂之悖德。不敬其親而敬他人者、謂之悖禮。

又如有子說的、

君子務本、本立而道生。孝弟也者、其爲仁之本歟？——論語

孔門論仁、最重『親親之殺、』最重『推恩、』故說孝弟是爲仁之本。後來更進一步、便把一切倫理都包括在『孝』字之內。不說你要做人便該怎樣便不該怎樣；却說你要做孝子、便該怎樣便不該怎樣。例如上文所引曾子說的『戰陳無勇、』『朋友不信、』他不說你要做人要盡人道、故戰陳不可無勇、故交友不可不信；只說你要做一個孝子、故不可如此如此。這個區別、在人生哲學史上、非常重要。孔子雖注重個人的倫理關係、

但他同時又提出一個『仁』字、要人盡人道、做一個『成人』故『居處恭、執事敬、與人忠』只是仁、只是盡做人的道理。這是『仁』的人生哲學。那『孝』的人生哲學便不同了。細看祭義和孝經的學說、檢直可算得不承認個人的存在。我並不是我、不過是我的父母的兒子。故說『身也者父母之遺體也』又說『身體髮膚受之父母』我的身並不是我、只是父母的遺體、故居處不莊、事君不忠、戰陳無勇、都只是對不住父母、都只是不孝。孝經說天子應該如何、諸侯應該如何、卿大夫應該如何、士庶人應該如何。他並不說你做了天子諸侯或是做了卿大夫士庶人、若不如此做、便不能盡你做人之道。他只說你若要做孝子、非得如此做去、不能盡孝道、不能對得住你的父母。總而言之、你無論在什麽地位、無論做什麽事、你須要記得這並不是『你』做了天子諸侯等等、乃是『你父母的兒子』做了天子諸侯等等。

這是孔門人生哲學的一大變化。孔子的『仁的人生哲學』、要人盡『仁』道、要人做一個『人』。孔子以後的『孝的人生哲學』、要人盡『孝』道、要人做一個『兒子』。(參觀第十篇第一章。)這種人生哲學、固然也有道理、但未免太把個人埋沒在家庭倫理裏面了。如孝經

說、

　　事親者、居上不驕、爲下不亂、在醜不爭。

難道不事親的便不能如此嗎？又如

　　愛親者不敢惡於人、敬親者不敢慢於人。

爲什麼不說爲人之道不當惡人慢人呢？

以上說孝的哲學。現在且說『孝的宗教』。宗教家要人行善、又怕人不肯行善、故造出一種人生行爲的監督、或是上帝、或是鬼神、多可用來做人生道德的裁制力。孔子是不狠信鬼神的、他的門弟子也多不深信鬼神。墨子常說儒家不信鬼神。所以孔門不用鬼神來做人生的裁制力。但是這種道德的監督似乎總不可少、於是想到父子天性上去。他們以爲五倫之中父子的親誼最厚、人人若能時時刻刻想著父母、時時刻刻惟恐對不住父母、便決不致做出玷辱父母的行爲了。所以儒家的父母便和別種宗教的上帝鬼神一般、也有裁制鼓勵人生行爲的効能。如曾子的弟子樂正子春說、

　　吾聞諸曾子、曾子聞諸夫子曰、『天之所生、地之所養、無人爲大。父母全而生之、

子全而歸之、可謂孝矣。不虧其體、不辱其親、可謂全矣。』故君子頃步而不敢忘孝也。……壹舉足而不敢忘父母、壹出言而不敢忘父母。壹舉足而不敢忘父母、是故道而不徑、舟而不游、不敢以先父母之遺體行殆。壹出言而不敢忘父母、是故惡言不出於口、忿言不反於身、不辱其身、不羞其親、可謂孝矣。（祭義）

人若能一舉足、一出言、都不敢忘父母、他的父母便是他的上帝鬼神；他的孝道便成了他的宗教。曾子便眞有這個樣子。看他臨死時對他的弟子說、

啓予足、啓予手。詩云、『戰戰兢兢、如臨深淵、如履薄冰』而今而後、吾知免夫、小子！（論語八）

這是完全一個宗教家的口氣。這種『全受全歸』的宗教的大弊病在於養成一種畏縮的氣象、使人銷磨一切勇往冒險的膽氣。漢書王尊傳說、

王陽爲益州刺史、行部至邛郲九折阪、歎曰、『奉先人遺體、奈何數乘此險！』後以病去。

這就是『不敢以先父母之遺體行殆』的宗教的流毒了。

儒家又恐怕人死了父母、便把父母忘了、所以想出種種喪葬祭祀的儀節出來、使人永永紀念著父母。曾子說、

吾聞諸夫子：人未有自致者也、必也親喪乎！（論語十九。孟子也說『親喪固所自盡也』）

因爲儒家把親喪的時節看得如此重要、故要利用這個時節的心理使人永久紀念著父母。儒家的喪禮、孝子死了父母、『居於倚廬、寢苫枕塊、哭泣無數、服勤三年、身病體羸、扶而後能起、杖而後能行。』還有種種怪現狀、種種極瑣細的儀文、試讀禮記中喪大記、喪服大記、奔喪、問喪諸篇、便可略知大概、今不詳說。三年之喪也是儒家所創、並非古禮、其證有三。墨子非儒篇說、

儒者曰、親親有術、尊賢有等。……其禮曰、喪父母三年、……

此明說三年之喪是儒者之禮。是一證。論語十七記宰我說三年之喪太久了、一年已夠了。孔子弟子中尚有人不認此制合禮、可見此非當時通行之俗。是二證。孟子滕文公篇記孟子勸滕世子行三年之喪、滕國的父兄百官皆不願意、說道、『吾宗國魯先君莫之行、吾先君亦莫之行也。』魯爲周公之國、尚不曾行過三年之喪。是三證。至於

儒家說堯死時三載如喪考妣，商高宗三年不言，和孟子所說『三年之喪，三代共之』都是儒家託古改制的慣技，不足憑信。

祭禮乃是補助喪禮的方法。三年之喪雖久，究竟有完了的時候。於是又創爲以時祭祀之法，使人時時紀念著父母祖宗。祭祀的精義，祭義說得最妙：

齋之日，思其居處，思其笑語，思其志意，思其所樂，思其所嗜。齋三日乃見其所爲齋者。祭之日，入室，僾然必有見乎其位；周還出戶，肅然必有聞乎其容聲；出戶而聽，愾然必有聞乎其歎息之聲。（祭義）

這一段文字，寫祭祀的心理，可謂妙絕。近來有人說儒教不是宗教，我且請他細讀祭義篇。

但我不說儒家是不深信鬼神的嗎？何以又如此深信祭祀呢？原來儒家雖不深信鬼神，卻情願自己造出鬼神來崇拜。例如孔子明說『未知生，焉知死』，他卻又說，『祭如在，祭神如神在。』一個『如』字，寫盡宗教的心理學。上文所引祭義一段，寫那祭神的人，齋了三日，每日凝神思念所祭的人，後來自然會『見其所爲齋者』。後文寫祭之日一段，眞是見神見鬼，其實只是中庸所說『洋洋乎如在其上，如在其左右。』依舊是一個『如』字。

有人問，儒家爲什麼情願自己造出鬼神來崇拜呢？我想這裏面定有一層苦心。曾子說，

愼終追遠，民德歸厚矣。一論語

孔子說，

君子篤於親，則民興於仁。八論語

一切喪葬祭祀的禮節，千頭萬緒，只是『愼終追遠』四個字，只是要『民德歸厚』，只是要『民興於仁』。

這是『孝的宗教』。

禮。　我講孔門弟子的學說，單提出『孝』和『禮』兩個觀念。孝字狠容易講，禮字却極難講。今試問人『什麼叫做禮？』幾乎沒有一人能下一個完全滿意的界說。有許多西洋的『中國學家』也都承認中文的禮字在西洋文字竟沒有相當的譯名。我現在

且先從字義下手說文『禮履也所以事神致福也从示从豊豊亦聲』又『豊行禮之器也从豆象形』按禮字从示从豊最初本義完全是宗教的儀節正譯當爲『宗教』說文所謂『所以事神致福』即是此意虞書『有能典朕三禮』馬注『天神地祇人鬼之禮也』這是禮的本義後來禮字範圍漸大有『五禮』吉、凶、軍、賓、嘉。『六禮』冠、昏、喪、祭、鄉、相見。『九禮』冠、昏、朝、聘、喪、祭、賓主、鄉飲酒、軍旅。的名目這都是處世接人愼終追遠的儀文範圍已廣不限於宗教一部分竟包括一切社會習慣風俗所承認的行爲的規矩如今所傳儀禮十七篇及禮記中專記禮文儀節的一部分都是這一類禮字的廣義還不止於此禮運篇說

禮者君之大柄也所以別嫌明微儐鬼神考制度別仁義所以治政安君也

坊記篇說

禮者因人之情而爲之節文以爲民坊者也

這種『禮』的範圍更大了禮是『君之大柄』『所以治政安君』『所以爲民坊』這都含有政治法律的性質大概古代社會把習慣風俗看作有神聖不可侵犯的尊嚴故『

禮」一字廣義頗含有法律的性質。儒家的「禮」和後來法家的「法」同是社會國家的一種裁制力、其中却有一些分別。第一、禮偏重積極的規矩、法偏重消極的禁制；禮教人應該做什麽、應該不做什麽、法教人什麽事是不許做的、做了是要受罰的。第二、違法的有刑罰的處分、違禮的至多不過受「君子」的譏評、社會的笑罵、却不受刑罰的處分。第三、禮與法施行的區域不同。禮記說、「禮不下庶人、刑不上大夫。」禮是爲上級社會設的、法是爲下等社會設的。禮與法雖有這三種區別、但根本上同爲個人社會一切行爲的裁制力。因此我們可說禮是人民的一種「坊」(亦作防)。大戴禮記禮察篇說、

> 孔子曰、(凡大小戴記所稱『孔子曰』『子曰』都不大可靠。)君子之道、譬猶防歟。夫禮之塞亂之所從生也、猶防之塞水之所從來也。……故昏姻之禮廢、則夫婦之道苦、而淫僻之罪多矣。鄉飲酒之禮廢、則長幼之序失、而爭鬭之獄繁矣。聘射之禮廢、則諸侯之行惡而盈溢之敗起矣。喪祭之禮廢、則臣子之恩薄、而倍死忘生之禮衆矣。凡人之知、能見已然、不見將然。禮者禁於將然之前、而法者禁於已然之後。……禮云、禮云、貴

小戴記經解篇與此幾全同。

絕惡於未萌、而起敬於微眇、使民日徙善遠罪而不自知也。

這一段說禮字最好。禮只教人依禮而行、養成道德的習慣、使人不知不覺的『徙善遠罪。』故禮只是防惡於未然的裁制力。譬如人天天講究運動衞生、使疾病不生、是防病於未然的方法。等到病已上身、再對症吃藥、便是醫病於已然之後了。禮是衞生書、法是醫藥書。儒家深信這個意思、故把一切合於道理可以做行爲標準、可以養成道德習慣、可以增進社會治安的規矩、都稱爲禮。這是最廣義的『禮、』不但不限於宗教一部分、並且不限於習慣風俗。樂記說、

禮也者、理之不可易者也。

禮運說、

禮也者、義之實也。協諸義而協、則禮雖先王未之有、可以義起也。

這是把禮和理和義看作一事、凡合於道理之正、事理之宜的、都可建立爲禮的一部分。這是『禮』字進化的最後一級。『禮』的觀念凡經過三個時期、第一、最初的本義是宗教的儀節。第二、禮是一切習慣風俗所承認的規矩。第三、禮是合於義理可以做行

為模範的規矩、可以隨時改良變換、不限於舊俗古禮。

以上說禮字的意義。以下說禮的作用、也分三層說。

第一、**禮是規定倫理名分的**。　上篇說過孔門的人生哲學是倫理的人生哲學、他的根本觀念只是要『君君臣臣、父父子子、夫夫婦婦。』這種種倫常關係的名分區別、都規定在『禮』裏面。禮的第一個作用只是**家庭社會國家的組織法**。組織法舊譯憲法。坊記說、

> 夫禮者、所以章疑別微、以為民坊者也。故貴賤有等、衣服有別、朝廷有位、則民有所讓。

哀公問說、

> 民之所由生、禮為大。非禮無以節事天地之神也。非禮無以辨君臣上下長幼之位也。非禮無以別男女父子兄弟之親、昏姻疏數之交也。

這是禮的重要作用。朝聘的拜跪上下、鄉飲酒和士相見的揖讓進退、喪服制度的等差、祭禮的昭穆祧遷、都只是要分辨家庭社會一切倫理的等差次第。

第二、禮是節制人情的。禮運說此意最好：

聖人耐（能通字。）以天下爲一家、以中國爲一人者、非意之也。必知其情、辟於其義、（辟、曉喻也。）明於其利、達於其患、然後能爲之。何謂人情？喜、怒、哀、懼、愛、惡、欲、七者弗學而能。何謂人義？父慈、子孝、兄良、弟悌、夫義、婦聽、長惠、幼順、君仁、臣忠：十者謂之人義。講信脩睦、謂之人利。爭奪相殺、謂之人患。故聖人之所以治人七情、脩十義、講信脩睦、尚慈讓、去爭奪、舍禮何以治之？

飲食男女、人之大欲存焉。死亡貧苦、人之大惡存焉。故欲惡者、心之大端也。人藏其心、不可測度也。美惡皆在其心、不見其色也。欲以一窮之、舍禮何以哉？

人的情欲本是可善可惡的。但情欲須要有個節制；若沒有節制、便要生出許多流弊。七情之中、欲惡更爲重要。欲惡無節、一切爭奪相殺都起於此。儒家向來不主張無欲、（宋儒始有去人欲之說。）但主『因人之情而爲之節文以爲民坊。』子游說、

有直道而徑行者、戎狄之道也。禮道則不然。人喜則斯陶、陶斯咏、咏斯猶、（鄭注、猶當爲搖、聲之誤也。）猶斯舞。（今本此下有『舞斯慍』三字、今依陸德明釋文刪去。）慍斯戚、戚斯歎、歎斯辟、（鄭注、辟、拊心也。）辟斯踊矣。

品節斯斯之謂禮（檀弓）

樂記也說、

夫豢豕爲酒、非以爲禍也、而獄訟益繁、則酒之流生禍也。是故先生因爲酒禮：一獻之禮賓主百拜、終日飲酒、而不得醉焉。此先王之所以備酒禍也。

這兩節說『因人之情而爲之節文』說得最透切。檀弓又說、

弁人有其母死而孺子泣者。孔子曰、『哀則哀矣、而難爲繼也。夫禮爲可傳也、爲可繼也、故哭踊有節。』

這話雖然不錯、但儒家把這種思想推於極端、把許多性情上的事都要依刻板的禮節去做。檀弓有一條絕好的例：

曾子襲裘而弔、子游裼裘而弔。曾子指子游而示人曰、『夫夫也、爲習於禮者。如之何其裼裘而弔也。』主人既小斂、袒、括髮。子游趨而出、襲裘帶絰而入。曾子曰、『我過矣！我過矣！夫夫是也。』

這兩個『習於禮』的聖門弟子、爭論這一點小節、好像是什麼極大關係的事、聖門書

上居然記下來、以爲美談！怪不得那『堂堂乎』的子張要說『祭思敬、喪思哀、其可已矣！』——子路是子張一流人、故也說『喪禮與其哀不足而禮有餘也、不若禮不足而哀有餘也。祭禮與其敬不足而禮有餘也、不若禮不足而敬有餘也』

第三、禮是涵養性情、養成道德習慣的。　以上所說兩種作用、——規定倫理名分、節制情欲、——只是要造成一種禮義的空氣使人生日用、從孩童到老大、無一事不受禮義的裁制、使人『絕惡於未萌、而起敬於微眇、使民日徙善遠罪而不自知。』這便是養成的道德習慣平常的人、非有特別意外的原因、不至於殺人放火、姦淫偷盜、都只爲社會中已有了這種平常道德的空氣、所以不知不覺的也會不犯這種罪惡。這便是道德習慣的好處。儒家知道要增進人類道德的習慣、必須先造成一種更濃厚的禮義空氣、故他們極推重禮樂的節文。檀弓中有個周豐說道、

墟墓之間、未施哀於民而民哀、社稷宗廟之中、未施敬於民而民敬。

墟墓之間、有哀的空氣；宗廟之中、有敬的空氣。儒家重禮樂、本是極合於宗教心理學與教育心理學的。只可惜儒家把這一種觀念也推行到極端、故後來竟致注意服飾拜跪、種種小節、便把禮的眞義反失掉了。孔子家語說、

哀公問曰、『紳委章甫有益於仁乎？』

孔子作色而對曰、『君胡然焉！衰麻苴杖者、志不存乎樂、非耳弗聞、服使然也。黼黻袞冕者、容不褻慢、非性矜莊、服使然也。介冑執戈者、無退懦之氣、非體純猛、服使然也。』

這話未嘗無理、但他可不知道後世那些披麻帶孝、拿著哭喪杖的人何嘗一定有哀痛之心？他又那裏知道如今那些聽著鎗聲就跑的將軍兵大爺何嘗不穿著軍衣帶著文虎章？還是論語裏面的孔子說得好：

禮云禮云、玉帛云乎哉？樂云樂云、鐘鼓云乎哉？

林放問禮之本。子曰、『大哉問？禮、與其奢也、寧儉。喪、與其易也、寧戚。』

人而不仁、如禮何？人而不仁、如樂何？

結論　以上說孔門弟子的學說完了。我這一章所用的材料、頗不用我平日的嚴格主義、故於大小戴禮記及孝經裏採取最多。（所用孔子家語一段、不過借作陪襯、並非信此書有史料價值。）這也有兩種不得已的理由。第一、孔門弟子的著作已蕩然無存、故不得不從戴記及孝經等書裏面採取一些勉強可用的材料。第二、這幾種書雖然不狠可靠、但裏面所記的材料、大概可以代表「孔門正傳」一派學說的大旨。這是我對於本章材料問題的聲明。

總觀我們現在所有的材料、不能不有一種感慨。孔子那樣的精神魄力、富於歷史的觀念、又富於文學美術的觀念、刪詩書訂禮樂、眞是一個氣象闊大的人物。不料他的及門弟子那麽多人裏面、竟不曾有什麽人眞正能發揮光大他的哲學。極其所成就、不過在一個『孝』字一個『禮』字上、做了一些補綻的工夫。這也可算得孔子的大不幸了。孔子死後兩三代裏竟不曾出一個出類拔萃的人物。直到孟軻荀卿、儒家方才有兩派有價值的新哲學出現。這是後話、另有專篇。

第六篇　墨子

第一章　墨子略傳

墨子名翟姓墨。有人說他是宋人、有人說他是魯人。今依孫詒讓說、定他爲魯國人。

欲知一家學說傳授沿革的次序、不可不先考定這一家學說產生和發達的時代。如今講墨子的學說、當先知墨子生於何時。這個問題、古今人多未能確定。有人說墨子「並孔子時」（史記孟荀列傳。）有人說他是「六國時人、至周末猶存」（畢沅墨子序。）這兩說相差二百多年、若不詳細考定、易於使人誤會。畢沅的話已被孫詒讓駁倒了、（墨子閒詁非攻中。）不用再辨。孫詒讓又說、

> 竊以今五十三篇之書推校之、墨子前及與公輸般魯陽文子相問答、而後及見齊太公和（見魯問篇、田和爲諸侯、在周安王十六年。）與齊康公興樂、（見非樂上。康公卒於安王二十年。）與楚吳起之死。（見親士篇。在安王二十一年。）上距孔子之卒（敬王四十一年。）幾及百年。則墨子之後孔子益信。審覈前後、約略計之、墨子當與子思同時、而生年尚在其後。（子思生於魯哀公二年、周敬王二十七年也。）蓋生於周定王之初年、而卒於安王之季、蓋八九十歲。（墨子年表序）

我以爲孫詒讓所考不如汪中考的精確。汪中說、

墨子實與楚惠王同時、耕柱篇、魯問篇、貴義篇、……其年於孔子差後、或猶及見孔子矣。……非攻中篇言知伯以好戰亡、事在『春秋』後二十七年。又言蔡亡、則爲楚惠王四十二年。墨子並當時、及見其事。非攻下篇言『今天下好戰之國、齊晉楚越』、又言『唐叔呂尚邦齊晉今與楚越四分天下』。節葬下篇言『諸侯力征、南有楚越之王、北有齊晉之君』。明在句踐稱霸之後、魯問篇越王請裂故吳地方五百里以封墨子亦一證。秦獻公未得志之前、全晉之時、三家未分、齊未爲陳氏也。檀弓下、『季康子之母死、公輸般請以機封』。此事不得其年。季康子之卒在哀公二十七年。楚惠王以哀公七年卽位。般固逮事惠王。公輸篇『楚人與越人舟戰於江。公輸子自魯南遊楚、作鉤強以備越』。亦吳亡後楚與越爲鄰國事。惠王在位五十七年、本書旣載其以老辭墨子、則墨子亦壽考人歟？墨子序

汪中所考都狠可靠。如今且先說孫詒讓所考的錯處。

第一、孫氏所據的三篇書、親士、魯問、非樂上、都是靠不住的書。魯問篇乃是後人所

輯。其中說的『齊大王』、未必便是田和。卽使是田和、也未必可信。例如莊子中說莊周見魯哀公、難道我們便說莊周和孔丘同時麼？非樂篇乃是後人補做的。其中屢用『是故子墨子曰爲樂非也』一句、可見其中引的歷史事實、未必都是墨子親見的。親士篇和修身篇同是假書。內中說的全是儒家的常談、那有一句墨家的話。

第二、墨子決不曾見吳起之死。呂氏春秋上德篇說吳起死時、陽城君得罪逃走了、楚國派兵來收他的國。那時『墨者鉅子孟勝』替陽城君守城、遂和他的弟子一百八十三人都死在城內。孟勝將死之前、還先派兩個弟子把『鉅子』的職位傳給宋國的田襄子、免得把墨家的學派斷絕了。照這條看來、吳起死時、墨學久已成了一種宗教。那時『墨者鉅子』傳授的法子、也已經成爲定制了。那時的『墨者』已有了新立的領袖。孟勝的弟子勸他不要死、說『絕墨者於世、不可。』要是墨子還沒有死、誰能說這話呢？可見吳起死時、墨子已死了許多年了。

依以上所舉各種證據、我們可定墨子大概生在周敬王二十年與三十年之間、（西歷紀元前五〇〇至四九〇年）死在周威烈王元年與十年之間。（西歷紀元前四二五至四一六年）墨子生時約當孔子五十歲六十歲之間。（孔子生西歷紀元前五五一年）到吳起死時、墨子已死了差不多四十年了。

以上所說墨子的生地和生時、狠可注意。他生當魯國、又當孔門正盛之時。所以他的學說、處處和儒家有關係。淮南要略說、

墨子學儒者之業、受孔子之術、以爲其禮煩擾而不悅、厚葬靡財而貧民、〔久〕服傷生而害事。

墨子究竟曾否『學儒者之業、受孔子之術、』我們雖不能決定、但是墨子所受的儒家的影響、一定不少。（呂氏春秋當染篇說史角之後在於魯、墨子學焉。可見墨子在魯國受過教育。）我想儒家自孔子死後、那一班孔門弟子不能傳孔子學說的大端、都去講究那喪葬小節。請看禮記檀弓篇所記孔門大弟子子游曾子的種種故事、那一樁不是爭一個極小極瑣碎的禮節？（『如曾子弔於負夏』及『曾子襲裘而弔、子游裼裘而弔』諸條。）再看一部儀禮那種繁瑣的禮儀、眞可令今人駭怪。墨子生在魯國、眼見這種種怪現狀、怪不得他要反對儒家、自創一種新學派。墨子攻擊儒家的壞

處、約有四端、

儒之道足以喪天下者四政焉：儒以天爲不明、以鬼爲不神、天鬼不說。此足以喪天下。又厚葬久喪、重爲棺槨、多爲衣衾、送死若徙、三年哭泣、扶然後起、杖然後行、耳無聞、目無見。此足以喪天下。又弦歌鼓舞、習爲聲樂。此足以喪天下。又以命爲有、貧富、壽夭、治亂、安危、有極矣、不可損益也。爲上者行之、必不聽治矣、爲下者行之、必不從事矣。此足以喪天下。（墨子公孟篇）

這個儒墨的關係是極重要不可忽略的。因爲儒家不信鬼、（孔子言『未知生、焉知死』『未能事神、焉能事鬼』又說『敬鬼神而遠之』說苑十八記子貢問死人有知無知。孔子曰『吾欲言死者有知耶、恐孝子順孫妨生以送死也。欲言死者無知。恐不孝子孫棄親不葬也。賜欲知死人有知無知也、死徐自知之、猶未晚也』此猶是懷疑主義（Agnosticism）。後來的儒家直說無知鬼神。故墨子公孟篇的公孟子曰『無鬼神』此直是無神主義。（Atheism））所以墨子倡『明鬼』論。因爲儒家厚葬久喪、所以墨子倡『節葬』論。因爲儒家重禮樂、所以墨子倡『非樂』論。因爲儒家信天命、（論語子夏說『死生有命、富貴在天』孔子自己也說『不知命、無以爲君子也』又說『道之將行也歟、命也。道之將廢也歟、命也』）所以墨子倡『非命』論。

墨子是一個極熱心救世的人、他看見當時各國征戰的慘禍、心中不忍、所以倡爲

『非攻』論。他以爲從前那種『弭兵』政策、（如向戌的弭兵會）都不是根本之計。根本的『弭兵』、要使人人『視人之國、若視其國、視人之家、若視其家、視人之身、若視其身』。這就是墨子的『兼愛』論。

但是墨子並不是一個空談弭兵的人。他是一個實行非攻主義的救世家。那時公輸般替楚國造了一種雲梯、將要攻宋。墨子聽見這消息、從魯國起程、走了十日十夜、趕到郢都去見公輸般。公輸般被他一說說服了、便送他去見楚王、楚王也被他說服了、就不攻宋了。（參看墨子公輸篇）公輸般對墨子說、『我不曾見你的時候、我想得宋國。自從我見了你之後、就是有人把宋國送給我、要是有一毫不義、我都不要了。』墨子說、『…………那樣說來、彷彿是我已經把宋國給了你了。你若能努力行義、我還要把天下送給你咧。』（魯問篇）

看他這一件事、可以想見他一生的慷慨好義、有一個朋友勸他道、『如今天下的人都不肯做義氣的事、你何苦這樣盡力去做呢？我勸你不如罷了。』墨子說、『譬如一個人有十個兒子、九個兒子好喫懶做、只有一個兒子盡力耕田。喫飯的人那麼多、耕田的人那麼少、那一個耕田的兒子便該格外努力耕田纔好。如今天下的人都不肯做義氣的事、你正該勸我多做些纔好。爲什麼反來勸我莫做呢？』(貴義篇) 這是何等精神！何等人格！那反對墨家最利害的孟軻道、『墨子兼愛、摩頂放踵利天下、爲之。』這話本有責備墨子之意、其實是極恭維他的話。試問中國歷史上可曾有第二個『摩頂放踵利天下爲之』的人麼？

墨子是一個宗教家。他最恨那些儒家一面不信鬼神、一面却講究祭禮喪禮、他說、『不信鬼神、却要學祭禮、這不是沒有客却行客禮麼？這不是沒有魚却下網麼？』(公孟篇) 所以墨子雖不重喪葬祭祀、却極信鬼神、還更信天。他的『天』却不是老子的『自然』、也不是孔子的『天何言哉？四時行焉、百物生焉』的天。墨子的天、是有意志的。天的『志』就是要人兼愛。凡事都應該以『天志』爲標準。

墨子是一個實行的宗教家。他主張節用、又主張廢樂、所以他教人要喫苦修行。要使後世的墨者、都要『以裘褐爲衣、以跂蹻爲服、日夜不休、以自苦爲極。』這是『墨教』的特色。莊子天下篇批評墨家的行爲、說、墨翟禽滑釐之意則是、其行則非也。將使後世之墨者、必自苦、以腓無胈脛無毛相進、而已矣。亂之上也、治之下也。

又却不得不稱贊墨子道、

雖然、墨子眞天下之好也。將求之不可得也、雖枯槁不舍也。才士也夫！

認得這個墨子、纔可講墨子的哲學。

墨子書今本有五十三篇、依我看來、可分作五組、

第一組、自親士到三辯、凡七篇、皆後人假造的。黃震宋濂所見別本、此七篇題曰經。前三篇全無墨家口氣。後四篇乃根據墨家的餘論所作的。

第二組　尙賢三篇　尙同三篇　兼愛三篇　非攻三篇　節用兩篇　節葬一篇　天志三篇　明鬼一篇　非樂一篇　非命三篇　非儒一篇　凡二十四篇。大抵皆墨者演墨子的學說所作的。其中也有許多後人加入的材料。非樂、非儒兩篇更可疑。

第三組　經上下　經說上下　大取、小取五篇。不是墨子的書、也不是墨者記墨子學說

的書。我以爲這六篇就是莊子天下篇所說的『別墨』做的。這六篇中的學問、決不是墨子時代所能發生的。況且其中所說和惠施公孫龍的話最爲接近。惠施公孫龍的學說差不多全在這六篇裏面。所以我以爲這六篇是惠施公孫龍時代的『別墨』做的。我從來講墨學、把這六篇提出、等到後來講『別墨』的時候纔講他們。

第四組　耕柱　貴義　公孟　魯問　公輸　這五篇、乃是墨家後人把墨子一生的言行輯聚來做的、就同儒家的論語一般。其中有許多材料比第二組還更爲重要。

第五組　自備城門以下到雜守凡十一篇。所記都是墨家守城備敵的方法。於哲學沒甚麼關係。

研究墨學的、可先讀第二組和第四組。後讀第三組。其餘二組、可以不必細讀。

第二章　墨子的哲學方法

儒墨兩家根本上不同之處、在於兩家哲學的方法不同、在於兩家的『邏輯』不同。墨子耕柱篇有一條最形容得出這種不同之處。

葉公子高問政於仲尼曰、『善爲政者若之何?』仲尼對曰、『善爲政者、遠者近之、而舊者新之。(論語作『近者悅、遠者來』)子墨子聞之曰『葉公子高未得其問也。仲尼亦未得其所以對也。葉公子高豈不知善爲政者之遠者近之而舊者新之哉?問所以爲之若之何也……』

這就是儒墨的大區別、孔子所說是一種理想的目的。墨子所要的是一個『所以爲之若之何』的進行方法。孔子說的是一個『什麼』、墨子說的是一個『怎樣』。這是一個大分別、公孟篇又說、

子墨子問於儒者、曰『何故爲樂?』曰、『樂以爲樂也。』子墨子曰、『子未我應也。今我問曰、「何故爲室?」曰、「冬避寒焉、夏避暑焉、室以爲男女之別也、」則子告我爲室之故矣。今我問曰、「何故爲樂?」曰、「樂以爲樂也。」是猶曰、「何故爲室?」曰、「室以爲室也。」』

儒者說的還是一個『什麼』。墨子說的是一個『爲什麼』。這又是一個大分別。

這兩種區別、皆極重要。儒家最愛提出一個極高的理想的標準、作爲人生的目的、

如論政治、定說『君君、臣臣、父父、子子』；或說『近者悅、遠者來』；這都是理想的目的、卻不是進行的方法。如人生哲學則高懸一個『止於至善』的目的、卻不講怎樣能使人止於至善。所說細目、如『爲人君止於仁；爲人臣、止於敬；爲人子、止於孝；爲人父、止於慈；與國人交、止於信。』全不問爲什麼爲人子的要孝、爲什麼爲人臣的要敬；只說理想中的父子君臣朋友是該如此如此的。所以儒家的議論、總要偏向『動機』一方面。『動機』如俗話的『居心。』孟子說的『君子之所以異於人者、以其存心也、君子以仁存心、以禮存心。』存心是行爲的動機。大學說的誠意、也是動機。儒家只注意行爲的動機、不注意行爲的効果。推到了極端、便成董仲舒說的『正其誼不謀其利、明其道不計其功。』只說這事應該如此做、不問爲什麼應該如此做。

墨子的方法、恰與此相反。墨子處處要問一個『爲什麼。』例如造一所房子、先要問爲什麼要造房子。知道了『爲什麼、』方才可知道『怎樣做。』知道房子的用處是『冬避寒焉、夏避暑焉、室以爲男女之別、』方才可以知道怎樣布置構造始能避風雨寒暑、始能分別男女內外。人生的一切行爲、都是如此。如今人講教育、上官下屬都說應該興教育。於是大家都去開學堂、招學生。大家都以爲興教育就是辦學堂、辦學堂就是興教育。從不去問爲什麼該興教育因爲不研究教育是爲什麼的、所以辦學和視學的人也無從考究教育的優劣、更無從考究改良教育的方法。我去年回到內地有人來說、我們村裏該開一個學堂。我問他爲什麼我們村裏該辦學堂呢？他說、某村某村都有學堂了、所以我們這裏也該開一個。這就是墨子說的『是猶曰、何故爲室？曰、室以爲室也、』的理論。

墨子以爲無論何種事物、制度、學說、觀念、都有一個『爲什麼』。換言之、事事物物都有一個用處。知道那事物的用處、方才可以知道他的是非善惡。爲什麼呢？因爲事事物物既是爲應用的、若不能應用、便失了那事那物的原意了、便應該改良了。例如墨子講『兼愛』便說、

用而不可、雖我亦將非之。且焉有善而不可用者？（兼愛下）

這是說能應『用』的便是『善』的；『善』的便是能應『用』的。譬如我說這筆『好、』爲什

麼『好』呢？因爲能中寫、所以『好』。又如我說這會場『好』、爲什麼『好』呢？因爲他能最合開會講演的用、所以『好』。這便是墨子的『應用主義』。

應用主義又可叫做『實利主義』。儒家說『義也者、宜也』。宜卽是『應該』。凡是應該如此做的、便是『義』。墨家說『義、利也』。（經上篇、參看非攻下首段。）便進一層說、說凡事如此做去便可有利的卽是『義的』。因爲如此做纔有利、所以『應該』如此做。義所以爲『宜』、正因其爲『利』。

墨子的應用主義、所以容易被人誤會、都因爲人把這『利』字『用』字解錯了。這「利」字並不是『財利』的利、這『用』也不是『財用』的用。墨子的『用』和『利』都只指人生行爲而言。如今且讓他自己下應用主義的界說、

子墨子曰、『言足以遷行者常之、不足以遷行者勿常。不足以遷行而常之、是蕩口也。』（貴義篇）

子墨子曰、『言足以復行者常之、不足以舉行者勿常。不足以舉行而常之、是蕩口也。』（耕柱篇）

這兩條同一意思。遷字和舉字同意。說文說『遷、登也。』詩經有『遷於喬木、』易有『君子以見善則遷、』皆是『升高』『進步』之意、和『舉』字『擡高』的意思正相同。（後人不解『舉』字之義、故把『舉行』兩字連讀、作一個動詞解。於是又誤改上『舉』字爲『復』字。）六個『行』字、都該讀去聲、是名詞、不是動詞。六個『常』字、都與『尙』字通用。（俞樾解老子『道可道非常道』一章說如此。）『常』是『尊尙』的意思。這兩章的意思、是說無論什麼理論、什麼學說、須要能改良人生的行爲、始可推尙。若不能增進人生的行爲、便不值得推尙了。

墨子又說、

今瞽者曰、『鉅者、白也。（俞云、鉅當作豈。豈者、皚之叚字。）黔者、黑也。』雖明目者無以易之。兼白黑、使瞽取焉、不能知也。故我曰『瞽不知白黑』者、非以其名也、以其取也。

今天下之君子之名仁也、雖禹湯無以易之。兼仁與不仁、而使天下之君子取焉、不能知也。故我曰『天下之君子不知仁』者、非以其名也、亦以其取也。（貴義篇）

這話說得何等痛快？大凡天下人沒有不會說幾句仁義道德的話的。正如瞽子雖不曾見過白黑、也會說白黑的界說。須是到了實際上應用的時候、纔知道口頭的界說是沒有用的高談仁義道德的人也是如此。甚至有許多道學先生一味高談王霸義利之辨、卻實在不能認得韭菜和麥的分別。有時分別義利、辨入毫芒、及事到臨頭、不是隨波逐流便是手足無措。所以墨子說單知道幾個好聽的名詞、或幾句虛空的界說、算不得眞『知識』眞『知識』在於能把這些觀念來應用

這就是墨子哲學的根本方法。後來王陽明的『知行合一』說、與此說多相似之點。陽明說、『未有知而不行者知而不行只是未知。』很像上文所說『故我曰天下之君子不知仁者非以其名也、亦以其取也、』之意。但陽明與墨子有絕不同之處。陽明偏向『良知』一方面、故說、『爾那一點良知、是爾自家的準則。爾意念著處、他是便知是、非便知非。』墨子卻不然、他的是非的『準則』、不是心內的良知、乃是心外的實用。簡單說來、墨子是主張『義外』說的、陽明是主張『義內』說的。（義外義內說、見孟子告子篇。）陽明的『知行合一』說、只是要人實行良知所命令。墨子的『知行合一』說、只是要把所知的能否實行、來定所知的眞假、把所知的能否應用、來定所知的價值。這是兩人的根本區別。

墨子的根本方法、應用之處甚多、說得最暢快的、莫如非攻上篇。我且把這一篇妙文、鈔來做我的『墨子哲學方法論』的結論罷。

今有一人、入人園圃、竊其桃李、衆聞則非之、上爲政者得則罰之。此何也？以虧人自利也。至攘人犬豕雞豚者、其不義又甚入人園圃竊桃李。是何故也？以虧人愈多、其不仁茲甚、罪益厚。至入人欄廐、取人牛馬者、其不仁義又甚攘人犬豕雞豚。此何故也？以其虧人愈多。苟虧人愈多、其不仁茲甚、罪益厚。至殺不辜人也、扡其衣裘、取戈劍者、其不義又甚入人欄廐取人馬牛。此何故也？以其虧人愈多。苟虧人愈多、其不仁茲甚矣、罪益厚。當此、天下之君子皆知而非之、謂之『不義』。今至大爲『不義』攻國、則弗知非、從而譽之、謂之『義』。此可謂知義與不義之別乎？殺一人、謂之不義、必有一死罪矣；若以此說往、殺十人、十重不義、必有十死罪矣；殺百人、百重不義、必有百死罪矣。當此、天下之君子皆知而非之、謂之『不義』。今至大爲不義攻國、則弗知非、從而譽之、謂之『義』。情不知其不義也、故書其言以遺後世。若知其不義也、夫奚說書其不義以遺後世哉？今有人於此、少見黑曰黑、多見黑曰白、則以此人不知白黑之辯矣。少嘗苦曰苦、多嘗苦曰甘、則必以此人爲不知甘苦之辯矣。今小爲非則知而非之、大爲非攻國、則不知非、從而譽之、謂之義。此可謂知義與不義之辯乎？是以知天下之君子辨義與不義之亂也。

第三章　三表法

上章講的、是墨子的哲學方法。本章講的、是墨子的論證法。上章是廣義的『邏輯』、本章是那『邏輯』的應用。

墨子說、

言必立儀。言而毋儀、譬猶運鈞之上而言朝夕者也、是非利害之辨不可得而明知也。故言必有三表。何謂三表？……有本之者、有原之者、有用之者。

於何本之？上本之於古者聖王之事。

於何原之？下原察百姓耳目之實。

於何用之？發以爲刑政、觀其中國家百姓人民之利。

此所謂言有三表也。非命上。參觀非命中下。非命中述三表有誤。此蓋後人所妄加。

這三表之中、第一和第二有時倒置。但是第三表（實地應用）總是最後一表。於此可見墨子的注重『實際應用』了。

這個論證法的用法、可舉非命篇作例。

第一表　本之於古者聖王之事　墨子說、

然而今天下之士君子、或以命爲有。蓋（同盍）嘗尙觀於聖王之事？古者桀之所亂、湯受而治之。紂之所亂、武王受而治之。此世未易、民未渝、在於桀紂則天下亂、在於湯武則天下治、豈可謂有命哉？……先王之憲、亦嘗有曰『福不可請而禍不可諱、敬無益、暴無傷』者乎？……先王之刑、亦嘗有曰『福不可請而禍不可諱、敬無益、暴無傷』者乎？……先王之誓、亦嘗有曰『福不可請而禍不可諱、敬無益、暴無傷』者乎？……（非命上）

第二表　原察百姓耳目之實　墨子說、

我所以知命之有與亡者、以衆人耳目之情知有與亡。有聞之、有見之、謂之有。莫之聞、莫之見、謂之亡。……自古以及今、……亦嘗有見命之物、聞命之聲者

乎？則未嘗有也。……（非命中）

第三表　發以爲刑政觀其中國家百姓人民之利　最重要的還是這第三表。

墨子說、

執有命者之言曰『上之所賞、命固且賞、非賢故賞也。上之所罰、命固且罰、非暴故罰也。』……是故治官府則盜竊、守城則崩叛；君有難則不死、出亡則不送。……昔上世之窮民貪於飲食、惰於從事、是以衣食之財不足、而飢寒凍餒之憂至。不知曰『我罷不肖從事不疾』；必曰『吾命固且貧』。昔上世暴王……亡失國家、傾覆社稷、不知曰『我罷不肖爲政不善』；必曰『吾命固失之』。……今用執有命者之言、則上不聽治、下不從事。上不聽治、則政亂；下不從事、則財用不足。……此特凶言之所自生、而暴人之道也。（非命上）

學者可參看明鬼下篇這三表的用法。

如今且仔細討論這三表的價値。我們且先論第三表。第三表是『實際上的應用』、這一條的好處、上章已講過了。如今且說他的流弊。這一條的最大的流弊在於把『

用』一字『利』字解得太狹了。往往有許多事的用處或在幾百年後、始可看出；或者雖用在現在、他的眞用處不在表面上、却在骨子裏。譬如墨子非樂、說音樂無用。爲什麽呢？因爲（一）費錢財、（二）不能救百姓的貧苦、（三）不能保護國家、（四）使人變成奢侈的習慣。後來有一個程繁駁墨子道、

昔者諸侯倦於聽治、息於鐘鼓之樂；……農夫春耕夏耘秋收冬藏、息於瓴缶之樂。今夫子曰、『聖王不爲樂』、此譬之猶馬駕而不稅、弓張而不弛、無乃非有血氣者之所不能至邪？（三辯）

這一問也從實用上作根據。墨子生來是一個苦行救世的宗教家、性有所偏、想不到音樂的功用上去、這便是他的非樂論的流弊了。

次論第二表。　這一表（百姓耳目之實）也有流弊。（一）耳目所見所聞、是有限的。有許多東西、例如非命篇的『命』是看不見聽不到的。（二）平常人的耳目最易錯誤迷亂。例如鬼神一事、古人小說上說得何等鑿鑿有據。我自己的朋友也往往說曾親眼看見鬼、難道我們就可斷定有鬼麽？（看明鬼篇）但是這一表雖然有弊、却極有大功用。因

爲中國古來哲學不講耳目的經驗、單講心中的理想。例如老子說的、

> 不出戶、知天下。不窺牖、知天道。其出彌遠、其知彌少。

孔子雖說『學而不思則罔、思而不學則殆』但是他所說的『學』大都是讀書一類、並不是『百姓耳目之實』。直到墨子始大書特書的說道、

> 天下之所以察知有與無之道者、必以衆之耳目之實知有與亡爲儀者也。誠或聞之見之、則必以爲有。莫聞莫見、則必以爲無。（明鬼）

這種注重耳目的經驗、便是科學的根本。

次說第一表。　第一表是『本之於古者聖王之事』。墨子最恨儒者『復古』的議論、所以非儒篇說、

> 儒者曰、『君子必古言服、然後仁』
>
> 應之曰、『所謂古之言服者、皆嘗新矣。而古人言之服之、則非君子也。』

墨子既然反對『復古』、爲什麼還要用『古者聖王之事』來作論證的標準呢?

原來墨子的第一表和第三表是同樣的意思。第三表說的是現在和將來的實際應

用。第一表說的是過去的實際應用過去的經驗閱歷、都可爲我們做一面鏡子。古人行了有效、今人也未嘗不可仿效古人行了有害、我們又何必再去上當呢?所以說、

> 凡言凡動、合於三代聖王堯舜禹湯文武者、爲之。
> 凡言凡動、合於三代暴王桀紂幽厲者、舍之。(貴義)

這並不是復古守舊。這是『温故而知新』『彰往而察來』。魯問篇說、

> 彭輕生子曰、『往者可知來者不可知。』子墨子曰、『藉設而親在百里之外、則遇難焉、期以一日也及之則生、不及則死。今有固車良馬於此、又有駑馬四隅之輪於此、使子擇焉、子將何乘?』對曰、『乘良馬固車可以速至。』子墨子曰、『焉在不知來?』(從盧校本)

這一條寫過去的經驗的效用。例如『良馬固車可以日行百里、』『駑馬四隅之輪不能行路、』都是過去的經驗。有了這種經驗、便可知道我如今駕了『良馬固車』今天定可趨一百里路。這是『彰往以察來』的方法。一切科學的律令、都與此同理。

第四章　墨子的宗教

上兩章所講、乃是墨子學說的根本觀念。其餘的兼愛、非攻、尙賢、尙同、非樂、非命、節用、節葬、都是這根本觀念的應用。墨子的根本觀念、在於人生行爲上的應用既講應用、須知道人生的應用千頭萬緒、決不能預先定下一條『施諸四海而皆準、行諸百世而不悖』的公式。所以墨子說、

凡入國、必擇務而從事焉。國家昏亂、則語之尙賢尙同。國家貧、則語之節用節葬。國家憙音湛湎、則語之非樂非命。國家淫僻無禮、則語之尊天事鬼。國家務奪侵凌、則語之兼愛非攻。故曰擇務而從事焉。(魯問)

墨子是一個創教的教主。上文所舉的幾項、都可稱爲『墨教』的信條。如今且把這幾條分別陳說如下、

第一、天志　墨子的宗教、以『天志』爲本。他說、

我有天志、譬若輪人之有規、匠人之有矩。輪匠執其規矩以度天下之方圜、曰、中者是也、不中者非也。今天下之士君子之書不可勝載、言語不可勝計;上說諸侯、下說列士。其於仁義、則大相遠也。何以知之?曰、我得天下之明法度以度之。(天志上。參

（攷天志中、下、及法儀篇。）

這個『天下之明法度』便是天志。但是天的志是什麽呢？墨子答道、

天欲人之相愛相利而不欲人之相惡相賊也。（法儀篇。天志下說『順天之意何若。曰、兼愛天下之人』與此同意。）

何以知天志便是兼愛呢？墨子答道、

以其兼而愛之兼而利之也。奚以知天之兼而愛之兼而利之也？以其兼而有之兼而食之也。（法儀篇。天志下意與此同而語繁、故不引。）

第二、兼愛　天的志要人兼愛。這是宗教家的墨子的話。其實兼愛是件實際上的要務。墨子說、

聖人以治天下爲事者也。不可不察亂之所自起。當（通嘗）察亂何自起？起不相愛。……盜愛其室、不愛其異室、故竊異室以利其室。賊愛其身、不愛人、故賊人以利其身。……大夫各愛其家、不愛異家、故亂異家以利其家。諸侯各愛其國、不愛異國、故攻異國以利其國。……察此何自起、皆起不相愛。若使天下……視人之室若其室、誰竊？視人身若其身、誰賊？……視人家若其家、誰亂？視人之國若其國、誰攻？

……故天下兼相愛則治、交相惡則亂。（兼愛上）

兼愛中下兩篇都說因爲要『興天下之利、除天下之害』所以要兼愛。

第三、非攻　不兼愛是天下一切罪惡的根本而天下罪惡最大的莫如『攻國』。天下人無論怎樣高談仁義道德、若不肯『非攻』便是『明小物而不明大物』。（讀非攻上）墨子說、

今天下之所〔以〕譽義（舊作善、今據下文改。）者、……爲其上中天之利、而中中鬼之利、而下中人之利、故譽之歟？……雖使下愚之人必曰、將爲其上中天之利、而中中鬼之利、而下中人之利、故譽之。……今天下之諸侯將猶多皆〔不〕免攻伐並兼。則是〔有〕（此字衍文）譽義之名而不察其實也。此譬猶盲者之與人同命黑白之名而不能分其物也。則豈謂有別哉？（非攻下）

墨子說『義便是利』（墨經上也說『義、利也。』此乃墨家遺說。）義是名、利是實。義是利的美名、利是義的實用。兼愛是『義的』、攻國是『不義的』、因爲兼愛是有利於天鬼國家百姓的、攻國是有害於天鬼國家百姓的。所以非攻上只說得攻國的『不義』、非攻中下只說得攻國的『

不利。』因爲不利、所以不義。你看他說、

計其所自勝、無所可用也。計其所得、反不如所喪者之多。

又說、

雖四五國則得利焉、猶謂之非行道也。譬之醫之藥人之有病者然。今有醫於此、和合其祝藥之於天下之有病者而藥之。萬人食此、若醫四五人得利焉、猶謂之非行藥也。（非攻中下）

可見墨子說的『利』不是自私自利的『利』、是『最大多數的最大幸福』。這是『兼愛』的眞義、也便是『非攻』的本意。

第四、明鬼　儒家講喪禮祭禮、並非深信鬼神、不過是要用『愼終追遠』的手段來做到『民德歸厚』的目的。所以儒家說『有義不義、無祥不祥。』（公孟篇）這竟和『作善、降之百祥；作不善、降之百殃。』的話相反對了。（易文言『積善之家必有餘慶、積不善之家必有餘殃』乃是指人事的常理、未必指著一個主宰禍福的鬼神天帝。）墨子是一個教主、深恐怕人類若沒有一種行爲上的裁制力、便要爲非作惡。所以他極力要說明鬼神不但是有的、並且還能作威作福、『能賞賢而罰暴。』他的目的要人知道。

吏治官府之不絜廉、男女之爲無別者、有鬼神見之；民之爲淫暴寇亂盜賊、以兵刃毒藥水火退（孫詒讓云、退是迓之譌、迓通禦。）無罪人乎道路、奪人車馬衣裘以自利者、有鬼神見之。（明鬼）

墨子明鬼的宗旨、也是爲實際上的應用、也是要『民德歸厚』。但是他卻不肯學儒家『無魚而下網』的手段、他是眞信有鬼神的。

第五、非命　墨子既信天、又信鬼、何以不信命呢？原來墨子不信命定之說、正因爲他深信天志、正因爲他深信鬼神能賞善而罰暴。老子和孔子都把『天』看作自然而然的『天行』、所以以爲凡事都由命定、不可挽回。所以老子說『天地不仁』、孔子說『獲罪於天、無所禱也。』墨子以爲天志欲人兼愛、不欲人相害、又以爲鬼神能賞善罰暴、所以他說能順天之志、能中鬼之利、便可得福；不能如此、便可得禍。禍福全靠個人自己的行爲、全是各人的自由意志招來的、並不由命定。若禍福都由命定、那便不做好事也可得福；不作惡事、也可得禍了。若人人都信命定之說、便沒有人努力去做好事了。（非命說之論證。已見上章。）

第六、節葬短喪　墨子深恨儒家一面不信鬼神、一面却又在死人身上做出許多虛文儀節。所以他對於鬼神只注重精神上的信仰、不注重形式上的虛文。他說儒家厚葬久喪有三大害：（一）國家必貧、（二）人民必寡、（三）刑政必亂。（看節葬篇）所以他定為喪葬之法如下、

桐棺三寸足以朽體。衣衾三領足以覆惡。（節葬）及其葬也下毋及泉、上毋通臭。（節葬）無槨。（莊子天下篇）死無服、（莊子天下篇）為三日之喪。（公孟篇。韓非子顯學篇作『冬日冬服、夏日夏服、喪三月』疑墨家各派不同、或為三日、或為三月。）而疾而服事、人為其所能以交相利也。（節葬）

第七、非樂　墨子的非樂論、上文已約略說過。墨子所謂『樂』、是廣義的『樂』。如非樂上所說、『樂』字包括『鐘鼓琴瑟竽笙之聲』、『刻鏤文章之色』、『芻豢煎炙之味』、『高臺厚榭邃野之居』。可見墨子對於一切『美術』、如音樂、雕刻、建築、烹調、等等、都說是『奢侈品』、都是該廢除的。這種觀念固是一種狹義功用主義的流弊。但我們須要知道墨子的宗教『以自苦為極』、因要『自苦』、故不得不反對一切美術。

第八、尚賢　那時的貴族政治還不曾完全消滅。雖然有些奇才傑士、從下等社會中跳上政治舞台但是大多數的權勢終在一般貴族世卿手裏、就是儒家論政、也脫不了『貴貴』『親親』的話頭。墨子主張兼愛、所以反對種種家族制度和貴族政治。他說、

今王公大人有一裳不能制也、必藉良工；有一牛羊、不能殺也、必藉良宰。……逮至其國家之亂、社稷之危、則不知使能以治之。親戚、則使之。無故富貴面目姣好、則使之。（尚賢中）

所以他講政治要『尊尙賢而任使能。不黨父兄、不偏貴富、不嬖顏色。賢者舉而上之、富而貴之、以爲官長。不肖者抑而廢之、貧而賤之、以爲徒役。』（尚賢中）

第九、尙同　墨子的宗教、以『天志』爲起點、以『尙同』爲終局。天志就是尙同、尙同就是天志。

尙同的『尙』字、不是『尙賢』的尙字。尙同的尙字、和『上下』的上字相通、是一個狀詞、不是動詞。『尙同』並不是推尙大同、乃是『取法乎上』的意思。墨子生在春秋時代之

後、眼看諸國相征伐、不能統一。那王朝的周天子、是沒有統一天下的希望的了。那時『齊晉楚越』四分中國、墨子是主張非攻的人、更不願四國之中那一國用兵力統一中國。所以他想要用『天』來統一天下。他說、

> 古者民始生未有刑政之時、蓋其語、人異義。是以一人則一義、二人則二義、十人則十義。其人茲衆、其所謂『義』者亦茲衆。是以人是其義、以非人之義、故交相非也。是以……天下之亂、若禽獸然。
>
> 夫明虖天下之所以亂者、生於無政長、是故選天下之賢可者、立以爲天子。……又選擇天下之賢可者、置立之以爲三公。天子三公既已立、以天下爲博大、遠國異土之民、是非利害之辯、不可一二而明知、故畫分萬國、立諸侯國君。……又選擇其國之賢可者、立之以爲正長。
>
> 正長既已具、天子發政於天下之百姓、言曰、聞善而不善、皆以告其上。上之所是、必皆是之；所非、必皆非之。上有過、則規諫之；下有善、則傍薦之。（孫詒讓說、傍與訪通、是也。古音訪與傍同）上同而不下比者、此上之所賞而下之所譽也。……（尚同上）

『上之所是、必皆是之；所非、必皆非之；上同而不下比』這叫做『尙同』。要使鄉長『壹同鄉之義；』國君『壹同國之義』天子『壹同天下之義』。但是這還不夠。爲什麽呢？因爲天子若成了至高無上的標準、又沒有限制、豈不成了專制政體。所以墨子說、

夫旣上同乎天子而未上同乎天者、則天菑將猶未止也。……故古者聖王明天鬼之所欲而避天鬼之所憎以求興天下之利、除天下之害。（尙同中）

所以我說『天志就是尙同、尙同就是天志』。天志尙同的宗旨、要使各種政治的組織之上還有一個統一天下的『天』。所以我常說、墨教如果曾經做到歐洲中古的教會的地位、一定也會變成一種教會政體；墨家的『鉅子』也會變成歐洲中古的『教王』(Pope)

以上所說九項、乃是『墨教』的教條、在哲學史上、本來沒有什麽重要。依哲學史的眼光看來、這九項都是墨學的枝葉。墨學的哲學的根本觀念、只是前兩章所講的方法。墨子在哲學史上的重要、只在於他的『應用主義』。他處處把人生行爲上的應用、作爲一切是非善惡的標準。兼愛、非攻、節用、非樂、節葬、非命、都不過是幾種特別的應用。

他又知道天下能眞知道『最大多數的最大幸福』的，不過是少數人。其餘的人，都只顧眼前的小利，都只『明小物而不明大物』。所以他主張一種『賢人政治』，要使人『上同而不下比。』他又恐怕這還不夠，他又是一個很有宗教根性的人，所以主張把『天的意志』作爲『天下之明法』，要使天下的人都『上同於天』。因此哲學家的墨子便變成墨教的救主了。

第七篇　楊朱

一、楊朱篇　列子的第七篇名爲楊朱篇、所記的都是楊朱的言語行事。列子這部書是最不可信的。但是我看這一篇似乎還可信。其中雖有一些不可靠的話、大概是後人加入的。如楊朱見梁王談天下事一段、年代未免太遲了。楊朱大槪不及見梁稱王。但這一篇的大體似乎可靠。第一、楊朱的『爲我主義』是有旁證的、如孟子所說。此書說他的爲我主義頗好。第二、書中論『名實』的幾處、不是後世所討論的問題、確是戰國時的問題。第三、列子八篇之中只有這一篇專記一個人的言行。或者當時本有這樣一種記楊朱言行的書、後來被編造列子的人糊塗拉入列子裏面、湊成八篇之數。此如張儀說秦始皇的書、見戰國策。如今竟成了韓非子的第一篇。——以上三種理由雖不甚充足、但當時實有這一種極端的爲我主義、這是我們所公認的。當時實有楊朱這個人、這也是我們所公認的。所以我們不妨暫且把楊朱篇來代表這一派學說。

二、楊朱　楊朱的年代、頗多異說。有的說他上可以見老聃、有的說他下可以見梁王。據孟子所說、那時楊朱一派的學說已能和儒家墨家三分中國、大概那時楊朱已死了。楊朱篇記墨子弟子禽子與楊朱問答。此節以哲學史的先後次序看來似乎不甚錯。大概楊朱的年代當在西歷紀元前四四〇年與三六〇年之間。

楊朱的哲學、也是那個時勢的產兒。當時的社會政治都是狠紛亂的。戰事連年不休、人民痛苦不堪。這種時代發生一種極端消極的哲學、是狠自然的事。況且自老子以後、『自然主義』逐漸發達。老子一方面主張打破一切文物制度、歸於無知無欲的自然狀態；但老子一方面又說要『虛其心、實其腹』『爲腹不爲目』、『甘其食、美其服』。可見老子所攻擊的是高等的欲望、他並不反對初等的嗜欲。後來楊朱的學說便是這一種自然主義的天然趨勢了。

三、無名主義　楊朱哲學的根本方法在於他的無名主義。他說：

實無名、名無實。名者、僞而已矣。　又說：

實者、固非名之所與也。

中國古代哲學史上、『名實』兩字乃是一個極重要的問題。如今先解釋這兩個字的意義、再略說這個問題的歷史。按說文『實、富也。从宀、貫。貫爲貨物。』又『寔、止也。』段玉裁改作『正也』非也。从宀、是聲。』止字古通『此』字說文『此、止也。』詩經召南毛傳與韓奕鄭箋皆說『寔、是也。』又春秋桓六年、『寔來。』公羊傳曰、『寔來者何？猶云是人來也。』穀梁傳曰、『寔來者、是來也。』寔字訓止、訓此、訓是、訓是人、卽是白話的『這個。』古文實寔兩字通用。公孫龍子說『天地與其所產焉物也。物以物其所物而不過焉實也。』名學上的『實』字含有『寔』字『這個』的意思和『實』字『充實』的意思。兩義合起來說、『實』卽是『這個物事。』天地萬物每個都是一個『實。』每一個『實』的稱謂便是那實的『名。』公孫龍子說、『夫名實謂也。』同類的實、可有同樣的名。你是一個實、他是一個實、却同有『人』的名。如此看來、可以說實是個體的、特別的；名是代表實的共相的。雖私名（本名）也是代表共相的。例如『梅蘭芳』代表今日的梅蘭芳、和今年去年前年的梅蘭芳。類名更不用說了。有了代表共相的名、可以包舉一切同名的事物。所以在人的知識上、名的用處極大。老子最先討論名的用處、看本書第三篇。但老子主張『無知無欲、』故要人復歸於『無名之樸。』孔子深知名的用處、故主張正名、以爲若能正名、便可用全稱的名、來整治個體的事物。儒家所注重的名器、禮儀、名分、等等、都是正名的手續。墨子注重實用、故提出一個『實』字、攻擊當時的君子『譽義之名而不察其實。』楊朱更趨於極端，他只承認個體的事物（實）、不認全稱的名。所以說『實無名、名無實、實者僞而已矣。』僞是『人爲的』一切名都是人造的、沒有實際的存在。故說『實無名、名無實。』這種學說、最近西洋的『唯名主義』(Nominalism)。唯名主義以爲『名』不過是人造的空名、沒有實體、故唯名論其實卽是無名論。無名論的應用有兩種趨勢。一是把一切名器禮文都看作人造的虛文。一是只認個人的重要、輕視人倫的關係、故趨於個人主義。

四、爲我。楊朱的人生哲學只是一種極端的『爲我主義。』楊朱在哲學史上佔一個重要的位置、正因爲他敢提出這個『爲我』的觀念、又能使這個觀念有哲學的根據。他說：

有生之最靈者、人也。人者、爪牙不足以供守衞、肌膚不足以自捍禦、趨走不足以逃利害、無毛羽以禦寒暑、必將資物以爲養性、任智而不恃力。故智之所貴、存我爲貴；力之所賤、侵物爲賤。

這是爲我主義的根本觀念。一切有生命之物都有一個『存我的天性。』植物動物都同具此性、不單是人所獨有。一切生物的進化：形體的變化、機能的發達：都由於生物要自己保存自己、故不得不變化、以求適合於所居的境地。人類智識發達、羣衆的觀念也更發達、故能於『存我』觀念之外、另有『存羣』的觀念；不但要保存自己、還要保存家族、社會、國家：能保存得家族、社會、國家、方才可使自己的生存格外穩固。後來成了習慣、社會往往極力提倡愛羣主義、使個人崇拜團體的尊嚴、終身替團體盡力。從此遂把『存我』的觀念看作不道德的觀念。試看社會提倡『殉夫』、『殉君』、『殉社稷』、等等風俗、推尊爲道德的行爲、便可見存我主義所以不見容的原因了。其實存我觀念本是生物天然的趨向、本身並無什麼不道德。楊朱即用這個觀念作爲他的『爲我主義』的根據。他又恐怕人把存我觀念看作損人利己的意思、故剛說『智之所貴、存我爲貴』、忙接著說『力之所賤、侵物爲賤』。他又說：

古之人損一毫利天下、不與也。悉天下奉一身、不取也。人人不損一毫、人人不利天下、天下治矣。

楊朱的爲我主義、並不是損人利己。他一面貴『存我』、一面又賤『侵物』。一面說『損一毫利天下不與也、』一面又說、『悉天下奉一身不取也。』他只要『人人不損一毫、人人不利天下。』這是楊朱的根本學說。

五、悲觀　楊朱主張爲我。凡是極端爲我的人、沒有一個不抱悲觀的。你看楊朱說、

百年壽之大齊。得百年者千無一焉。設有一者、孩提以逮昏老、幾居其半矣。夜眠之所弭、晝覺之所遺、又幾居其半矣。痛疾、哀苦、亡失、憂懼、又幾居其半矣。量十數年之中、逌然而自得、亡介焉之慮者、亦亡一時之中爾。則人之生也奚爲哉？奚樂哉？爲美厚爾、爲聲色爾。而美厚復不可常厭足、聲色不可常翫聞、乃復爲刑賞之所禁勸、名法之所進退。遑遑爾競一時虛譽、規死後之餘榮；偊偊爾愼耳目之觀聽、惜身意之是非；徒失當年之至樂、不能自肆於一時：重囚纍梏、何以異哉？太古之人知生之暫來、知死之暫往。故從心而動、不違自然所好；當身之娛、非所去也、故不爲名所勸。從性而游、不逆萬物所好；死後之名、非所取也、故不爲刑所及。名譽先後、年命多少、非所量也。

又說、

萬物所異者、生也。所同者、死也。生則賢愚貴賤、是所異也。死則臭腐消滅、是所同也。……十年亦死、百年亦死；仁聖亦死、凶愚亦死。生則堯舜、死則腐骨；生則桀紂、死則腐骨。腐骨一也、熟知其異？且趣當生、奚遑死後？

大概這種厭世的悲觀、也都是時勢的反動。痛苦的時勢、生命財產朝不保夕、自然會生出兩種反動：一種是極端苦心孤行的救世家、像墨子耶穌一流人；一種就是極端悲觀的厭世家、像楊朱一流人了。

六、養生　上文所引『從心而動、不違自然所好；……從性而遊、不逆萬物所好、』已是楊朱養生論的大要。楊朱論養生、不要太貧也不要太富。太貧了『損生、』太富了『累身。』

然則……其可焉在？曰、可在樂生、可在逸身。善樂生者不窶、善逸身者不殖。

又託爲管夷吾說養生之道：

肆之而已、勿壅勿閼。……恣耳之所欲聽、恣目之所欲視、恣鼻之所欲向、恣口之所欲言、恣體之所欲安、恣意之所欲行。

又託爲晏平仲說送死之道:

既死豈在我哉?焚之亦可、沈之亦可、瘞之亦可、露之亦可、衣薪而棄諸溝壑亦可、袞衣繡裳而納諸石椁亦可:唯所遇焉。

楊朱所主張的只是『樂生』『逸身』兩件。他並不求長壽、也不求不死。

孟孫陽問楊子曰、『有人於此貴生愛身以蘄不死、可乎?』曰、『理無不死。』『以蘄久生、可乎?』曰、『理無久生。……且久生奚爲五情所好惡古猶今也;四體安危古猶今也;世事苦樂古猶今也;變易治亂古猶今也。既見之矣、既聞之矣、百年猶厭其多、況久生之苦也乎?』

孟孫陽曰、『若然速亡愈於久生、則踐鋒刃、入湯火、得所志矣。』楊子曰、『不然。既生則廢而任之、究其所欲以俟於死。將死則廢而任之、究其所之以放於盡。無不廢、無不任、何遽遲速於其閒乎?』

不求久生不死、也不求速死、只是『從心而動、任性而游。』這是楊朱的『自然主義。』

第八篇　別墨

第一章　墨辯與別墨

墨學的傳授、如今已不能詳細考究。（參看孫詒讓墨子閒詁附錄『墨學傳授考』）韓非子顯學篇說、

自墨子之死也、有相里氏之墨、有相夫氏之墨、有鄧陵氏之墨。

莊子天下篇說、

相里勤之弟子、五侯之徒；南方之墨者苦獲、已齒、鄧陵子之屬、俱誦墨經而倍譎不同、相謂『別墨』；以堅白同異之辯相訾、以觭偶不仵之辭相應。（譎、崔云、決也。訾、通呰、說文、『呰、苛也』苛與訶同。觭即奇。說文、『奇、不耦也』釋文、『仵、同也』應、說文云、『當也』又『讎、應也』相應即相爭辯。）以『巨子』爲聖人、皆願爲之尸、冀得爲其後世、至今不決。

古書說墨家傳授派別的、只有這兩段。兩處所說、互相印證。今列表如下：

墨——相里氏（據韓非子）
　　相里勤——五侯之徒（據天下篇）

學——相夫氏
　　——鄧陵氏

墨學——南方之墨者——苦獲
　　　　　　　　——己齒
　　　　　　　　——鄧陵子

最重要的是天下篇所說墨家的兩派『俱誦墨經而倍譎不同、相謂別墨、以堅白同異之辯相訾、以觭偶不仵之辭相應。』細看這幾句話、可見今本墨子裏的經上下、經說上下、大取小取六篇是這些『別墨』作的。有人說這六篇卽是天下篇所說的『墨經』別墨旣俱誦墨經可見墨經作於別墨之前、大槪是墨子自著的了。我以爲這一段文字不當如此解說。『墨經』不是上文所舉的六篇、乃是墨教的經典如兼愛非攻之類。後來有些墨者雖都誦墨經、雖都奉墨教、却大有『倍譎不同』之處這些『倍譎不同』之處、都由於墨家的後人於『宗教的墨學』之外、另分出一派『科學的墨學』。這一派科學的墨家所研究討論的、有『堅白同異』、『觭偶不仵』、等等問題。這一派的墨學與宗教的墨學自然『倍譎不同了』、於是他們自己相稱爲『別墨』。（別墨猶言『新墨』柏拉圖之後有『新柏拉圖學派』近世有『新康德派』有『新海智爾派』『別墨』即是那一派科學的墨學。他們所討論的『堅白之辯』、堅屬於形、白屬於色。兩種同為物德、但一屬視官、一屬觸官。當時辯這種分別甚明。『同異之辯』、名學一切推論、全靠同異兩事。故當時討論這問題甚詳。和『觭偶不仵之辭』、釋文說、『仵、同也』集韻『仵、偶也』玉篇、『仵、偶敵也』漢書律曆志注、『伍、耦也』是伍仵兩字古相通用。中國文字沒有單數複數和衆數的區別、故說話推論、都有不便之處。墨家很注意這個問題、小取篇說、『一馬、馬也。二馬、馬也。馬四足者、一馬而四足也、非兩馬而四足也。馬或白者、二馬而或白也、非一馬而或白也。此乃一是而一非也』這是說『觭偶不仵』最明白的例。如今的經上下、經說上下、大取、小取六篇、很有許多關於這些問題的學說。所以我以為這六篇是這些『別墨』的書天下篇僅舉兩派、不及相夫氏、或者相夫氏之墨仍是宗教的墨學。『別墨』之名、只限於相里氏及南方的墨者如鄧陵氏之流。晉人有個魯勝曾替經上下、經說上下四篇作註、名為墨辯注。我如今用他的名詞、統稱這六篇為墨辯、以別於墨教的『墨經』。我對於『別墨』『墨經』『墨辯』三個問題的主張、一年以來、已變了幾次。此為最近研究所得、頗可更正此書油印本及墨家哲學講演錄所說的錯誤。

至於這六篇決非墨子所作的理由、約有四端。

（一）文體不同。這六篇的文體、句法、字法、沒有一項和墨子書的兼愛非攻天志……諸篇相像的。

（二）理想不同。墨子的議論、往往有極鄙淺可笑的例。如明鬼一篇、雖用『三表』法、其實全無論理。這六篇便大不同了。六篇之中、全沒有一句淺陋迷信的話、全是科學家和名學家的議論。這可見這六篇書決不是墨子時代所能做得出的。

(三)『墨者』之稱。　小取篇兩稱『墨者』。

(四)此六篇與惠施公孫龍的關係。　這六篇中討論的問題、全是惠施公孫龍時代的哲學家爭論最烈的問題、如堅白之辯、同異之論之類。還有莊子天下篇所舉惠施和公孫龍等人的議論、幾乎沒有一條不在這六篇之中討論過的。例如『南方無窮而有窮』『火不熱』『目不見』『飛鳥之影、未嘗動也』『一尺之棰、日取其半、萬世不竭』之類、皆是也。又如今世所傳公孫龍子一書的堅白、通變、名實三篇、不但材料都在經上下經說上下四篇之中、並且有許多字句文章都和這四篇相同。於此可見墨辯諸篇若不是惠施公孫龍作的、一定是他們同時的人作的。所以孫詒讓說這幾篇的『堅白同異之辯、則與公孫龍書及莊子天下篇所述惠施之言相出入』。又說『據莊子所言、則似戰國時墨家別傳之學、不盡墨子之本指』。

這六篇墨辯乃是中國古代名學最重要的書。古代本沒有什麼『名家』。無論那一家的哲學、都有一種爲學的方法。這個方法、便是這一家的名學(邏輯)。所以老子要無名、孔子要正名、墨子說『言有三表』、楊子說『實無名、名無實』、公孫龍有名實論、荀子有正名篇、莊子有齊物論、尹文子有刑名之論、這都是各家的『名學』。因爲家家都有『名學』、所以沒有什麼『名家』。不過墨家的後進如公孫龍之流、在這一方面、研究的比別家稍爲高深一些罷了。不料到了漢代、學者如司馬談、劉向、劉歆、班固之流、只曉得周秦諸子的一點皮毛糟粕、却不明諸子的哲學方法。於是凡有他們不能懂的學說、都稱爲『名家』。却不知道他們叫作『名家』的人、在當日都是墨家的別派。正如亞里士多德是希臘時代最注重名學的人、但是我們難道可以叫他做『名家』嗎?（漢書藝文志九流之別、是極不通的。說詳吾所作『諸子不出於王官論』太平洋第一卷七號。）

如今且說這六篇墨辯的性質。

第一、經上經說上　經上篇全是界說、文體和近世幾何學書裏的界說相像。原文排作兩行、都要『旁行』讀去。例如『故、所得而後成也。止、以久也。體、分於兼也。必、不已也』須如下讀法、

（1）故、所得而後成也。　　（50）止、以久也。

(2)體、分於兼也。　　(51)必、不已也。

經說上篇乃是經上的詳細解釋。經上全是狠短的界說。不容易明白、所以必須有詳細的說明、或舉例設譬使人易曉。經說上卻不是兩行的、也不是旁行的。自篇首到篇中『戶樞免瑟』一句(閒詁十、頁十七至二十二下。)都是經上篇上行的解釋。自『止、無久之不止』(頁二十二下。)到篇末、是經上篇下行的解釋。所以上文舉例『故、所得而後成也』的解說在十七頁、『止、以久也』的解說卻在二十二頁上。若以兩行寫之、可得下式。

經文上行	經說	經文下行	經說
故、所得而後成也。	故。小故有之不必然、無之必不然、體也、若有端。大故、有之必無然、若見之成見也。	止、以久也。	止。無久之不止、當牛非馬、若矢過楹。有久之不止、當馬非馬、若人過梁。

第二、經下經說下　經下篇全是許多『定理』、文體極像幾何學書裏的『定理』。也分作兩行、旁行讀。經說下是經下的詳細說明、讀法如經說上。自篇首（頁三十一下。）到『應有深淺大常中』（適校當作『大小不中』頁四十六止。）說明經下上行的各條。此以下、說明下行各條。

第三、大取　大取篇最難讀。裏面有許多錯簡、又有許多脫誤。但是其中却也有許多極重要的學說。學者可選讀那些可讀的。其餘的不可讀的、只好暫闕疑了。

第四、小取　小取篇最爲完全可讀。這一篇和前五篇不同、並不是一句一條的界說、乃是一篇有條理有格局的文章。全篇分九節。

一、至『不求諸人』總論『辯』。

二、至『吾豈謂也、者異也』論『辯』之七法。

三、至第一個『則不可偏觀也。』論辟、侔、援、推、四法之謬誤。

四、至『非也』共四十八字、衍二十二字。總論立辭之難、總起下文。

五、論『物或是而然』。

六、論『或是而不然』。

七、論『或不是而然。』原文作『此乃是而然。』似有誤。

八、論『一周而一不周。』

九、論『一是而一非。』

第二章　墨辯論知識

知識論起於老子孔子、到『別墨』始有精密的知識論。

墨辯論『知』分爲三層：

(一)『知、材也。』經上　說曰、『知材。知也者、所以知也、而(不)必知。舊脫不字、今據下文『而不必得』語法增。若明。』　這個『知』是人『所以知』的才能。材才通　有了這官能、却不必便有知識。譬如眼睛能看物、這是眼睛的『明』、但是有了這『明』却不必有所見；爲什麼呢？因爲眼須見物、才是見；知有所知、才是知。此所謂知、如佛家所謂『根』

(二)『知、接也。』經上　說曰、『知。知也者、以其知過物而能貌之、若見。』　這個『知』是『感覺』(Sensation)。人本有『所以知』的官能、遇著外面的物事、便可以知道這物事的態貌、才可發生一種『感覺』。譬如有了眼睛、見著物事、才有『見』的感覺。此所謂知、如佛家所謂『塵』此所謂接、如佛家所謂『受』

(三)『𢚱、明也。』（經上。舊作恕。今依顧千里校改。）說曰、『𢚱。𢚱（舊皆作恕。）也者、以其知論物而其知之也著。若明。』這個『𢚱』是『心知』、是『識』。有了『感覺』、還不算知識。譬如眼前有一物瞥然飛過、雖有一種『感覺』、究竟不是知識。須要能理會得這飛過的是什麽東西、（論譯『理會』最切。）（王念孫校荀子正名篇『辭也者、兼異實之名以論一意也』謂論當作諭。諭、明也。其說亦可通。但不改亦可通。）須要明白這是何物、（著、明也。）才可說有了知覺。（此所謂𢚱、如佛家所謂『識』）如經上說、

聞、耳之聰也。循所聞而得其意、心之察也。言、口之利也。執所言而意得見、心之辯也。

所以『知覺』含有三個分子：一是『所以知』的官能、二是由外物發生的感覺、三是『心』的作用。要這三物同力合作、才有『知覺』。

但是這三物如何能同力合作呢？這中間須靠兩種作用：一個是『久』、一個是『宇』。墨辯說、

久、彌異時也。（經上）　說曰、久合古今旦莫。（校改）

宇、彌異所也。(經上)　說曰、宇冡東西南北。(校改、冡即蒙字)

久卽是『宙』卽是『時間』。宇卽是『空間』(Time and Space) 須有這兩種的作用。方才可有知覺。經下說、

不堅白、說在無久與宇。堅白、說在因。(原文有誤讀處。今正。因疑作盈。)　說曰、無堅得白、必相盈也。

經上說、

堅白不相外也。　說曰、堅(白)異處不相盈、相非、(通排) 是外相也。

我們看見一個白的物事、用手去摸、才知道他又是堅硬的。但是眼可以見白、而不可得堅；手可以得堅、而不可見白。何以我們能知道這是一塊『堅白石』呢？這都是心知的作用。知道剛纔的堅物、就是此刻的白物、是時間的組合。知道堅白兩性相盈、成爲一物、是空間的組合。這都是心知的作用。有這貫串組合的心知、方才有知識。

有了久與宇的作用、才有『記憶』。墨辯叫做『止』。止卽是『志』。古代沒有去聲、所以止志通用。(論語『多見而識之』『賢者識其大者』古本皆作志。)　久的作用於『記憶』更爲重要。所以經下說、

知而不以五路、說在久。　說曰、智以目見、而目以火見、而火不見。惟以五路知。久、

不當以火見、若以火。參看章炳麟原名篇說此條。

『五路』卽是『五官』。先由五路知物、後來長久了、雖不由五路、也可見物。譬如昨天看梅蘭芳的戲、今天雖不在吉祥園、還可以想起昨天的戲來。這就是記憶的作用了。知識又須靠『名』的幫助。小取篇說『名以舉實』。經上說、

舉、擬實也。　說曰、舉、告以文名舉彼實也。

『擬』是易繫辭傳『聖人有以見天下之賾而擬諸形容、象其物宜』的擬。例如我們用一個『人』字代表人的一切表德、所以見了一個人、便有『人』的概念、便知道他是一個『人』、記得一個『人』的概念便可認得一切人、正不須記人人的形貌狀態等等。又如『梅蘭芳』一個概念也代表梅蘭芳的一切表德。所以我對你說『梅蘭芳』、你便知道了、正不用細細描摹他的一切形容狀態。如經下說、

〔火〕必熱、說在頓。　說曰、見火謂火熱也、非以火之熱。

一個『火』字便包含火的熱性。所以遠遠見火、便可說那火是熱的、正不必等到親自去感覺那火的熱燄。『火必熱、說在頓。』頓字也是記憶的意思。這是名字的大用處。

墨辯分「名」爲三種：

名：達、類、私。上經　說曰、名。「物」、達也。有實必待文名舊誤作多也。命之「馬」、類也。若實也者、必以是名也。命之「臧」、私也。是名也、止於是實也。

「達名」是最普及的名字、例如「物」字。「類名」是一類物事的名稱。例如「牛」、「馬」、「人」。凡是屬這一類的、都可用這一類的「類名」。所以說「若實也者、必以是名也」。「私名」是「本名」。例如「臧」、「梅蘭芳」皆是這一個個人的名字、不可移用於別人。臧獲皆當日的人名、本是私名、後人誤以爲僕役之類名、非也。此如「梅香」本是私名、後以名此者多、遂成女婢之類名矣。又如「丫頭」亦是私名、今亦成類名矣。所以說「是名也、止於是實也。」

知識的種類　墨辯論「知識」的分別、凡有三種：

知：聞、說、親。上經　說曰、知、傳受之聞也。方不㢓說也。身觀焉親也。

第一種是別人傳授給我的、故叫做「聞」。第二種是由推論得來的、故叫做「說」。「經上說、所以明也」第三種是自己親身經歷來的、故叫做「親」。如今且分別解說如下：

聞　這個「聞」字、有兩種意思。經上說：

聞：傳、親。　說曰、或告之傳也。身觀焉、親也。

一種是『傳聞』、例如人說有鬼、我也說有鬼、這是『把耳朶當眼睛』的知識。一種是『親聞』、例如聽見一種聲音、知道他是鐘聲、或是鑼聲、這是親自經歷來的知識、屬於上文的第三種、不屬於第一種。

說。親。　科學家最重經驗、墨子說的『百姓耳目之實』但是耳目五官所能親自經歷的、實在不多。若全靠『親知』、知識便有限了。所以須有『推論』的知識。經下說、

聞所不知若所知、則兩知之。　說曰、聞。在外者所不知也。或曰、『在室者之色若是其色』。是所不知若所知也。猶白若黑也、誰勝是？若其色也若白者、必白。今也知其色之若白也、故知其白也。夫名、以所明正所不知、不以所不知疑（同擬。擬、舉實也。說見上文。）所明、若以尺度所不知長。外、親知也。室中、說知也。

此說一個人立屋子外、不知屋子裏人是什麼顏色。有人說『屋裏的人的顏色、同這個人一樣。』若這個人是白的、我便知道屋裏人也是白的了。屋外的白色、是親自看

見的屋裏的白色、是由『推論』得知的。有了推論、便可坐在屋裏、推知屋外的事；坐在北京、推知世界的事；坐在天文臺上、推知太陽系種種星球的事。所以說、『方不㢓、說也。』這是墨辯的一大發明。（親即佛家所謂『現量』說即『比量』傳近似『聖教量』而略有不同也。）

實驗主義（應用主義）　墨子的『應用主義』要人把知識來應用。所以知與不知的分別、『非以其名也、以其取也』。這是墨子學說的精采。到了『別墨』也還保存這個根本觀念。經下說、

知其所以不知、說在以名取。　說曰、我有若視曰知。雜所知與所不知而問之、則必曰、是所知也、是所不知也。取去俱能之、是兩知之也。

這和第六篇所引墨子貴義篇瞽者論黑白一段相同。一個人究竟有知無知呢？這須要請他自去實地試驗。須請他用他已知的『名』去選擇。若他眞能選擇得當、『取去俱能之』、那才是眞知識。

但是墨辯的人生哲學、雖也主張『知行合一』、卻有兩層特別的見解。這些『別墨』知道人生的行爲、不是完全受『知識』的節制的。『知識』之外、還有『欲望』不可輕視。

所以經上說、

爲窮知而縣於欲也。

『爲』便是行爲是知識的止境、却又是倚賴著『欲』的。經說上說這一條道：

爲。欲難其指、（孫說、難是斲之譌。）智不知其害、是智之罪也。若智之愼之也、無遺於害也、而猶欲難之、則離之。（孫說、離即罹。）……是不以所疑止所欲也。

懂得這個道理、然後可懂得『別墨』的新『樂利主義』。墨子已有『義即是利』的意思。但是他却沒有明白細說。到了『別墨』、才有完滿的『樂利主義』。經上說、

義利也。　利、所得而喜也。害、所得而惡也。

這比說『義即是利』又進一層、直指利害的來源、在於人情的喜惡。就是說善惡的來源、在於人情的欲惡。所以一切教育的宗旨、在於要使人有正當的欲惡。欲惡一正、是非善惡都正了。所以經上說、

欲正、權利；惡正、權害。（大取篇云、「於所體之中而權輕重之謂權」）

樂利主義之公式　但是如何纔是正當的欲惡呢？大取篇有一條公式道：

利之中取大、害之中取小。……利之中取大、非不得已也。害之中取小、不得已也。所未有而取焉、是利之中取大也。於所既有而棄焉、是害之中取小也。……害之中取小也、非取害也、取利也。其所取者、人之所執也。遇盜人而斷指以免身、利也。其遇盜人、害也。斷指與斷腕、利於天下相若、無擇也。死生利若一、無擇也。……於事爲之中而權輕重之謂求。求爲之是。之通非也。害之中取小、求爲義、非爲義也。……

細看這個公式的解說、便知『別墨』的樂利主義並不是自私自利、乃是一種爲天下的樂利主義。所以說『斷指與斷腕、利於天下相若、無擇也』。可以見『利之中取大、害之中取小』原只是把天下『最大多數的最大幸福』作一個前提。

第三章　論辯

辯的界說　墨家的『辯』、是分別是非眞僞的方法。經上說、

辯、爭彼也。辯勝、當也。　說曰、辯、或謂之牛、或謂之非牛、是爭彼也。是不俱當、不俱當、必或不當。不當若犬。

經說下說、

辯也者、或謂之是、或謂之非、當者勝也。

『爭彼』的『彼』字當是『佊』字之誤。（其上有『佊、不可兩不可也』佊字亦佊字之誤。佊佊形近而誤。）佊字、廣雅釋詁二云『衺也』王念孫疏證云、『廣韻引埤蒼云佊邪也；又引論語子西佊哉。今論語作彼』據此可見佊誤爲彼的例。佊字與『詖』通。說文『詖辯論也。古文以爲頗字从言皮聲』詖、頗、佊皆同聲相叚借。後人不知佊字、故又寫作『駁』字。現在的『辯駁』就是古文的『爭佊』。先有一個是非意見不同、一箇說是、一箇說非、便『爭佊』起來了。怎樣分別是非的方法、便叫作『辯』。

辯的用處及辯的根本方法　小取篇說、

夫辯者、——將以明是非之分、審治亂之紀、明同異之處、察名實之理、處利害、決嫌疑、——焉（焉、乃也。）摹略萬物之然、論求羣言之比；以名舉實、以辭抒意、以說出故；以類取、以類予；有諸己不非諸人、無諸己不求諸人。

這一段先說辯的目的、共有六項：(一)明是非、(二)審治亂、(三)明同異、(四)察名實、

(五)處利害、(六)決嫌疑。『摹略萬物之然、論求羣言之比』兩句、總論「辯」的方法。

『摹略』有探討搜求的意義。(太玄注、「摹者、索而得之」又、「摹、索取也」廣雅釋詁三、「略、求也」又方言二、「略、求也。就室曰搜、于道曰略」孫引俞正樊語未當。)論辯的人須要搜求觀察萬物的現象、比較各種現象交互的關係。然後把這些現象和這種種關係、都用語言文字表示出來。所以說『以名舉實、以辭抒意、以說出故』。種種事物、都叫做『實』。實的稱謂、便是『名』。(說見第七篇)所以經說下說『所以謂、名也。所謂、實也』。例如說『這是一匹馬』『這』便是實、『一匹馬』便是名。在文法上和法式的論理上、實便是主詞、(Subject) 名便是表詞、(Predicate) 合名與實、乃稱為『辭』。(Proposition or Judgment)(辭或譯『命題』殊無道理。)單有名、或單有實、都不能達意。有了『辭』、才可達意。但是在辯論上、單有了辭、還不夠用。例如我說『管子一部書不是管仲做的。』人必問我『何以見得呢?』我必須說明我所以發這議論的理由。這個理由、便叫做『故』(說詳下)明『故』的辭、便叫做『說』。(今人譯為「前提」Premiso)經上說『說所以明也』。例如、

『管子』(實)是『假的』(名)……(所立之辭。)

因為管子書裏有許多管仲死後的事。……(說。)

怎麼叫做『以類取以類予』呢？這六個字又是『以名舉實、以辭抒意以說出故』的根本方法。取是『舉例』予是『斷定』凡一切推論的舉例和斷語、都把一個『類』字作根本。『類』便是『相似』（孟子、『故凡同類者、舉相似也』）例如我認得你是一個『人』、他和你相似、故也是『人』那株樹不和你相似、便不是『人』了。即如名學書中最普通的例：

孔子亦有死。　為甚麼呢？

因為孔子是一個『人』。

因為凡是『人』都有死。

這三個『辭』、和三個『辭』的交互關係、全靠一個『類』字。（參看附圖）印度因明學的例、更為明顯、

聲是無常的、（無常謂不能永遠存在。）……………（宗）

因為聲是做成的、……………（因）

凡是做成的都是無常的、例如瓶……（喻（喻體喻依））如下圖：

『聲』與『瓶』同屬於『做成的』一類、『做成的』又屬於『無常的』一類、這叫做『以類予』。在萬物之中、單舉『瓶』和『聲』相比、這是『以類取』。一切推論、無論是歸納、是演繹、都把一個『類』字做根本所以大取篇說、

夫辭以類行者也。立辭而不明於其類。則必困矣。

一切論證的謬誤、都只是一個『立辭而不明於其類』。

故。 上文說的『以說出故』的『故』乃是墨辯中一個極重要的觀念、不可不提出細說一番。經上說、

故、所得而後成也。 說曰、故。小故、有之不必然、無之必不然。體也、若有端。大故、有

之必〔然〕、無〔之必不〕然。若見之成見也。（孫詒讓補然字及之必不三字、是也。今從之。惟孫移體也五字、則非。）

說文『故、使爲之也。』用棍敲桌、可使桌響；用棍打頭、可使頭破。故的本義是『物之所以然；』是成事之因。無此因、必無此果、所以說『故所得而後成也。』如莊子天下篇『黃繚問天地所以不墜不陷、風雨雷霆之故。』引申出來、凡立論的根據、也叫做『故。』如上文引的『以說出故』的故、是立論所根據的理由。墨辯的『故』、總括這兩種意義。經說解此條、說『故』有大小的分別。小故是一部分的因。例如人病死的原因狠複雜、有甲、乙、丙、丁、等。單舉其一、便是小故。有這小故、未必便死；但是若缺這一個小故、也決不致死。故說『小故、有之不必然、無之必不然。』因爲他是一部分的因、故又說『體也、若有端。』（體字古義爲一部分。經上說、『體、分於兼也。』兼是全部、體是一部分。經說曰、『體、若二之一、尺之端也。』尺是線、端是點。二分之一、線上之點、皆一部分。）大故乃各種小故的總數。如上文所舉甲、乙、丙、丁、之和、便是大故。各種原因都完全了、自然發生結果。所以說『大故、有之必然、無之必不然。』譬如人見物、須有種種原因、如眼光、所見的物、那物的距離、光線、傳達光線的媒介物、能領會的心知、等等。（印度哲學所謂『九緣』是也。）此諸『小故、』合成『大故、』乃可見物。故說『若見之成見也。』

以上說『故』字的意義。墨辯的名學、只是要人研究『物之所以然』（小取篇所謂『摹略萬物之然』）然後用來做立說的根據。凡立論的根據、所以不能正確、都只是因爲立論的人見理不明、把不相干的事物牽合在一處、強說他們有因果的關係；或是因爲見理不完全、把一部分的小故看作了全部的大故。科學的推論只是要求這種大故。謹嚴的辯論只是能用這種大故作根據。再看經下說：

物之所以然、與所以知之、與所以使人知之、不必同。說在病。說曰、物或傷之、然也。見之、智也。告之、使知也。

『物之所以然』是『故』。能見得這個故的全部、便是『智』。用所知的『故』作立說的『故』、方是『使人知之』。但是那『物之所以然』是一件事、人所尋出的『故』又是一件事。兩件事可以相同、但不見得一定相同。如『物之所以然』是甲、乙、丙、三因。見者以爲是丁、戊、便錯了。以爲單是甲、也錯了。故立說之故、未必眞是『有之必然、無之必不然』的故。不能如此、所舉的故便不正確、所辯論的也就沒有價值了。

墨辯還有一個『法』的觀念很重要。經上說、

法。

法、所若而然也。　說曰、意規員三也俱可以爲法。

法字古文作佱从亼（卽集合之集。）从正、本是一種模子。說文『法、刑也。模者、法也。範者、法也。型者、鑄器之法也。』法如同鑄錢的模子、把銅汁倒進去、鑄成的錢個個都是一樣的。這是法的本義。（參看下文第十二篇。）所以此處說『法、所若而然也。』若如也同法的物事、如一個模子裏鑄出的錢、都和這模子一樣。『所若而然』便是『仿照這樣去做就能這樣。』譬如畫圓形、可有三種模範、第一是圓的概念、如『一中同長爲圓』可叫做圓的『意』第二是作圓的『規』第三是已成的圓形、依著摹倣、也可成圓形。這三種都可叫做『法』法卽是模範、卽是法象。（參看上文第四篇第三章論象。）依『法』做去、自生同樣效果。故經下說、

一法者之相與也盡類、若方之相合也。說在方。　說曰、一方盡類、俱有法而異、或木或石、不害其方之相合也。盡類、猶方也、物俱然。

這是說同法的必定同類。這是墨家名學的一個重要觀念。上文說『故』是『物之所以然、』是『有之必然。』今說『法』是『所若而然。』把兩條界說合起來看、可見故與法的關係。一類的法卽是一類所以然的故。例如用規寫圓、卽是成圓之故、卽是作圓之

法。依此法做、可作無數同類的圓。故凡正確的故、都可作爲法；依他做去、都可發生同樣的效果。若不能發生同類的效果、即不是正確之故。科學的目的只是要尋出種種正確之故、要把這些『故』列爲『法則』（如科學的律令、及許多根據於經驗的常識。）使人依了做去可得期望的效果。名學的歸納法是根據於『有之必然』的道理、去求『所以然』之故的方法。名學的演繹法是根據於『同法的必定同類』的道理、去把已知之故作立論之故、（前提。）看他是否能生出同類的效果。懂得這兩個大觀念、——故與法——方纔可講墨辯的名學。

辯的七法　以上說一切論辯的根本觀念。如今且說辯的各種方法。小取篇說、

或也者、不盡也。

假也者、今不然也。

效也者、爲之法也。所效者、所以爲之法也。故中效、則是也；不中效、則非也。此效也。

辟也者、舉也物而以明之也。

侔也者、比辭而俱行也。

援也者、曰、子然、我奚獨不可以然也。

推也者、以其所不取之同於其所取者予之也。是猶謂『也者同也、』吾豈謂『也者異也』

這七種今分說於下。

(一)或也者、不盡也。　經上說、『盡、莫不然也。』或字即古域字、有限於一部分之意。例如說『馬或黃或白』、黃白都不能包舉一切馬的顏色、故說『不盡。』易文言說、『或之者、疑之也』不能包舉一切、故有疑而不決之意。如說『明天或雨或晴』『他或來或不來』、都屬此類。

(二)假也者、今不然也。　假是假設。如說『今夜若起風、明天定無雨。』這是假設的話、現在還沒有實現、故說『今不然也。』

這兩條是兩種立辭的方法、都是『有待之辭。』因爲不能斬截斷定、故未必即引起辯論。

(三)效也者、爲之法也。所效者、所以爲之法也。故（故即以說出故之故、即前提。）中效、則是也。不中效、則非也。 效是『效法』的效。法卽是上文『法、所若而然也』的法。此處所謂『效』乃是『演繹法』的論證。（又譯外籀。）這種論證、每立一辭、須設這辭的『法』、作爲立辭的『故』凡依了做去、自然生出與辭同樣的效果的、便是這辭的『法』。這法便是辭所倣效所設立辭之『故』須是『中效』（『中效』卽是可作模範、可以被倣效。『中』字如『中喫』之中。）的『法』若不可效法、效法了不能生出與所立的辭同類的效果、那個『故』便不是正碻的故了。例如說、

這是圓形。 何以故？ 因這是『規寫交』的。（用經說上語。）

『這是圓形、』是所立的辭。（因明學所謂宗。）『規寫交的、』是辭所根據的『故』。依這『故』做、皆成圓形、故是『中效』的法、卽是正碻的故。因明學論『因』須有『徧是宗法性』也是這個道理。窺基作因明論疏說此處所謂『宗法』乃是宗的『前陳』之法、不是『後陳』之法。（前陳卽實、後陳卽名。）這話雖不錯、但仔細說來、須說因是宗的前陳之法、宗的後陳又是這因的法。如上例、『規寫交的』是這個圓之法；『圓形』又是『規寫交的』之法。（因規寫交的皆是圓形、但圓形未必全是用規寫交的。）

上文說過、凡同法的必定同類。依此理看來、可以說求立辭的法卽是求辭的類。三

支式的『因』三段論法的『中詞』(Middle Term) 其實只是辭的『實』(因明學所謂宗之前陳。)所屬的類。如說『聲是無常所作性故。』所作性是聲所屬的類。如說『孔子必有死因他是人。』人是孔子的類名但這樣指出的類、不是胡亂信手拈來的須恰恰介於辭的『名』與『實』之間、包含著『實』又正包含在『名』裏。故西洋邏輯稱他爲『中詞』因爲同法必定同類、故演繹法的論證、不必一定用三支式。(三支式、又名三段論法。)因明學有三支、西洋邏輯自亞里士多德以來也有三段論法。其式如下:

印度三支
孔子必有死、
因孔子是一個人。
凡『人』皆有死、例如舜。

西洋三段
凡『人』皆有死、
孔子是一個『人』、
故孔子必有死。

這種論式固是極明顯完密。但墨辯所說的『效』、實在沒有規定『三支』的式子。章太炎的原名篇說墨家也有三支。其說如下:

墨經以因爲故。其立量次第:初因、次喻體、次宗。悉異印度大秦。經曰、『故、所得而後成也。』說曰、『故。小故、有之不必然、無之必不然。體也、若有端。大故、有之必無然。

（原註）案無是義文。若見之成見也』夫分於兼之謂體；無序而最前之謂端；特舉爲體，分二爲節，之謂見。（原註）皆見經上及經說上。本云，「見，體，盡」說曰，「見。時者，體也。二者，盡也」按時讀爲特。盡讀爲節。管子弟子職曰，「聖之高下，乃承厥火」以爲燭，與此以盡爲節同例。特舉之則爲一體，分二之則爲數節。今設爲量曰，『聲是所作。因凡所作者皆無常。喻體故聲無常。宗』初以因，因局，故謂之小故。（原註）猶今人譯爲小前提者。無序而最前，故擬之以端，次之喻體，喻體通，故謂之大故。（原註）猶今人譯爲大前提者。此『凡所作，』體也；彼『聲所作，』節也。故擬以見之成見。（原註）上見謂體，下見謂節。

太炎這一段話，未免太牽強了。經說上論大故小故的一節，不過是說『故』有完全與不完全的分別，詳說上文。並不是說大前提與小前提。太炎錯解了『體也若有端』一句，故以爲是說小前提在先之意。其實『端』卽是一點，並無先後之意。看墨子閒詁解『無序而最前』一句。太炎解『見』字更錯了。看上文解『若見之成見也』一句。經上說，

：見，體，盡。　說曰，時者，體也。二者，盡也。

此說見有兩種：一是體見，一是盡見。孫詒讓說時字當讀爲特，極是。墨辯說『體，分于兼也。』又『盡莫不然也。』皆見經上。體見是一部分的見。盡見是統舉的見。凡人的知識，若

單知一物、但有個體的知識、沒有全稱的知識。如莎士比亞(Shakespeare)的『暴風』一本戲裏的女子、生長在荒島上、所見的男子只有他父親一個人、他決不能有『凡人皆是……』的統舉的觀念。至少須見了兩個以上同類的物事、方才可有統舉的觀念。方才可有全稱的辭因明學的『喻依、』（如說『凡所作者、皆是無常、猶如瓶等』瓶等卽是喻依。以瓶喻聲也。）與古因明學的『喻』都是此理。今舉古因明的例如下：（此例名五分作法。）

宗、聲是無常。

因、所作性故。

喻。猶如瓶等。

合、瓶所作性。瓶是無常；聲所作性、聲亦無常。

結、是故得知、聲是無常。

單說一個『所作』之物、如『聲』、只可有一部分的知識、卽是上文所謂『特者、體也。』若有了『瓶』等『所作』之物爲推論的根據、說『瓶是所作、瓶是無常；聲是所作、聲亦無常：』這雖是『類推』(Analogy)的式子、已含有『歸納』(Induction)的性質、故可作全稱的辭道『凡所作者、皆是無常。』這才是統舉的知識、卽是上文所說的『二者、盡也。』太炎強把『盡』字讀爲節字、（此類推法之謬誤。）以爲墨家有三支式的證據、其實是大錯的。墨辯的『效』只要能舉出『中效的故』——因明所謂因、西洋邏輯所謂小前提、——已夠了。正不必有三支式。何以不必說出『大前提』呢？因爲大前提的意思、已包含在小前提之中。如說『孔子必有死、因孔子是人。』我所以能提出『人』字作小前提、只爲我心中已含有『凡人皆有死』的大前提。換言之、大前提的作用、不過是要說明小前提所提出的『人』、乃是介於『孔子』與『有死的』兩個名詞之間的『中詞』。但是我若不先承認『人』是『孔子』與『有死的』兩者之間的『中詞』、我決不說『因孔子是人』的小前提了。故大前提儘可省去。（古因明之五分作法也沒有大前提。）

以上說『效』爲演繹法的論證。

（四）辟也者、舉也物而以明之也。也物卽他物。把他物來說明此物、叫做譬。說苑有一段惠施的故事、可引來說明這一節：

梁王謂惠子曰、『願先生言事則直言耳、無譬也。』惠子曰、『今有人於此、而不知彈者、曰、彈之狀何若？應曰、彈之狀如彈、則諭乎？』王曰、『未諭也。』『於是更應曰、彈之狀如弓、而以竹爲弦、則知乎？』王曰、『可知矣。』惠子曰、『夫說者固以其所知諭其所不知而使人知之。今王曰無譬、則不可矣。』

(五)侔也者、比辭而俱行也。　侔與辟都是『以其所知諭其所不知而使人知之』的方法。其間却有個區別。辟是用那物說明這物；侔是用那一種辭比較這一種辭。例如公孫龍對孔穿說、

龍聞楚王……喪其弓、左右請求之。王曰、『止。楚王遺弓、楚人得之、又何求乎？』仲尼聞之曰、『……亦曰「人亡之人得之」而已。何必楚？』若此、仲尼異『楚人』於所謂『人』。夫是仲尼異『楚人』於所謂『人』、而非龍異『白馬』於所謂『馬』、悖。（公孫龍子一。）

這便是『比辭而俱行』。

辟與侔皆是『使人知之』的方法。說話的人已知道那相比的兩件、那聽的人却知道一件。所以那說話的人須要用那已知的來比喻那不知道的。因此這兩種法子、但可說是教人的方法、或是談說的方法、却不能作爲科學上發明新知識的方法。

（六）援也者、曰子然我奚獨不可以然也　說文『援、引也。』現今人說『援例、』正是此意。近人譯爲類推（Analogy）。其實『類推』不如『援例』的明白切當。援例乃是由這一件推知那一件、由這一個推知那一個。例如說、

廣韻引論語『子西佊哉。』今論語作『彼哉。』因此可見墨辯『辯爭彼也、』的『彼字』或者也是『佊』字之誤。

又如說、

莊子列子『人又反入於機。萬物皆出於機、皆入於機。』這三個『機』字皆當作『幾。』易繫辭傳『聖人之所以極深而研幾也、』釋文云『幾本或作機。』這是幾誤爲機的例。

『援例』的推論的結果、大都是一個『個體』事物的是非、不能常得一條『通則。』但是『援例』的推論、有時也會有與『歸納』法同等的效能、也會由個體推知通則。例如見張三喫砒霜死了、便可知李大若喫砒霜也會死。這種推論、含有一個『凡喫砒霜的必死』的通則。這種由一個個體推知通則的『援例、』在墨辯另有一個名目、叫做『

擢。』經下說、

擢慮不疑、說在有無。　說曰、擢、疑無謂也。臧也今死、而春也得之又死也、可。（之又兩字舊作『文文』今以意改。）

說文『擢引也』與『援』同義。此類的推論、有無易見、故不用疑。例如由臧之死可推知春的死。與上文喫砒霜的例相同。（孫詒讓讀擢爲權非也）

（七）推也者、以其所不取之同於其所取者予之也。是猶謂『也者同也』、吾豈謂『也者異也』。『也者同也』、『也者異也』上兩也字、都是『他』字。這個『推』便是『歸納法』、亦名『內籀法』。上文說過『取』是舉例、『予』是斷定。歸納法的通則、是『觀察了一些個體的事物、知道他們是如此、遂以爲凡和這些已觀察了的例同樣的事物、也必是如此』。那些已觀察了的例、便是『其所取者』。那些沒有觀察了的物事、便是『其所未取』。說那些『所未取』和這些『所取者』相同、因此便下一個斷語。這便是『推』。

我們且把錢大昕發明『古無輕脣音只有重脣音』一條通則的方法引來作例。（輕脣音如f．v．等音重脣音如b．p．等音。）

一、舉例(以類取)——『其所取者:』

(1)詩『凡民有喪、匍匐救之。』檀弓引作『扶服』家語引作『扶伏。』又『誕實匍匐』釋文本亦作『扶服。』左傳昭十二年、『奉壺觴以蒲伏焉。』釋文『本又作匍匐蒲本又作扶。』昭二十一年『扶伏而擊之。』釋文『本或作匍匐。』……

(2)古讀扶如酺、轉爲蟠。(證略、下同)

(3)服又轉爲犕。……

(4)服又轉爲譽(音暴)……

(5)伏菢互相訓、而聲亦相轉、此伏羲所以爲庖犧……

(6)伏又與逼通。……

(7)古音負如背、亦如倍。……書禹貢『至於陪尾』史記作『負尾、』漢書作『倍尾。』……

(8)古讀附如部。……

(9)荷卽蒲字。……
(10)古讀佛如弼。……
(11)古讀文如門。……
(12)古讀弗如不。……
(13)古讀拂如弼。……
(14)古讀繁如鞶。……
(15)古讀蕃如卞。……藩如播。……
(16)古讀僨如奔。……讀紛如豳。……
(17)古讀甫如圃。……
(18)古讀方如旁。……
(19)古讀逢如蓬。……
(20)古讀封如邦。……
(21)古讀勿如沒。……

(22)古讀非如頒。……

(23)古讀匪如彼。……

(24)古文妃與配同。……

(25)腓與臏同。……

(26)古音微如眉。……

(27)古讀無如模。……又轉如毛。……又轉爲末。……

(28)古讀反如變。……

(29)古讀馥如苾。……(以下諸例略)

二、斷語(以類予)——『以其所未取之同於其所取者、予之』

凡輕脣之音、(非敷奉微)古讀皆爲重脣音。(幫滂並明)

我把這一條長例、幾乎全鈔下來、因爲我要讀者知道中國『漢學家』的方法、很有科學的精神、很合歸納的論理。

『推』的界說的下半段『是猶謂他者同也吾豈謂他者異也、』又是什麼意思呢?人說『那些不曾觀察的、都和這些已觀察了的相同、』(他者同也)。我若沒有正確的『例外、』便不能駁倒這通則、便不能說『那些並不和這些相同』(他者異也)。例如上文『古無輕唇音』一條、我若不能證明古有輕唇音、便不能說『這二三十個例之外的輕唇音字古時並不讀重唇。』

以上為七種『辯』的方法。『或』與『假』係『有待的』辭、不很重要。『效』是演繹法。由通則推到個體、由『類』推到『私』。『辟』與『侔』都用個體說明別的個體。『援』由個體推知別的個體。『推』由個體推知通則。這四種——辟、侔、援、推、——都把個體的事物作推論的起點、所以都可以叫做『歸納的論辯』。

這七種之中、『推』最為重要。所以現在且把『推』的細則詳說於下。

『推』(歸納)的細則　自密爾 (Mill) 以來、歸納的研究法、大概分為五種:

(一)求同　(二)求異　(三)同異交得　(四)求餘　(五)共變

這五術、其實只有同異兩件。『求餘』便是『求異、』『共變』也就是『同異交得』的一種。墨辯論歸納法、只有(一)同、(二)異、(三)同異交得、三法。

（甲）同　經上說『同、異而俱於之一也』（『是』之同）此言觀察的諸例、雖是異體、却都有相同的一點。尋得這一點、便是求同。

（乙）異　墨辯沒有異的界說。我們可依上文『同』的界說、替他補上一條道、

『異同而俱於是二也。』

所觀察的諸例、雖屬相同、但有一點或幾點却不相同。求得這些不同之點、便是求異法。

（丙）同異交得　經上云『同異交得知有無』這是參用同異兩術以求知有無的方法。物的『同異有無』很不易知道、須要參用同異兩種纔可不致走入迷途。經上說、

法同則觀其同、法異則觀其宜止、因以別道。　說曰、法取同、觀巧轉法取彼擇此、問故觀宜。以人之有黑者有不黑者也止黑人與以人之有愛於人有不愛於人、止愛〔於〕人是孰宜止？彼舉然者、以爲此其然也、則舉不然者而問之。

經說下云、

彼以此其然也、說『是其然也。』我以此其不然也、疑『是其然也。』

這兩段都說該用『否定的例』(不然者)來糾正推論的錯誤。例如人說『共和政體但適用於小國、不適用於大國、』又舉瑞士法蘭西……爲證、我們該問『你老先生爲什麼不舉美國呢?』這裏面便含有『同異交得』的法子。經下又說、

狂舉不可以知異、說在有不可。　說曰、狂舉牛馬雖異、(舊作『牛狂與馬惟異』此蓋由舉字初誤作與牛兩字。後之寫者、誤刪一牛字、以其不成文、又誤移牛字於句首耳。惟通雖字。)以『牛有齒、馬有尾、』說牛之非馬也、不可。是俱有、不偏有偏無有。曰牛之與馬不類、用『牛有角、馬無角、』是類不同也。

『偏有偏無有』的偏字、當作偏字。(吾友張君崧年說。)易經益卦上九象曰『莫益之、偏辭也、』孟喜本作『偏辭也』可見偏偏兩字古相通用。這一段說的『偏有偏無有、』卽是因明學說的『同品定有性、異品偏無性、』如齒、如尾、是牛馬所同有、故不能用作牛馬的『差德』。今說『牛有角、馬無角、』是舉出『牛偏有、馬偏無有』的差德了。這種差德、在界說和科學的分類上、都極重要。其實只是一個『同異交得』的法子。

以上說墨辯論『辯』的方法。小取篇還有論各種論辯的許多謬誤、現今不能細講了。

墨辯概論。　墨辯六篇乃是中國古代第一奇書。裏面除了論『知』論『辯』的許多材料之外、還有無數有價值的材料。今把這些材料分類約舉如下：

(一)論算學。　如『一少於二而多於五』諸條。

(二)論形學(幾何)。　如『平、同高也；』『中、同長也；』『圓、一中同長也；』『方、柱隅四讙也』諸條。

(三)論光學。　如『二、臨鑑而立、景到、多而若少、說在寡區；』『景之大小、說在地缶遠近』諸條。

(四)論力學。　如『力、形之所以奮也；』『力、重之謂、下與重奮也』諸條。以下四項、吾友張君準現著墨經詮損專論之。

(五)論心理學。　如『生、形與知處也；』『臥、知無知也；』『夢、臥而以爲然也』諸條。

(六)論人生哲學。　如『仁、體愛也；』『義、利也；』『禮、敬也；』『孝、利親也；』『利、所得而喜也；害、所得而惡也』諸條。

(七)論政治學。　如『君、臣萌(同氓)通約也；』『功、利民也；』『罪、犯禁也』諸條。

（八）論經濟學。　如『買無貴、說在仮其賈。』說曰、『買刀糴相爲賈。刀輕則糴不貴、刀重則糴不易。王刀無變。糴有變。歲變糴則歲變刀。』又如『買宜則讐、說在盡。』說曰、『賈盡也者、盡去其〔所〕以不讐也。其所以不讐去、則讐。正賈也。』這都是中國古經濟學最精采的學說。

以上八類、不過略舉大概、以表示墨辯內容的豐富。我這部哲學史因限於篇幅、只好從略了。吾另有墨辯新詁一書。

如今且說墨家名學的價値。依我看來、墨家的名學在世界的名學史上、應該佔一個重要的位置。法式的（Formal）一方面、自然遠不如印度的因明和歐州的邏輯。但這是因爲印度和歐洲的『法式的邏輯』都經過千餘年的補綻工夫、故有完密繁複的法式。墨家的名學前後的歷史大概至多不出二百年、二千年來久成絕學、怪不得他不會有發達的法式了。平心而論、墨家名學所有法式上的缺陷、未必就是他的弱點、未必不是他的長處。印度的因明學、自陳那以後、改古代的五分作法爲三支、法式上似更完密了；其實古代的五分作法還帶有歸納的方法、三支便全是演繹法、把歸納的精神都失了。古代的『九句因』、很有道理；後來法式更繁、於是宗有九千二百餘過、因有百十七過、喻有八十四過、名爲精密、其實是大退步了。歐洲中古的學者、沒有創造的本領、只能把古希臘的法式的論理演爲種種詳式。法式越繁、離亞里士多德的本意越遠了。墨家的名學雖然不重法式、却能把推論的一切根本觀念、如『故』的觀念、『法』的觀念、『類』的觀念、『辯』的方法、都說得很明白透切。有學理的基本、却沒有法式的累贅。這是第一長處。印度希臘的名學多偏重演繹、墨家的名學却能把演繹歸納一樣看重。小取篇說『推』一段、及論歸納的四種謬誤一段、近世名學書也不過如此說法。墨家因深知歸納法的用處、故有『同異之辯』故能成一科學的學派。這是第二長處。

再說墨家名學在中國古代哲學史上的重要。儒家極重名、以爲正名便可以正百物了。當時的個人主義一派、如楊朱之流、以爲只有個體的事物、沒有公共的名稱：『名無實、實無名、名者僞而已矣。』這兩派絕對相反。儒家的正名論、老子楊朱的無名論、都是極端派。『別墨』於兩種極端派之間、別尋出一種執中的名學。他們不問名是否有實、實是否有名。他們單提出名與實在名學上的作用。故說『所謂、實也；所以謂、名也。』實只是『主詞』(Subject) 名只是『表詞』(Predicable) 都只有名學上的作用、不成爲『本體學』（本體學原名 Ontology 論萬物本體的性質與存在諸問題。）的問題了。（別墨以前的實、乃是西洋哲學所謂 Substance 名即所謂 Universals 皆有本體學的問題故有『有名』『無名』之爭。）這是墨家名學的第一種貢獻。中國的學派只有『別墨』這一派研究物的所以然之故。根據同異有無的道理、設爲效、辟、侔、援、推、各種方法。墨家名學的方法、不但可爲論辯之用、實有科學的精神、可算得『科學的方法』。試看墨辯所記各種科學的議論、可以想見這種科學的方法應用。這是墨家名學的第二種貢獻。墨家論知識、注重經驗、注重推論。看墨辯中論光學和力學的諸條、可見墨家學者眞能作許多實地試驗。這是眞正科學的精神、是墨學的第三種貢獻。墨家名學論『法』的觀念、上承儒家『象』的觀念、下開法家『法』的觀念。（看下文第十二篇。）這是墨家名學的第四種貢獻。——總而言之、古代哲學的方法論、莫如墨家的完密。墨子的實用主義和三表法、已是極重要的方法論。（詳見第六篇。）後來的墨者論『辯』的各法、比墨子更爲精密、更爲完全。從此以後、無論那一派的哲學、都受這種方法論的影響。荀子的正名篇雖攻擊當時的辯者、其實全是墨學的影響。孟子雖詆罵墨家、但他書中論方法的各條、（如離婁篇首章、及「博學而詳說之」「天下之言性也、則故而已矣」諸章。）無一不顯出墨學的影響。莊子的名學、也是墨家辯者的反動。（詳見第九篇。）至於惠施公孫龍一般人、都是直接的墨者、更不用說了。（詳見下章。）

參考書舉要：

張惠言墨子經說解（上海神州國光社本）

孫詒讓墨子閒詁卷十及十一。

章炳麟國故論衡下、原名篇。

此外讀者須先讀一兩種名學書。

第四章 惠施

一、惠施傳略　惠施曾相梁惠王。梁惠王死時、惠施還在、（戰國策）惠王死在西歷紀元前三一九年。又據呂氏春秋（二十一）齊梁會於徐州、相推爲王、乃是惠施的政策。徐州之會在紀元前三三四年。據此看來、惠施的時代大約在前三八〇年與前三〇〇年之間。莊子天下篇說「惠施多方、其書五車。」又說有一個人叫作黃繚的、問天地所以不墜不陷、和風雨雷霆之故、惠施『不辭而應、不慮而對、徧爲萬物說。』只可惜那五車的書和那『萬物說』都失掉了、我們所知道的、不過是他的幾條殘缺不完的學說。

二、惠施『厤物之意』　惠施的學說、如今所傳盡在莊子天下篇中。原文是：

惠施……厤物之意……（釋文曰、厤古歷字、分別歷說之。）曰、

（一）至大無外、謂之大一；至小無內、謂之小一。

（二）無厚不可積也、其大千里。

（三）天與地卑、山與澤平。（孫詒讓曰、卑與比通、廣雅釋詁曰、比、近也、）

（四）日方中方睨、物方生方死。

（五）『大同』而與『小同』異、此之謂『小同異』。萬物畢同畢異、此之謂『大同異』。

（六）南方無窮而有窮。

（七）今日適越而昔來。

（八）連環可解也。

（九）我知天下之中央：燕之北、越之南、是也。

（十）氾愛萬物、天地一體也。

三十事的解說　這十事的解說、自古以來也不知共有多少種。依我個人的意思看來、這十事只是『氾愛萬物、天地一體也』一個大主義前九條是九種辯證、後一條是全篇的斷案。前九條可略依章太炎明見篇、分爲三組：

第一組、論一切『空間』的分割區別、都非實有。(1)(2)(3)(6)(7)(8)(9)

第二組、論一切『時間』的分割區別、都非實有。(1)(4)(7)

第三組、論一切同異都非絕對的。(5)

三組的斷案『氾愛萬物、天地一體也。』

第一、論『空間』一切分割區別都非實有　『空間』(Space)古人都叫做『宇』、尸子及淮南子注都說『上下四方』是宇。經上說：

宇、彌異所也。　經說曰、宇冡東西南北。舊作『宇東西家南北』王引之校刪家字、非也。家是冡字之誤。冡即蒙字。寫者不識、誤改爲家、又以其不可通、乃移下兩字、以成三字句耳。

『宇』與『所』有別。『東方』、『西南角』、『這裏』、『那裏』都是『所』。『所』只是『宇』的一部分。彌滿上下四方、總名爲『宇。』故說『宇蒙東西南北。』宇是無窮無極、沒有間斷、不可分析的所以惠施說『其大無外、謂之大一。』此是『宇』的總體。但是平常人都把『宇』分成種種單位如東方西方、一分一釐、一毫一忽之類、故惠施又說、『其小無內、謂之小一。』這是『所、』都是『宇』的一部分其實分到極小的單位、(小一)還只是這個『宇。』所以惠施又說『無厚不可積也其大千里。』『無厚』分割『空間』到了一線線又割成點、是『無厚不可積』了、却還是這『其大無外』的『宇』的一部分。所以那『無厚不可積』的、和那『其大千里』的、只是一物只是那無窮無極、不可割斷的『空間。』

墨辯又說:

宇或徙。(或即域字。)　經說曰、宇、南北在旦、有(同又)在莫。宇徙久。

或、過名也說在實。　經說曰、或、知是之非此也、有(同又)知是之不在此也、然而謂此『南北。』過而以已爲然始也謂此『南方、』故今也謂此『南方。』

這兩段說『宇』是動移不歇的。經上說『動、或徙也。』域徙爲動、故『宇或徙』是說地動。我們依著指南針定南北東西、却不知道『空間』是時刻移動的。早晨的南北、已不是晚間的南北了。我們却只叫他做『南北』這實是『過而以已爲然』不過是爲實際上的便利、其實都不是客觀的實在區別。

當時的學者、不但知道地是動的、並且知道地是圓的如周髀算經（此是晚周的書、不是周初的書。）說、『日運行處極北、北方日中、南方夜半日在極東、東方日中、西方夜半日在極南、南方日中、北方夜半日在極西、西方日中、東方夜半』這雖說日動而地不動、但似含有地圓的道理。又如大戴禮記天員篇、（此篇不是曾子的書、當是秦漢人造出來的。）辯『天圓地方』之說、說『如誠天圓而地方、則是四角之不揜也。』這分明是說地圓的。

惠施論空間、似乎含有地圓和地動的道理、如說『天下之中央、燕之北、越之南、是也』燕在北、越在南、因爲地是圓的、所以無論那一點、無論是北國之北、南國之南、都可說是中央。又說『南方無窮而有窮』因爲地圓、所以南方可以說有窮、可以說無窮。南方無窮是地的眞形、南方有窮是實際上的假定。又如『天與地卑、山與澤平、』更明顯了。地圓旋轉、故上面有天、下面還有天；上面有澤、下面還有山。又如『今日適越而昔來』即是周髀算經所說『東方日中、西方夜半、西方日中、東方夜半』的道理。我今天晚上到越在四川西部的人便要說我『昨天』到越了。如此看來、可見一切空間的區別、都不過是我們爲實際上的便利、起的種種區別、其實都不是實有的區別、認眞說來、只有一個無窮無極不可分斷的『宇』那『連環可解也』一條、也是此理。戰國策記秦王把一套玉連環送與齊國的君王后、請他解開。君王后用鐵鎚一敲、連環都碎了、叫人答覆秦王說連環已解了。這種解連環的方法、狠有哲學的意義。所以連環解與不解、與『南方無窮而有窮』同一意思。

以上說『空間』一切區別完了。

第二、論『時間』一切分割區別、都非實有。『時間』(Time) 古人或叫做『宙』、或叫做『久』。尸子與淮南子注都說『古往今來』是『宙』。經上說：

久、彌異時也。　經說曰、久合古今旦莫。舊作『今久古今且莫』王引之改且爲旦、又刪上今字。適按今字是合字或亼字之誤。寫者誤以爲今字、又移於上、成三字句耳。今校正。

『久』是『時』的總名。一時、一刻、千年、一剎那、是時。彌滿『古今旦莫』『古往今來』總名爲『久』。久也是無窮無極不可割斷的、故也可說『其大無外、謂之大一；其小無內、謂之小一』。大一是古往今來的『久』、小一是極小單位的『時』。無論把時間分割成怎樣小的『小一』、還只是那無窮無極不可分割的時間。所以一切時間的分割、只是實際上應用的區別、並非實有。惠施說『日方中方睨、物方生方死、』纔見日中、已是日斜；剛是現在、已成過去。卽有上壽的人、千年的樹、比起那無窮的『久』、與『方中方睨』的日光有何分別？竟可說『方生方死』了。『今日適越而昔來、』雖關於『空間』、也關於『時間』。東方夜半、西方日中；今日適越、在西方人說來、便成昨日。凡此都可見一切時分、都由人定、並非實有。

第三、論一切同異都非絕對的。 科學方法最重有無同異。一切科學的分類、如植物學與動物學的分類。都以同異爲標準。例如植物的分類：

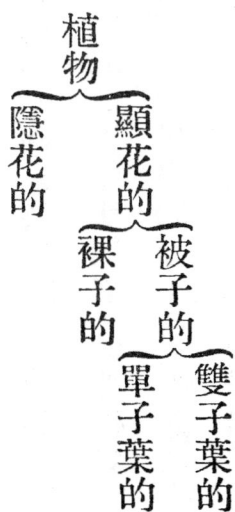

- 植物
  - 顯花的
    - 被子的
      - 雙子葉的
      - 單子葉的
    - 裸子的
  - 隱花的

但是這種區別、都不過是爲實際上的便利起見、其實都不是絕對的區別。惠施說、『大同而與小同異、此之謂小同異。』例如松與柏是『大同、』松與薔薇花是『小同、』這都是『小同異。』一切科學的分類、只是這種『小同異。』從哲學一方面看來、便是惠施所說、『萬物畢同畢異。』怎麽說『萬物畢異』呢？原來萬物各有一個『自相、』例如一個胎裏生不出兩個完全同樣的弟兄；一根樹上生不出兩朵完全一樣的花；一朵花上找不出兩個完全同樣的花瓣；一個模子裏鑄不出兩個完全同樣的銅錢。這便是萬物的『自相。』墨辯說、『二必異、二也。』這個『二性』便是『自相。』有自相所以『萬物畢異。』但是萬物雖各有『自相、』卻又都有一些『共相。』例如男女雖有別、卻同是人；人與禽獸雖有別、卻同是動物；動物與植物雖有別、卻同是生物；……這便是萬物的『共相。』有共相、故萬物可說『畢同。』畢同畢異、『此之謂大同異。』可見一切同異都不是絕對的區別。

結論。　惠施說一切空間時間的分割區別、都非實有；一切同異、都非絕對：故下一斷語道、『天地一體也。』天地一體、卽是後來莊子所說、

天下莫大於秋毫之末、而太山爲小；莫壽於殤子而彭祖爲夭。天地與我並生、而萬物與我爲一。齊物論

因爲『天地一體』、故『汎愛萬物』

『汎愛萬物』、卽是極端的兼愛主義。墨子的兼愛主義、我已說過、是根據於『天志』的。墨家的『宗教的兼愛主義』、到了後代、思想發達了、宗教的迷信便衰弱了、所以兼愛主義的根據也不能不隨著改變。惠施是一個科學的哲學家、他曾做『萬物說』說明『天地所以不墜不陷、風雨雷霆之故』、所以他的兼愛主義、別有科學—哲學的根據。

第五章　公孫龍及其他辯者

一、公孫龍傳略　呂氏春秋說公孫龍勸燕昭王偃兵、審應覽七又與趙惠王論偃兵、審應覽一說燕昭王在破齊之前。燕昭王破齊在西歷紀元前二八四至二七九年。戰國策又說信陵君破秦救趙時、前二五七年公孫龍還在、曾勸平原君勿受封。公孫龍在平原君門下、這是諸書所共紀、萬無可疑的。所以戰國策所說、似乎可靠。依此看來、公孫龍大概

生於西歷前三二五年和三一五年之間。那時惠施已老了。公孫龍死時、當在前二五〇年左右。

此說和古來說公孫龍年歲的、大不相同。我以爲公孫龍決不能和惠施辯論、又不和莊子同時、莊子書中所記公孫龍的話都是後人亂造的。莊子天下篇定是戰國末年人造的。天下篇並不曾明說公孫龍和惠施辯論、原文但說、

惠施以此爲大觀於天下而曉辯者。天下之辯者、相與樂之、（此下紀辯者二十一事）……辯者以此與惠施相應、終身無窮。桓團公孫龍、辯者之徒、飾人之心、易人之意、能勝人之口、不能服人之心。……

此段明說『與惠施相應』的乃是一班『辯者』又明說『桓團公孫龍』乃是『辯者之徒』、可見公孫龍不曾和惠施辯論。此文的『辯者』乃是公孫龍的前輩、大概也是別墨一派。公孫龍最出名的學說是『白馬非馬』『臧三耳』兩條。如今這兩條都不在這二十一事之中。可見與惠施相應的『辯者』、不是公孫龍自己、是他的前輩。後來公孫龍便從這些學說上生出他自己的學說來。後來這些『辯者』一派、公孫龍最享盛名、

後人把這些學說攏統都算是他的學說了。（如列子仲尼篇桓團卽列子仲尼篇之韓檀、一音之轉也。）如今只好把天下篇的二十一事、和列子仲尼篇的七事、一齊都歸作『公孫龍及其他辯者』的學說。

二、公孫龍子　今所傳公孫龍子有六篇。其中第一篇乃是後人所加的『傳略』。第三篇也有許多的脫誤。第二篇最易讀。第四篇錯誤更多、須與墨子經下經說下參看。第五第六篇亦須與經下經說下參看、纔可懂得。

三、莊子天下篇的二十一事。（列子仲尼篇的七事附見。）

(1)卵有毛。　(2)雞三足（孔叢子有『臧三耳』）

(3)郢有天下。　(4)犬可以爲羊。

(5)馬有卵。　(6)丁子有尾。

(7)火不熱。　(8)山出口。

(9)輪不蹍地。　(10)目不見。

(11)指不至、至不絕。（列子亦有『指不至』一條）

(12)龜長於蛇。　(13)矩不方、規不可以爲圓。

(14)鑿不圍枘。　(15)飛鳥之影、未嘗動也。(列子亦有『影不移』一條)

(16)鏃矢之疾、而有不行不止之時。

(17)狗非犬。(列子有『白馬非馬』與此同意。說詳下。)

(18)黃馬、驪牛、三。　(19)白狗黑。

(20)孤駒未嘗有母。(列子作『孤犢未嘗有母』)

(21)一尺之棰、日取其半、萬世不竭。(列子作『物不盡』)

此外列子尙有『意不心』、『髮引千鈞』兩條。

四、總論。　這些學說、前人往往用『詭辯』兩字一筆抹煞。近人如章太炎極推崇惠施、却不重這二十一事。太炎說、

辯者之言獨有『飛鳥』、『鏃矢』、『尺棰』之辯、察明當人意。『目不見』、『指不至』、『輪不蹍地』、亦幾矣。其他多失倫。夫辯說者、務以求眞、不以亂俗也。故曰『狗無色』可、云『白狗黑』則不可。名者所以召實、非以名爲實也。故曰『析狗至於極

徵則無狗』可、云『狗非犬』則不可。（見明篇）

太炎此說似乎有點寃枉這些辯者了。我且把這二十一事分為四組、（(8)條未詳、故不列入。）每組論一個大問題。

第一、論空間時間一切區別都非實有。 (3)(9)(15)(16)(21)

第二、論一切同異都非絕對的。 這一組又分兩層、

(甲)從『自相』上看來、萬物畢異 (13)(14)(17)

(乙)從『共相』上看來、萬物畢同 (1)(5)(6)(12)

第三、論知識 (2)(7)(10)(11)(18)

第四、論名 (4)(19)(20)

五、 第一、論空間時間一切區別都非實有。 惠施也曾有此說、但公孫龍一般人的說法更為奧妙。(21)條說『一尺之棰、日取其半、萬世不竭。』這一條可引墨子經下來參證。經下說、

非半弗斮則不動、說在端。 經說曰、斮半、進前取也。前則中無為半、猶端也。前後

取、則端中也。斲必半、毋與非半、不可斲也。

這都是說中分一線、又中分剩下的一半、又中分一半的一半、……如此做去、終不能分完。分到『中無爲半』的時候、還有一『點』在、故說『前則中無爲半、猶端也。』若前後可取、則是『點』在中間、還可分析。故說『前後取則端中也。』司馬彪注天下篇云『若其可析、則常有兩；若其不可析、其一常在。』與經說下所說正合。列子仲尼篇直說是『物不盡。』魏牟解說道、『盡物者常有。』這是說、若要割斷一物、（例如一線、）先須經過這線的一半、又須過一半的一半、以此遞進、雖到極小的一點、終有餘剩、不到絕對的零點。因此可見一切空間的分割區別、都非實有。實有的空間是無窮無盡、不可分析的。

(16)條說『鏃矢之疾、而有不行不止之時。』說飛箭『不止、』是容易懂得的。如何可說他『不行』呢？今假定箭射過百步需時三秒鐘、可見他每過一點、需時三秒之幾分之幾。既然每過一點必需時若干、可見他每過一點必停止若干時。司馬彪說、『形分止、勢分行。形分明者行遲、勢分明者行速。』從箭的『勢』看去、箭是『不止』的。從『形』看去、箭是『不行』的。譬如我們看電影戲、見人馬飛動、其實只是一張一張不動的影片、看影戲時、只見『勢』不見『形』、故覺得人馬飛動、男女跳舞。影戲完了、再看那取下的影片、只見『形』不見『勢』、始知全都是節節分斷、不連絡、不活動的片段。

(15)條說『飛鳥之影未嘗動也』。列子仲尼篇作『影不移』。魏牟解說道、『影不移、說在改也』。經下也說、

景不徙、說在改爲。　經說曰、景。光至景亡。若在、萬古息。

這是說、影處處改換、後影已非前影。前影雖看不見、其實只在原處。若用照相快鏡一步一步的照下來、便知前影與後影都不曾動。

(9)條『輪不蹍地』與上兩條同意。(9)條是從反面著想。從『勢』一方面看來、車輪轉時、並不蹍地;鳥飛時、只成一影;箭行時、並不停止。從『形』一方面看來、車輪轉處、處處蹍地;鳥飛時、鳥也處處停止、影也處處停止;箭行時只不曾動。

(3)條『郢有天下』、卽是莊子所說『天下莫大於秋毫之末而太山爲小』之意。郢雖小、天下雖大、比起那無窮無極的空間來、兩者都無甚分別、故可說『郢有天下』。

這幾條所說只要證明空間時間一切區別都是主觀的區別、並非實有。

六、第二論一切同異都非絕對的。（甲）從自相上看來、萬物畢異。經下說、『一法者之相與也盡類、若方之相合也』這是從『共相』上著想、故可說同法的必定相類、方與方相類、圓與圓相類。但是若從『自相』上著想、一個模子鑄不出兩個完全相同的錢；一副規做不出兩個完全相同的圓；一個矩做不出兩個完全相同的方。故(13)條說『矩不方、規不可以爲圓』(14)條『鑿不圍枘』也是此理。我們平常說矩可爲方、規可爲圓、鑿恰圍枘：這都不過是爲實際上的便利、姑且假定如此、其實是不如此的。(17)條『狗非犬』也是這個道理。爾雅說『犬未成豪曰狗』。經下說、

狗、犬也、而『殺狗非殺犬也』可。

小取篇說、

盜人、人也。多盜、非多人也、無盜、非無人也。……愛盜、非愛人也。殺盜、非殺人也。

這幾條說的只是一個道理。從『共相』上著想、狗是犬的一部、盜是人的一部、故可說『狗、犬也』、『盜人、人也』。但是若從『自相』的區別看來、『未成豪』的犬、（邵晉涵云、『犬子生而長毛未成者爲狗』）始可叫做『狗』。（曲禮疏云、通而言之、狗犬通名。若分而言之、則大者爲犬、小者爲狗。）偸東西的人、始可叫做『盜』。故

可說『殺狗非殺犬也』『殺盜非殺人也』

公孫龍的『白馬非馬』說、也是這個道理。公孫龍子白馬篇說、

『馬』者、所以命形也。『白』者、所以命色也。……求『馬』、黃黑馬皆可致。求『白馬』、黃黑馬不可致。……黃黑馬一也、而可以應『有馬』、不可以應『有白馬』。是白馬之非馬、審矣。……『馬』者、無取於色、故黃黑馬皆可以應。『白馬』者、有去取於色、黃黑馬皆以所色去、故唯白馬獨可以應耳。

這一段說單從物體『自相』的區別上著想、便和泛指那物體的『類名』不同。這種議論本極容易懂、今更用圖表示上文所說：

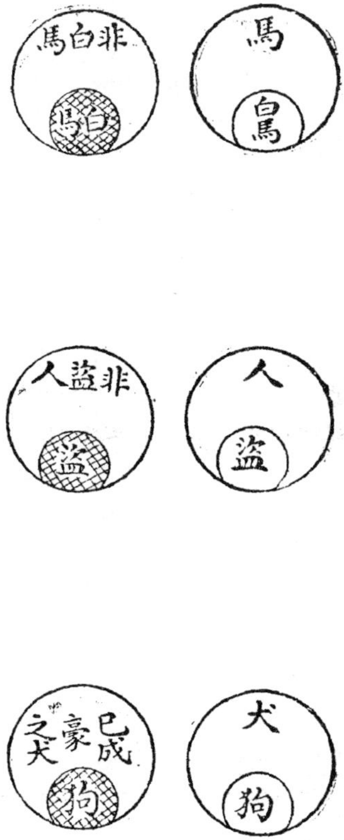

圖甲、示共相同。

圖乙、示自相異。

七、（乙）從共相上看來、萬物畢同　（1）條說『卵有毛』這條含有一個生物學的重要問題。當時狠有人研究生物學、有一派生物進化論說、

萬物皆種也、以不同形相禪。（莊子寓言。）

種有幾。（幾即是極微細的種子。幾字从88、8字本象胚胎之形。）……萬物皆出於幾、（今作機、誤。下幾字同。）皆入於幾。（莊子至樂。）

這學說的大意是說生物進化都起於一種極微細的種子、後來漸漸進化、『以不同形相禪』、從極下等的微生物、一步一步的進到最高等的人。（說詳莊子至樂篇及列子天瑞篇。）因爲生物如此進化、可見那些種子裏面、都含有萬物的『可能性』、（亦名潛性。）所以能漸漸的由這種『可能性』變爲種種物類的『現形性』。（亦名顯性。）又可見生物進化的前一級、便含有後一級的『可能性』。故可說『卵有毛』。例如雞卵中已含有雞形；若卵無毛、何以能變成有毛的雞呢？反過來說、如（5）條的『馬有卵』、馬雖不是『卵生』的、却未必不曾經過『卵生』的一種階級。又如（6）條的『丁子有尾』、成玄英說楚人叫蝦蟆作丁子。蝦蟆雖無尾、却曾經有尾的。第（12）條『龜長於蛇』、似乎也指龜有『長於蛇』的『可能性』。

以上(甲)(乙)兩組、一說從自性上看去、萬物畢異；一說從根本的共性上看去、從生物進化的階級上看去、萬物又可說畢同。觀點注重自性、則『狗非犬』『白馬非馬』觀點注重共性、則『卵有毛』『馬有卵』。於此可見一切同異的區別都不是絕對的。

八、第三論知識　以上所說、論空間時間一切區別都非實有、論萬物畢同畢異、與惠施大旨相同。但公孫龍一班人從這些理論上、便造出一種狠有價值的知識論。他們以爲這種種區別同異、都由於心神的作用。所以(7)條說『火不熱』(10)條說『目不見』。若沒有能知覺的心神、雖有火也不覺熱、雖有眼也不能見物了。(2)條說、『雞三足』。司馬彪說雞的兩腳需『神』方才可動、故說『三足』。公孫龍又說『臧三耳』。依司馬彪說、臧的第三隻耳朵也必是他的心神了。經上篇說、『聞、耳之聰也。循所聞而意得見、心之察也。』正是此意。

公孫龍子的堅白論、也可與上文所說三條互相印證。堅白論的大旨是說、若沒有心官做一個知覺的總機關、則一切感覺都是散漫不相統屬的；但可有這種感覺和那種感覺、決不能有連絡貫串的知識。所以說『堅白石二』。若沒有心官的作用、我們

但可有一種『堅』的感覺、和一種『白』的感覺、決不能有『一個堅白石』的知識。所以說、

無堅得白、其舉也二。無白得堅、其舉也二。

視不得其所堅而得其所白者、無堅也。拊不得其所白而得其所堅者、無白也。……得其白、得其堅、見與不見離。〔見〕不見離、一二不相盈、故離。離也者、藏也。見不見離

一、二不相盈、故離。舊本有脫誤。今据墨子經說下考正。

古來解這段的人都把『離』字說錯了。本書明說『離也者藏也。』離字本有『連屬』的意思、如易彖傳說『離、麗也、日月麗乎天、百穀草木麗乎土。』又如禮記說『離坐離立。毋往參焉。』眼但見白、而不見堅、手可得堅而不見白。所見與所不見相藏相附麗、始成的『一』個堅白石。這都是心神的作用、始能使人同時『得其堅、得其白』

(18)條『黃馬驪牛三』與『堅白石二』同意。若沒有心神的作用、我們但有一種『黃』的感覺、一種『驪』的感覺、和一種高大獸形的感覺、卻不能有『一匹黃馬』和『一隻驪牛』的感覺、故可說『黃馬驪牛三』。

最難解的是(11)條『指不至至不絕』。我們先須考定『指』字的意義。公孫龍子的指物篇用了許多『指』字、仔細看來、似乎『指』字都是說物體的種種表德、如形色等等。指物篇說、

物莫非指、而指非指、天下無指、物無可以謂物。非指者、天下無物、可謂指乎？（無物之無、舊作而。今依俞樾校改。）

我們所以能知物、全靠形色、大小、等等『物指』。譬如白馬、除了白色和馬形、便無『白馬』可知、故說『物莫非指』、又說『天下無指、物無可以謂物』。這幾乎成了極端的唯心論了。故又轉一句說、『而指非指』、又說『天下無物、可謂指乎？』這些『指』究竟是物的指。沒有指固不可謂物、但是若沒有『物』、也就沒有『指』了。有這一轉、方才免了極端的唯心論。

(11)條的『指』字也作物的表德解。我們知物、祇須知物的形色等等表德、並不到物的本體、也並不用到物的本體。即使要想知物的本體、也是枉然、至多不過從這一層物指進到那一層物指罷了。例如我們知水、只是知水的性質、化學家更進一層、說

水是輕養二氣做的、其實還只是知道輕氣養氣的重量作用等等物指。即使更進一層、到了輕氣養氣的元子或電子。還只是知道元子電子的性質作用、終竟不知元子電子的本體。這就是(11)條的『指不至至不絕』。正如算學上的無窮級數、再也不會完的。

以上所說、爲公孫龍一班人的知識論。知識須有三個主要部分：一方面是物、一方面是感覺認識的心神、兩方面的關係、發生物指與感覺、在物爲『指』、在心爲『知』、（此知是經上『知、接也』之知。）其實是一事。這三部分之中、最重要的還只是知物的心神。一切物指、一切區別同異、若沒有心神、便都不能知道了。

九、第四、論名。　有了『物指』、然後有『名』。一物的名乃是代表這物一切物指的符號。如『火』代表火的一切性質、『梅蘭芳』代表梅蘭芳的一切狀態性質、有了正確的『名』、便可由名知物、不須時時處處直接見物了。如我說『平行線』、聽者便知是何物。故『正名』一件事、於知識思想上極爲重要。古代哲學家、自孔子到荀子、都極注重『正名』、都因此故。公孫龍子有名實論、中說道：

……正其所實者、正其名也。其名正、則唯乎其彼此焉。（唯、應也。）謂彼而不唯乎彼、則『彼』謂不行。謂此而不唯乎此、則『此』謂不行。……故彼彼止於彼、此此止於此、可。彼此而彼且此、此彼而此且彼、不可。夫名、實謂也。知此之非此也、知此之不在此也、則不謂也。

這段說『正名』極明白。荀子正名篇說名未制定之時、有『異形離心交喻、異物名實互紐』的大害。上文(4)條說『犬可以爲羊』、又(19)條說『白狗黑』是說犬羊黑白、都係人定的名字。當名約未定之時、呼犬爲羊、稱白爲黑、都無不可。這就是『異形離心交喻、異物名實互紐』；就是公孫龍子所說『彼此而彼且此、此彼而此且彼』了。若有了公認正確的名、自然沒有這種困難。(20)條說『孤駒未嘗有母』、列子作『孤犢未嘗有母』。魏牟解說道、『有母非孤犢也。』這是說『孤犢』一名專指無母之犢。犢有母時、不得稱孤犢；稱孤時、決不會有母了。這便是『彼彼止於彼、此此止於此』一切正確之名、都要如此、不可移易。

十、結論

以上說公孫龍及『辯者』二十一事完了。這班人的學說、以爲一切區別同異、都起於主觀的分別、都非絕對的。但在知識思想上、這種區別同異却不可無有。若沒有這些分別同異的『物指』便不能有知識了。故這些區別同異、雖非實有、雖非絕對的、却不可不細爲辨別要使『彼彼止於彼、此此止於此』有了正確之『名』、知識學術纔可有進步。

公孫龍一班人的學說、大旨雖然與惠施相同、但惠施的學說歸到一種『氾愛萬物』的人生哲學、這班人的學說歸到一種『正名』的名學。這是他們的區別。但公孫龍到處勸人『偃兵』、大概也是信兼愛非攻的人、可知他終是墨家一派。參看第十二篇第一章論宋牼尹文。

參考書舉要：

參攷東方雜誌第十五卷第五、六期、胡適『惠施公孫龍之哲學』。

第六章　墨學結論

我們已講了墨學的兩派：一是宗教的墨學、一是科學—哲學的墨學。如今且講墨學的滅亡和所以滅亡的原因。

當韓非之時、墨學還狠盛。所以韓非子顯學篇說『世之顯學、儒墨也』。韓非死於秦始皇十四年、當西曆前二三三年。到司馬遷做史記時、不過一百五十年、那時墨學早已銷滅、所以史記中竟沒有墨子的列傳、孟子荀卿列傳中說到墨子的一生只有二十四個字。那轟轟烈烈、與儒家中分天下的墨家、何以銷滅得這樣神速呢?這其中的原因、定然狠複雜、但我們可以懸揣下列的幾個原因:

第一、由於儒家的反對 墨家極力攻擊儒家、儒家也極力攻擊墨家。孟子竟罵墨子兼愛爲『無父』、爲『禽獸』。漢興以後、儒家當道、到漢武帝初年竟罷黜百家、獨尊孔氏。儒家這樣盛行、墨學自然沒有興盛的希望了。(參看荀子攻擊墨家之語、及孔叢子詰墨篇。)

第二、由於墨家學說之遭政客猜忌 其實墨學在戰國末年、已有衰亡之象。那時戰爭最烈、各國政府多不狠歡迎兼愛非攻的墨家。管子(是戰國末年的僞書、)立政篇說、

寢兵之說勝、則險阻不守。兼愛之說勝、則士卒不戰。

又立政九敗解說、

人君唯毋(唯毋二字合成一語辭、有唯字義。說詳讀書雜志。)聽寢兵、則羣臣賓客莫敢言兵。……人君唯

> 毋聽兼愛之說、則視天下之民如其民、視國如吾國。（語略同兼愛上。）如是則……射御勇力之士不厚祿、覆軍殺將之臣不貴爵……

又韓非子五蠹篇說、

> 故不相容之事、不兩立也。斬敵者受賞、而高慈惠之行；拔城者受爵祿、而信兼愛之說、……舉行如此、治強不可得也。

這都是指墨家說的。可見那時墨學不但不見容於儒家、並且遭法家政客的疾忌。這也是墨學滅亡的一個大原因、

第三、由於墨家後進的『詭辯』太微妙了。別墨惠施公孫龍一般人、有極妙的學說。不用明白曉暢的文字來講解、卻用許多極怪僻的『詭辭』互相爭勝、『終身無窮』。那時代是一個危急存亡的時代、各國所需要的乃是軍人政客兩種人才、不但不歡迎這種詭辯、並且有人極力反對。如韓非子五蠹篇說、

> 且世之所謂智者、微妙之言也。微妙之言、上智之所難知也。……夫治世之事、急者不得、則緩者非所務也。今所治之政、民間夫婦所明知者不用、而慕上知之論、

則其於治反矣。故微妙之言、非民務也。

又呂氏春秋說、公孫龍與孔穿論『臧三耳』、本作藏三牙。今據孔叢子正。明日、孔穿對平原君說、謂臧三耳甚難而實非也。謂臧兩耳甚易而實是也。不知君將從易而是者乎?將從難而非者乎?

又韓非子問辯篇說、

夫言行者、以功用爲之的彀者也。……亂世之聽言也、以難知爲察、以博文爲辯。……是以……堅白無厚之辭章、而憲令之法息。

這都是說別墨與公孫龍一般人的論辯、太『微妙』了、不能應用。墨學的始祖墨翟立說的根本在於實際的應用。如今別家也用『功用』爲標準、來攻擊墨學的後輩、可謂『以其人之道、還治其人之身』了。這不但可見墨學滅亡的一大原因、又可見狹義的功用主義的流弊了。

第九篇　莊子

第一章　莊子時代的生物進化論

一、莊子略傳　莊子一生的事蹟、我們不甚知道。据史記、莊子名周、是蒙人、曾作蒙漆園吏。史記又說他和梁惠王、齊宣王同時。我們知道他曾和惠施往來、又知他死在惠施之後。大概他死時當在西曆紀元前二七五年左右、正當惠施、公孫龍兩人之間。

莊子書、漢書藝文志說有五十二篇。如今所存、只有三十三篇、共分內篇七、外篇十五、雜篇十一。其中內篇七篇、大致都可信。但也有後人加入的話。外篇和雜篇便更靠不住了。即如胠篋篇說田成子十二世有齊國。自田成子到齊亡時、僅得十二世。（此依竹書紀年。若依史記、則但有十世耳。）可見此篇決不是莊子自己做的。至於讓王、說劍、盜跖、漁父、諸篇、文筆極劣、全是假託。這二十六篇之中、至少有十分之九是假造的。大抵秋水、庚桑楚、寓言、三篇最多可靠的材料。天下篇是一篇絕妙的後序、却決不是莊子自作的。其餘的許多篇、大概都是後人雜湊和假造的了。

莊子天下篇說、

寂漠無形、變化無常；死與生歟？天地並歟？神明往歟？芒乎何之？忽乎何適？萬物畢羅、莫足以歸：——古之道術有在於是者。莊周聞其風而悅之。以謬悠之說、荒唐之言、無端崖之辭、時恣縱而不儻、不以觭見之也。以天下爲沈濁不可與莊語、以卮言爲曼衍、以重言爲眞、以寓言爲廣。獨與天地精神往來、而不敖倪於萬物。不譴是非、以與世俗處。……上與造物者游、而下與外死生無終始者爲友。其於本也、弘大而辟、深閎而肆。其於宗也、可謂稠適而上遂矣。釋文云、稠音調、本亦作調。雖然、其應於化而解於物也、其理不竭、其來不蛻、芒乎昧乎、未之盡者。

這一段評論莊子的哲學、最爲簡切精當。莊子的學說、只是一個『出世主義』。他雖與世俗處、却『獨與天地精神往來、……上與造物者游、而下與外死生無終始者爲友。』中國古代的出世派哲學至莊子始完全成立。我們研究他的哲學、且先看他的根據在什麼地方。

二、萬物變遷的問題　試看上文引的天下篇論莊子哲學的第一段便說、『寂漠無形、變化無常；死與生歟？天地並歟？神明往歟？芒乎何之？忽乎何適？萬物畢羅、莫足以歸：——古之道術有在於是者莊周聞其風而悅之。』可見莊子哲學的起點、只在一個萬物變遷的問題。這個問題、從前的人也曾研究過。老子的『萬物生於有、有生於無』、便是老子對於這問題的解決。孔子的『易』便是孔子研究這問題的結果。孔子以爲萬物起於簡易而演爲天下之至賾、又說剛柔相推而生變化：這便是孔子的進化論。但是老子孔子都不曾有什麼完備周密的進化論、又都不注意生物進化的一方面。到了墨子以後、便有許多人研究『生物進化』一個問題。天下篇所記惠施公孫龍的哲學裏面、有『卵有毛』、『犬可以爲羊』『丁子有尾』、諸條、都可爲證。墨子經上篇說『爲』有六種、(一)存、(二)亡、(三)易、(四)蕩、(五)治、(六)化。經說上解『化』字說、『鼃買化也』。買有變易之義。經上又說、『化、徵易也』。經說解這條說『化若鼃化爲鶉』。徵字、訓驗、訓證、是表面上的徵驗。『徵易』是外面的形狀變了。兩條所舉、都是『鼃化爲鶉』一例。此又可見當時有人研究生物變化的問題了。但是關於這問題的學說、最詳細最重要的、卻在列子莊子兩部書裏面。如今且先說列子書中的生物進化論。

三、列子書中的生物進化論。　列子這部書本是後人東西雜湊的、所以這裏面有

許多互相衝突的議論。卽如進化論、這書中也有兩種。第一種說、

> 夫有形者生於無形、則天地安從生？故曰有太易、有太初、有太始、有太素。太易者、未見氣也。太初者、氣之始也。太始者、形之始也。太素者、質之始也。氣形質具而未相離、故曰渾淪。渾淪者、言萬物相渾淪而未相離也。視之不見、聽之不聞、循之不得、故曰易也。易無形埒、易變而爲一、一變而爲七、七變而爲九。九變者、究也。乃復變而爲一。一者形變之始也。清輕者上爲天。濁重者下爲地。……

這一大段全是周易乾鑿度的話。（張湛注亦明言此。孔穎達周易正義引『夫有形者』至『故曰易也』一段、亦言引乾鑿度、不言出自列子也。）乾鑿度一書決非秦以前的書、這一段定是後人硬拉到列子書中去的。我們且看那第二種進化論如何說法：

> 有生、不生；有化、不化。不生者能生生；不化者能化化。……不生者疑獨。不化者往復。往復其際不可終。疑獨其道不可窮。……故生物者不生、化物者不化。自生、自化、自形、自色、自智、自力、自消、自息。謂之生、化、形、色、智、力、消、息者、非也。……故有生者、有生生者；有形者、有形形者；有聲者、有聲聲者；有色者、有色色者；有味者、有味

味者。生之所生者死矣、而生生者未嘗終。形之所形者實矣、而形形者未嘗有。聲之所生者聞矣、而聲聲者未嘗發。色之所色者彰矣、而色色者未嘗顯。味之所味者嘗矣、而味味者未嘗呈。皆『無』爲之職也。能陰能陽、能柔能剛；能短能長、能圓能方、能生能死、能暑能涼；能浮能沈、能宮能商、能出能沒、能玄能黃、能甘能苦、能羶能香。無知也無能也、而無不知也而無不能也。（列子天瑞篇。）

『疑獨』的疑字、前人往往誤解了。說文有兩個疑字：一個作𠤕、訓『定也』。（從段氏說。）一個作疑、訓『惑也』。後人把兩字倂成一字。這段的疑字、如詩經『靡所止疑』及儀禮『疑立』的疑字、皆當作『定』解。疑獨便是永遠單獨存在。

這一段說的是有一種『無』：無形、無色、無聲、無味、却又是形聲色味的原因；不生、不化、却又能生生化化。因爲他自己不生、所以永久是單獨的（疑獨）。因爲他自己不化、所以化來化去終歸不變（往復）。這個『無』可不是老子的『無』了。老子的『無』是虛空的空處。列子書的『無』是一種不生、不化、無形色聲味的原質。一切天地萬物都是這個『無』『自生、自化、自形、自色、自智、自力、自消、自息』的結果。

旣然說萬物『自生、自化、自形、自色、自智、自力、自消、自息』自然不承認一個主宰的『天』了。列子書中有一個故事最足破除這種主宰的天的迷信。

齊田氏祖于庭、食客千人。中坐有獻魚鴈者。田氏視之、乃歎曰、『天之於民厚矣！殖五穀、生魚鳥、以爲之用。』衆客和之如響。鮑氏之子年十二、預於次、進曰、『不如君言。天地萬物與我並生、類也。類無貴賤、徒以大小智力而相制、迭相食、非相爲而生之。人取可食者而食之、豈天本爲人生之？且蚊蚋噆膚、虎狼食肉、豈天本爲蚊蚋生人、虎狼生肉者哉？』（說符篇）

此卽是老子『天地不仁、以萬物爲芻狗』和鄧析『天之於人無厚也』的意思。這幾條都不認『天』是有意志的、更不認『天』是有『好生之德』的。列子書中這一段更合近世生物學家所說優勝劣敗、適者生存的話。

四、莊子書中的生物進化論

莊子秋水篇說、

物之生也、若驟若馳、無動而不變、無時而不移。何爲乎？何不爲乎？夫固將自化。

『自化』二字、是莊子生物進化論的大旨。寓言篇說、萬物皆種也以不同形相禪始卒若環莫得其倫是謂天均。

『萬物皆種也、以不同形相禪、』這十一個字竟是一篇『物種由來』他說萬物本來同是一類、後來纔漸漸的變成各種『不同形』的物類。却又並不是一起首就同時變成了各種物類這些物類都是一代一代的進化出來的、所以說『以不同形相禪』

這條學說可與至樂篇的末章參看。至樂篇說：

種有幾（幾讀如字。釋文讀居豈反、非也。郭注亦作幾何之幾解、亦非也。）得水則爲㡭。得水土之際、則爲鼃蠙之衣。生於陵屯、則爲陵舄。陵舄得鬱棲、則爲烏足。烏足之根爲蠐螬、其葉爲胡蝶。胡蝶、胥也化而爲蟲、生於竈下、其狀若脫、其名爲鴝掇。鴝掇千日、爲鳥、其名爲乾餘骨。乾餘骨之沫爲斯彌、斯彌爲食醯。頤輅生乎食醯。黃軦生乎九猷。瞀芮生乎腐蠸。羊奚比乎不箰久竹、生青寧。青寧生程。程生馬、馬生人、人又反入於機。萬物皆出於機、皆入於機。（此一節亦見列子天瑞篇。惟列子文有誤收後人注語之處、故更不可讀。今但引莊子書文。）

這一節、自古至今、無人能解。我也不敢說我懂得這段文字。但是其中有幾個要點、不可輕易放過。（一）種有幾的幾字、決不作幾何的幾字解。當作幾微的幾字解。易繫辭傳說『幾者、動之微吉(凶)之先見者也。』正是這個幾字。幾字从丝、丝字从8、本象生物胞胎之形。我以爲此處的幾字是指物種最初時代的種子。也可叫做元子。(一二)這些種子、得著水便變成了一種微生物、細如斷絲、故名爲㡭。到了水土交界之際、便又成了一種下等生物、叫做鼃蠙之衣。(司馬彪云、『物根在水土際、布在水中。就水上視之不見、按之可得。如張綿在水中。楚人謂之鼃蠙之衣』)到了陸地上、便變成了一種陸生的生物、叫做陵舃。自此以後、一層一層的進化、一直進到最高等的人類。這節文字所舉的植物動物的名字、如今雖不可細考了、但是這個中堅理論、是顯而易見、毫無可疑的。(一三)這一節的末三句所用三個『機』字、皆當作『幾』、卽是上文『種有幾』的幾字。若這字不是承著上文來的、何必說『人又反入於機』呢。用『又』字和『反』字、可見這一句是回照『種有幾』一句的。易繫辭傳『極深而研幾』、一句、据釋文一本幾作機。可見幾字誤作機、是常有的事。從這個極微細的『幾』一步一步的『以不同形相禪』、直到人類。人死了、還腐化成微細的『幾』。所以說『萬物皆出於幾、皆入於幾。』這就是寓言篇所說『始卒若環、莫得其倫』了。這都是天然的變化、所以叫做『天均』。

這種生物進化論、說萬物進化、都是自生自化、並無主宰。所以齊物論借影子作比喻。影說：

吾有待而然者耶？吾所待又有待而然者耶？

郭象說這一段最痛快。他說：

世或謂罔兩待景、景待形、形待造物者。請問夫造物者、有耶？無耶？無也、則胡能造物哉？有也、則不足以物衆形。故明乎衆形之自物、而後始可與言造物耳。……故造物者無主、而物各自造。物各自造而無所待焉。此天地之正也。故彼我相因、形景俱生、雖復玄合、而非待也。明斯理也、將使萬物各返所宗於體中而不待乎外。外無所謝而內無所矜、是以誘焉皆生而不知所以生；同焉皆得而不知所以得也。……

知北游篇也說：

有先天地生者、物邪？物物者非物。物出不得先物也。猶其有物也。『猶其有物也』無已。（適按、「非物」下疑脫一「耶」字。）

西方宗教家往往用因果律來證明上帝之說。以爲有因必有果、有果必有因。從甲果推到乙因、從乙果又推到丙因、……如此類推、必有一個『最後之因』。那最後之因便是萬物主宰的上帝。不信上帝的人、也用這因果律來駁他道、因果律的根本觀念是『因必有果、果必有因、』一條。如今說上帝是因、請問上帝的因、又是什麼呢？若說上帝是『最後之因、』這便等於說上帝是『無因之果。』這便不合因果律了、如何還可用這律來證明有上帝呢若說上帝也有因、請問『上帝之因』又以什麼爲因呢。這便是知北游篇說的『猶其有物也無已。』正如算學上的無窮級數、終無窮極之時、所以說是『無已』可見萬物有個主宰的天之說是不能成立的了。

五、進。化。之。故。　生物進化、都由自化、並無主宰。請問萬物何以要變化呢？這話莊子書中却不曾明白回答。齊物論說『惡識所以然？惡識所以不然？』這竟是承認不能回答這個問題了。但是莊子書中却也有許多說話和這問題有關。例如齊物論說：

民溼寢則腰疾偏死、鰌然乎哉？木處則惴慄恂懼、猨猴然乎哉？三者孰知正處？民食芻豢、麋鹿食薦、蝍且甘帶、鴟鴉嗜鼠。四者孰知正味？

又如秋水篇說：

騏驥驊騮一日而馳千里、捕鼠不如狸狌：言殊技也。鴟鵂夜撮蚤、察毫末；晝出瞋目不見邱山：言殊性也。

這兩節似乎都以爲萬物雖不同形、不同才性、不同技能、却各各適合於自己所處的境遇。但莊子書中並不曾明說這種「適合」(Adaptation to environment)果否就是萬物變遷進化的緣故。

這一層便是莊子生物進化論的大缺點。近世生物學者說生物所以變遷進化、都由於所處境遇(Environment)有種種需要、故不得不變化其形體機能、以求適合於境遇。能適合的、始能生存。不能適合、便須受天然的淘汰、終歸於滅亡了。但是這個適合、有兩種的分別。一種是自動的、一種是被動的。被動的適合、如魚能游泳、鳥能飛、猿猴能升木、海狗能游泳、皆是這種適合。大抵全靠天然的偶合、後來那些不能適合的種類都澌滅了、獨有這些偶合的種類能繁殖、這便是「天擇」了。自動的適合、是本來不適於所處的境遇、全由自己努力變化、戰勝天然的境遇。如人類羽毛不如飛鳥、爪牙不如猛獸、鱗甲不如魚鼈、却能造出種種器物制度、以求生存、便是自動的適合最明顯的一例。莊子的進化論只認得被動的適合、却不去理會那更重要的自動的適合。所以說、

夫鵠不日浴而白、烏不日黔而黑。（天運）

又說、

何爲乎？何不爲乎？夫固將自化。（秋水）

又說、

化其萬化而不知其禪之者。焉知其所終？焉知其所始？正而待之而已耳。

這是完全被動的、天然的、生物進化論。

第二章　莊子的名學與人生哲學

上章所述的進化論、散見於莊子各篇中。我們雖不能確定這是莊周的學說、却可推知莊周當時大概頗受了這種學說的影響。依我個人看來、莊周的名學和人生哲學都與這種完全天然的進化論很有關係。如今且把這兩項分別陳說如下。

一、莊子的名學　莊子曾與惠施往來。惠施曾說『萬物畢同畢異、此之謂大同異』。但是惠施雖知道萬物畢同畢異、他却最愛和人辯論、『終身無窮』。莊周既和惠施來往、定然知道這種辯論。況且那時儒墨之爭正烈、自然有許多激烈的辯論。莊周是一個旁觀的人、見了這種爭論、覺得兩邊都有是有非、都有長處也都有短處、所以他說、

> 道惡乎隱而有眞僞？言惡乎隱而有是非？道惡乎往而不存？言惡乎存而不可？道隱於小成、言隱於榮華。故有儒墨之是非、以是其所非而非其所是。（齊物論）

『小成』是一部分不完全的；『榮華』是表面上的浮詞。因爲所見不遠、不能見眞理的全體；又因爲語言往往有許多不能免的障礙陷阱、以致儒墨兩家各是其是而非他人所是、各非其非而是他人所非。其實都錯了。所以莊子又說、

> 辯也者有不見也。（同上）

又說、

> 大知閑閑、（釋文云、廣博之貌。）小知閒閒。（釋文云、有所閒別也。）大言淡淡、（李頤云、同是非也。今本皆作炎炎。釋文云、李作淡。今從之。）小言詹詹。（李云、小辯之貌。）（同上）

因爲所見有偏、故有爭論。爭論既起、越爭越激烈、偏見便更深了。偏見越爭越深了、如何能分得出是非眞僞來呢？所以說、

既使我與若辯矣。若勝我、我不若勝、若果是也？我果非也耶？我勝若、若不我勝、我果是也？而果非也耶？其或是也、或非也耶？其俱是也、其俱非也耶？我與若不能相知也、則人固受其黮闇、吾誰使正之？使同乎若者正之、既與若同矣、惡能正之？使同乎我者正之、既同乎我矣、惡能正之？使異乎我與若者正之、既異乎我與若矣、惡能正之；使同乎我與若者正之、既同乎我與若矣、惡能正之？然則我與若與人俱不能相知也、而待彼也耶？(同上)

這種完全的懷疑主義、和墨家的名學恰成反對。墨辯經上說、辯、爭彼也。辯勝、當也。 經說曰、辯、或謂之牛、〔或〕謂之非牛。是爭彼也。是不俱當。不俱當、必或不當。

經下說、

謂辯無勝、必不當。說在辯。 經說曰、謂、非謂同也、則異也。同則或謂之狗、其或謂

之犬也。異則〔馬〕或謂之牛、牛或謂之馬也。俱無勝、是不辯也。辯也者、或謂之是、或謂之非。當也者勝也。

辯勝便是當、當的終必勝：這是墨家名學的精神。莊子卻大不以爲然。他說你就勝了我、難道你便眞是了、我便眞不是了嗎？墨家因爲深信辯論可以定是非、故造出許多論證的方法、遂爲中國古代名學史放一大光彩。莊子因爲不信辯論可以定是非、所以他的名學的第一步只是破壞的懷疑主義。

但是莊子的名學、卻也有建設的方面。他說因爲人有偏蔽不見之處、所以爭論不休。若能把事理見得完全透澈了、便不用爭論了。但是如何纔能見到事理之全呢？莊子說、

欲是其所非而非其所是、則莫若以明。（齊物論）

「以明」是以彼明此、以此明彼。郭象注說：「欲明無是無非、則莫若還以儒墨反覆相明。反覆相明、則所是者非是而所非者非非。非非則無非、非是則無是。」莊子接著說、

物無非彼、物無非是。自彼則不見、自知則知之。故曰、彼出於是、是亦因彼。彼是方

生之說也。雖然、方生方死、方死方生。方可方不可、方不可方可。因是因非、因非因是。是以聖人不由而照之於天、亦因是也。是亦彼也、彼亦是也。彼亦一是非、此亦一是非。果且有彼是乎哉？果且無彼是乎哉？

這一段文字極爲重要。莊子名學的精義全在於此。『彼』卽是『非是』。『是』與『非是』、表面上是極端相反對的。其實這兩項是互相成的。若沒有『是』、更何處有『非是』？因爲有『是』才有『非是』。因爲有『非是』、所以才有『是』。故說『彼出於是、是亦因彼』。秋水篇說、

以差觀之、因其所大而大之、則萬物莫不大；因其所小而小之、則萬物莫不小。知天地之爲稊米也、知毫末之爲丘山也、則差數覩矣。

以功觀之、因其所有而有之、則萬物莫不有；因其所無而無之、則萬物莫不無。知東西之相反而不可以相無、則功分定矣。

以趣觀之、因其所然而然之、則萬物莫不然；因其所非而非之、則萬物莫不非。知堯桀之自然而相非、則趣操覩矣。

東西相反而不可相無、堯桀之自是而相非、卽是『彼出於是、是亦因彼』的明例、『東』裏面便含有『西』。『是』裏面便含有『非是』。東西相反而不可相無、彼是相反而實相生相成。所以齊物論接著說：

彼是莫得其偶、謂之道樞。（郭注、偶、對也。彼是相對而聖人兩順之。故無心者。與物冥而未嘗有對於天下。）樞始得其環中、以應無窮。是亦一無窮、非亦一無窮也。故曰、莫若以明。

這種議論、含有一個眞理。天下的是非、本來不是永遠不變的。世上無不變之事物、也無不變之是非。古代用人爲犧牲、以祭神求福、今人便以爲野蠻了。古人用生人殉葬、今人也以爲野蠻了。古人以蓄奴婢爲常事、如今文明國都廢除了。百餘年前、中國士夫喜歡男色、如袁枚的李郎曲、說來津津有味、毫不以爲怪事。如今也廢去了。西方古代也尙男色。哲學大家柏拉圖於所著『一席話』(Symposium) 也暢談此事、不以爲怪。如今西洋久已公認此事爲野蠻陋俗了。這都是顯而易見之事。又如古人言『君臣之義無所逃於天地之間』。又說『不可一日無君』。如今便有大多數人不認這話了。又如古人有的說人性是善的、有的說是惡的、有的說是無善無惡可善可惡的。究竟誰是誰非呢？……舉這幾條、以表天下的是非也隨時勢變遷、也有進化退化。這便是莊子『是亦一無窮、非亦一無窮』的眞義。秋水篇說：

昔者堯舜讓而帝、之噲讓而絕；湯武爭而王、白公爭而滅。由此觀之、爭讓之禮、堯桀之行、貴賤有時、未可以爲常也。……故曰『蓋師是而無非、師治而無亂乎？』是未明天地之理萬物之情者也。……帝王殊禪、三代殊繼。差其時、逆其俗者、謂之篡夫。當其時、順其俗者、謂之義之徒。

這一段說是非善惡隨時勢變化、說得最明白。如今的人、只是不明此理、所以生在二十世紀、却要去把那四千年的堯舜來摹倣；更有些人、教育二十世紀的兒童、却要他們去學做二三千年前的聖賢！

這個變化進化的道德觀念和是非觀念、有些和德國的海智爾相似。海智爾說人世的眞僞是非、有一種一定的進化次序。先有人說『這是甲』、後有人說『這是非甲』、兩人於是爭論起來了。到了後來有人說、『這個也不是甲、也不是非甲。這個是乙。』這乙便是甲與非甲的精華、便是集甲與非甲之大成。過了一個時代、又有人出來說、

『這是非乙、』於是乙與非乙又爭起來了。後來又有人採集乙與非乙的精華、說『這是丙。』海智爾以爲思想的進化、都是如此。今用圖表示如下：

(1) 這是"甲"。
(2) 這是"非 甲"。
(3) 這是"乙"。
(4) 這是"非 乙"。
(5) 這是"丙"。
(6) 這是"非 丙"。
(7) 這是"丁"。

這就是莊子說的『彼出於是、是亦因彼。……是亦彼也、彼亦是也。……彼亦一是非、此亦一是非。……是亦一無窮、非亦一無窮也。』

以上所說、意在指點出莊子名學的一段眞理。但是莊子自己把這學說推到極端、便生出不良的效果。他以爲是非既由於偏見、我們又如何能知自己所見不偏呢？他說、

庸詎知吾所謂知之非不知耶？庸詎知吾所謂不知之非知耶？（齊物論）

吾生也有涯、而知也無涯。以有涯隨無涯、殆已。（養生主）

計人之所知、不若其所不知;其生之時、不若其未生之時。以其至小、求窮其至大之域、是故迷亂而不能自得也。(秋水)

『是亦一無窮、非亦一無窮』我們有限的知識、如何能斷定是非?倒不如安分守己聽其自然罷。所以說、

可乎可、不可乎不可。道行之而成。物謂之而然。惡乎然?然於然。惡乎不然?不然於不然。物固有所然、物固有所可。無物不然、無物不可。故爲是舉莛與楹、(司馬彪云、莛、屋梁也。楹屋柱也。故郭注云、夫莛橫而楹縱。)厲與西施、恢恑憰怪、道通爲一。其分也、成也。其成也、毀也。凡物無成與毀、復通爲一。唯達者知通爲一、爲是不用而寓諸庸。庸也者、用也。用也者、通也。通也者、得也。適得而幾矣。因是已。(齊物論)

這種理想、都由把種種變化都看作天道的運行。所以說『道行之而成、物謂之而然。』既然都是天道、自然無論善惡好醜、都有一個天道的作用。不過我們知識不夠、不能處處都懂得是什麽作用罷了。『物固有所然、物固有所可;無物不然、無物不可。』四句是說無論什麽都有存在的道理。既然如此、世上種種的區別、縱橫、善惡、美醜、分合、成

毀、……都是無用的區別了。既然一切區別都歸無用、又何必要改良呢？又何必要維新革命呢？莊子因爲能『達觀』一切、所以不反對固有社會；所以要『不譴是非、以與世俗處』他說『唯達者知通爲一、爲是不用而寓諸庸。』庸即是庸言庸行之庸、是世俗所通行通用的。所以說『庸也者用也用也者通也通也者得也。』既爲世俗所通用。自然與世俗相投相得。所以又說『適得而幾矣因是已。』因即是『仍舊貫』；即是依違混同、不肯出奇立異。正如上篇所引的話、『物之生也若馳若驟、無動而不變、無時而不移。何爲乎、何不爲乎夫固將自化』萬物如此、是非善惡也是如此。何須人力去改革呢？所以說：

與其譽堯而非桀也、不如兩忘而化其道。（大宗師）

這種極端『不譴是非』的達觀主義、即是極端的守舊主義。

二、莊子的人生哲學　上文我說莊子的名學的結果、便已侵入人生哲學的範圍了。莊子的人生哲學、只是一個達觀主義。達觀本有多種區別。上文所說、乃是對於是非的達觀。莊子對於人生一切壽夭、生死、禍福、也一概達觀、一概歸到命定。這種達觀

主義的根據、都在他的天道觀念。試看上章所引的話、

化其萬化而不知其禪之者。焉知其所終?焉知其所始?正而待之而已耳。

因爲他把一切變化都看作天道的運行;又把天道看得太神妙不可思議了、所以他覺得這區區的我那有作主的地位。他說、

庸詎知吾所謂『天』之非『人』乎?所謂『人』之非『天』乎?

那大宗師中說子輿有病、子祀問他『女惡之乎?』子輿答道:

亡。予何惡?浸假而化予之左臂以爲雞、予因以求時夜。浸假而化予之右臂以爲彈、予因以求鴞炙。浸假而化予之尻以爲輪、以神爲馬、予因而乘之、豈更駕哉?……

……且夫物之不勝天、久矣、吾又何惡焉?

後來子來又有病了、子犂去看他、子來說:

父母於子、東西南北、唯命是從。陰陽於人、不翅於父母。彼近吾死而我不聽、我則悍矣、彼何罪焉?夫大塊載我以形、勞我以生、佚我以老、息我以死。故善吾生者、乃所以善吾死也。今大冶鑄金、金踴躍曰『我且必爲鏌鋣』?大冶必以爲不祥之金。

今一犯人之形而曰『人耳！人耳！』夫造化者必以爲不祥之人。今一以天地爲大鑪、以造化爲大冶、惡乎往而不可哉？

又說子桑臨終時說道：

吾思夫使我至此極者而弗得也。父母豈欲我貧哉？天無私覆、地無私載、天地豈私貧我哉？求其爲之者而不得也。然而至此極者、命也夫！

這幾段把『命』寫得眞是大宗師篇所說『物之所不得遯』。既然不得遯逃、不如還是樂天安命。所以又說：

古之眞人、不知說生、不知惡死。其出不訢、其入不距。翛然而往、翛然而來而已矣。不忘其所始、不求其所終。受而喜之、忘而復之。是之謂不以心揖（一本作捐，一本作楫）道、不以人助天。是之謂眞人。

養生主篇說庖丁解牛的祕訣只是『依乎天理、因其固然』八個字。莊子的人生哲學、也只是這八個字。所以養生主篇說老聃死時、秦失道：

適來、夫子時也。適去、夫子順也。安時而處順、哀樂不能入也。

『安時而處順、』卽是『依乎天理、因其固然、』都是樂天安命的意思。人間世篇又說蘧伯玉教人處世之道、說、

彼且爲嬰兒、亦與之爲嬰兒。彼且爲無町畦、亦與之爲無町畦。彼且爲無崖、亦與之爲無崖。達之、入於無疵。

這種話初看去好像是高超得狠。其實這種人生哲學的流弊、重的可以養成一種阿諛依違、苟且媚世的無恥小人、輕的也會造成一種不關社會痛癢、不問民生痛苦、樂天安命、聽其自然的廢物。

三、結論　莊子的哲學、總而言之、只是一個出世主義。因爲他雖然與世人往來、却不問世上的是非、善惡、得失、禍福、生死、喜怒、貧富、……一切只是達觀、一切只要『正而待之、』只要『依乎天理、因其固然。』他雖在人世、却和不在人世一樣、眼光見地處處都要超出世俗之上、都要超出『形骸之外』這便是出世主義。因爲他要人超出『形骸之外、』故人間世和德充符兩篇所說的那些支離疏、兀者王駘、兀者申徒嘉、兀者叔山無趾、哀駘它、闉跂支離無脤、甕㼜大癭、或是天生、或由人刑、都是極其醜惡殘

廢的人、却都能自己不覺得殘醜、別人也都不覺得他們的殘醜、都和他們往來、愛敬他們。這便是能超出『形骸之外』。德充符篇說、

自其異者視之、肝膽楚越也。自其同者視之、萬物皆一也。……物視其所一、而不見其所喪、視喪其足、猶遺土也。

這是莊子哲學的綱領。他只要人能於是非、得失、善惡、好醜、貧富、貴賤、……種種不同之中、尋出一個同的道理。惠施說過『萬物畢同畢異、此之謂大同異』。莊子只是要人懂得這個道理、故說『自其異者視之、肝膽楚越也。自其同者視之、萬物皆一也』。莊子的名學和人生哲學、都只是要人知道『萬物皆一』四個大字。他的『不譴是非、』『外死生、』『無終始、』『無成與毀、』……都只是說『萬物皆一』。齊物論說、

天下莫大於秋豪之末、而太山爲小。莫壽乎殤子、而彭祖爲夭。天地與我並生、而萬物與我爲一。

我曾用一個比喻來說莊子的哲學道：譬如我說我比你高半寸、你說你比我高半寸。你我爭論不休。莊子走過來排解道、『你們二位不用爭了罷、我剛才在那愛拂兒塔

上（Eiffel Tower在巴黎、高九百八十四英尺有奇、爲世界第一高塔。）看下來、覺得你們二位的高低實在沒有什麽分別。何必多爭、不如算作一樣高低。罷『他說的『辯也者、有不見也。』只是這個道理。莊子這種學說、初聽了似乎極有道理。却不知世界上學識的進步只是爭這半寸的同異；世界上社會的維新、政治的革命、也只是爭這半寸的同異。若依莊子的話、把一切是非同異的區別都看破了、說太山不算大、秋毫之末不算小；堯未必是、桀未必非：這種思想見地固是『高超』、其實可使社會國家世界的制度習慣思想永遠沒有進步、永遠沒有革新改良的希望。莊子是知道進化的道理、但他不幸把進化看作天道的自然、以爲人力全無助進的效能、因此他雖說天道進化、却實在是守舊黨的祖師。他的學說實在是社會進步和學術進步的大阻力。

第十篇　荀子以前的儒家

第一章　大學與中庸

研究古代儒家的思想、有一層大困難。因爲那些儒書、這裏也是『子曰』、那裏也是『子曰』。正如上海的陸稿薦、東也是、西也是、只不知那一家是眞陸稿薦。（此不獨儒家爲然。希臘哲學亦有此弊。柏拉圖書中皆以梭格拉底爲主人。又披塔格拉(Pythagoras)學派之書、多稱『夫子曰』。）我們研究這些書、須要特別留神、須要仔細觀察書中的學說是否屬於某箇時代。即如禮記中許多儒書、只有幾篇可以代表戰國時代的儒家哲學。我們如今只用一部大學、一部中庸、一部孟子、代表西歷前第四世紀和第三世紀初年的儒家學說。

大學一書、不知何人所作。書中有『曾子曰』三字、後人遂以爲是曾子和曾子的門人同作的。這話固不可信。但是這部書在禮記內、比了那些仲尼燕居、孔子閒居諸篇、似乎可靠。中庸古說是孔子之孫子思所作。大概大學和中庸兩部書都是孟子荀子以前的儒書。我這句話、並無他種證據、只是細看儒家學說的趨勢、似乎孟子荀子之前總該有幾部這樣的書、纔可使學說變遷有線索可尋。不然、那極端倫常主義的儒家何以忽然發生一個尊崇個人的孟子？那重君權的儒家、何以忽然生出一個鼓吹民權的孟子？那儒家的極端實際的人生哲學、何以忽然生出孟子和荀子這兩派心理的人生哲學？若大學中庸這兩部書是孟子荀子以前的書、這些疑問便都容易解決了。所以我以爲這兩部書大概是前四紀的書但是其中也不能全無後人加入的材料。（中庸更爲駁雜。）

大學和中庸兩部書的要點約有三端。今分別陳說如下。

第一方法。 大學中庸兩部書最重要的在於方法一方面。（此兩書後來極爲宋儒所推尊、也只是爲此。程子論大學道、『於今可見古人爲學次第者獨賴此篇之存』朱子序中庸道、『歷選前聖之書、所以提挈綱維、開示蘊奧、未有若是其明且盡者也』可證。） 大學說『大學之道、在明明德、在親民、在止於至善。……物有本末、事有終始、知所先後、則近道矣。』本末、終始、先後、便是方法問題。大學的方法是：

古之欲明明德於天下者、先治其國。欲治其國者、先齊其家。欲齊其家者、先修其身。欲修其身者、先正其心。欲正其心者、先誠其意。欲誠其意者、先致其知。致知在格物。

物格而后知至。知至而后意誠。意誠而后心正。心正而后身修。身修而后家齊。家齊而后國治。國治而后天下平。

中庸的方法總綱是：

天命之謂性、率性之謂道、修道之謂教。

誠者、天之道也。誠之者、人之道也。（孟子離婁篇也有此語。誠之作思誠。）自誠明、謂之性。自明誠、謂之教。

又說『誠之』之道：

博學之。審問之。愼思之。明辨之。篤行之。

『行』的範圍、仍只是『君臣也、父子也、夫婦也、昆弟也、朋友之交也。』與大學齊家、治國、平天下、畧相同。

大學中庸的長處只在於方法明白、條理淸楚。至於那『格物』二字究竟作何解說？『尊德性』與『道問學』究竟誰先誰後？這些問題乃是宋儒發生的問題、在當時都不成問題的。

第二個人之注重　我從前講孔門弟子的學說時、曾說孔門有一派把一個『孝』字看得太重了、後來的結果、便把個人埋沒在家庭倫理之中。『我』竟不是一個『我』、只是『我的父母的兒子』例如『戰陳無勇』一條、不說我當了兵便不該如此、卻說凡是孝子、便不該如此。這種家庭倫理的結果、自然生出兩種反動。一種是極端的個人主義、如楊朱的爲我主義、不肯『損一毫利天下』。一種是極端的爲人主義、如墨家的兼愛主義、要『視人之身若其身、視人之家若其家、視人之國若其國』。有了這兩種極端的學說、不由得儒家不變換他們的倫理觀念了。所以大學的主要方法、如上文所引、把『修身』作一切的根本。格物、致知、正心、誠意、都是修身的工夫。齊家、治國、平天下、都是修身的效果。這個『身』、這個『個人』、便是一切倫理的中心點。如下圖、

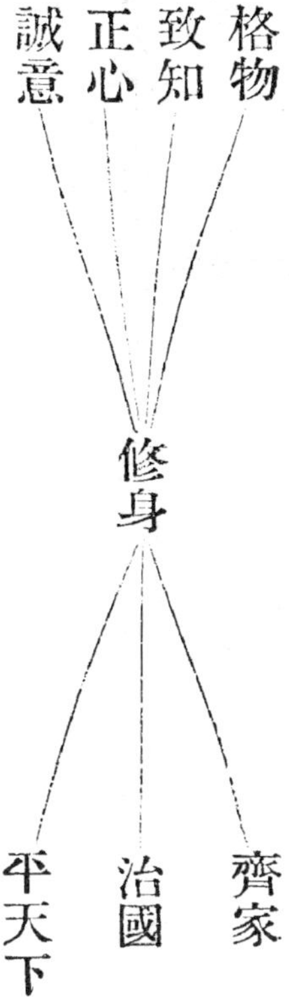

孝經說、
自天子至於庶人、孝無終始、而患不及者、未之有也。
大學說、
自天子至於庶人、壹是皆以脩身爲本。
這兩句『自天子至於庶人』的不同之處、便是大學的儒教、和孝經的儒教大不相同之處了。
又如中庸說、
故君子不可以不脩身。思脩身、不可以不事親。思事親、不可以不知人。思知人、不可以不知天。
曾子說的、『大孝尊親、其次弗辱、』這是『思事親不可以不脩身。』這和中庸說的『思脩身不可以不事親』恰相反。一是『孝』的人生哲學、一是『脩身』的人生哲學。
中庸最重一個『誠』字。誠卽是充分發達個人的本性。所以說、『誠者、天之道也。誠之者、人之道也、』這一句當與『天命之謂性、率性之謂道、脩道之謂教、』三句合看。人的天性本來是誠的。若能依著這天性做去、若能充分發達天性的誠、這便是『教』這便是『誠之』的工夫。因爲中庸把個人看作本來是含有誠的天性的、所以他極看重個人的地位、所以說『君子素其位而行、不願乎其外』所以說『君子無入而不自得焉』所以說、

唯天下至誠爲能盡其性；能盡其性、則能盡人之性；能盡人之性、則能盡物之性；能盡物之性、則可以贊天地之化育；可以贊天地之化育、則可以與天地參矣。

孝經說、

人之行莫大於孝。孝莫大於嚴父。嚴父莫大於配天。

孝經的最高目的是要把父『配天』像周公把后稷配天、把文王配上帝之類。中庸的至高目的是要充分發達個人的天性使自己可以配天、可與『天地參』

第三、心理的研究　大學和中庸的第三個要點是關於心理一方面的研究。換句話說、儒家到了大學中庸時代、已從外務的儒學進入內觀的儒學。那些最早的儒家只注重實際的倫理和政治、只注重禮樂儀節、不講究心理的內觀。即如曾子說『吾

日三省吾身』似乎是有點內省的工夫了。及到問他省的甚麼事、原來只是『爲人謀而不忠乎？與朋友交而不信乎？傳不習乎？』還只是外面的倫理、那時有一派孔門弟子、卻也研究心性的方面。如王充論衡本性篇所說宓子賤漆雕開公孫尼子論性情與周人世碩相出入。如今這幾個人的書都不傳了。論衡說『世碩以爲人性有善有惡、……善惡在所養』據此看來、這些人論性的學說、似乎還只和孔子所說『性相近也、習相遠也、惟上智與下愚不移』的話相差不遠。若果如此、那一派人論性、還不能算得『心理的內觀』。到了大學便不同了。大學的重要心理學說、在於分別『心』與『意』。孔穎達大學疏說『揔包萬慮謂之心、爲情所憶念謂之意』。這個界說不甚明白。大概心有所在便是意。今人說某人是何『居心』？也說是何『用意』？兩句同意。大概大學的『意』字只是『居心』。大學說、

所謂誠其意者、毋自欺也。如惡惡臭、如好好色、此之謂自謙。故君子必愼其獨也。小人閒居爲不善、無所不至；見君子而后厭然揜其不善而著其善。人之視己、如見其肺肝然、則何益矣？此謂誠於中、形於外。故君子必愼其獨也。

如今人說『居心總要對得住自己、』正是此意這一段所說、最足形容我上文說的『內觀的儒學』。

大凡論是非善惡、有兩種觀念一種是從『居心』一方面（Attitude; motive）立論、一種是從『效果』一方面（Effects; Consequences）立論例如秦楚交戰、宋牼說是不利、孟軻說是不義。義不義是居心、利不利是效果大學既如此注重誠意、自然偏向居心一方面所以大學的政治哲學說、

是故君子先愼乎德。……德者、本也財者、末也外本內末、爭民施奪。

又說、

此謂國不以利爲利、以義爲利也長國家而務財用者、必自小人矣。

這種極端非功利派的政治論、根本只在要誠意。

大學論正心、與中庸大略相同大學說、

所謂脩身在正其心者；身有所忿懥、則不得其正；有所恐懼、則不得其正；有所好樂、則不得其正；有所憂患、則不得其正。心不在焉、視而不見、聽而不聞、食而不知

其味。〔顏淵問仁、子曰、『非禮勿視、非禮勿聽、非禮勿言、非禮勿動。』〕（豐坊石經本有此二十二字、周從龍遵古編云、舊原有此二十二字、後爲唐明皇削去。）此謂脩身在正其心。

中庸說、

喜怒哀樂之未發、謂之中。發而皆中節、謂之和。中也者、天下之大本也。和也者、天下之達道也。

大學說的『正』就是中庸說的『中』但中庸的『和』却是進一層說了。若如大學所說、心要無忿懥、無恐懼、無好樂、無憂患、豈不成了木石了。所以中庸只要喜怒哀樂發得『中節』、便算是和。喜怒哀樂本是人情、不能沒有。只是平常的人往往太過了、或是太缺乏了、便不是了。所以中庸說、

道之不明也、我知之矣；知者過之、愚者不及也。道之不行也、我知之矣；賢者過之、不肖者不及也。人莫不飲食也、鮮能知味也。（明行兩字、今本皆倒置。今据北宋人引經文改正。）

中庸的人生哲學只是要人喜怒哀樂皆無過無不及；譬如飲食只是要學那『知味』的人適可而止；不當吃壞肚子；也不當打餓肚子。

第二章　孟子

一、孟子考。　孟軻、鄒人。曾受業於子思的門人、孟子的生死年歲、頗不易攷定。據明人所纂孟子譜孟子生於周烈王四年四月二日、死於赧王二十六年十一月十五、年八十四。呂元善聖門志所紀年與孟子譜同。此等書是否有根據、今不可知。但所說孟子生於周烈王四年、頗近理。藏庸作孟子年表以己意移前四年、似可不必。近人考證孟子見梁惠王時當爲惠王後元十五年左右。史記說在惠王三十五年、是不可信的。若孟子生在烈王四年、西歷前三七二、則見惠王時年已五十餘、故惠王稱他爲『叟』。至於他死的年、便不易定了。孟子譜所說、也還有理。若孟子書是他自己作的、則書中既稱魯平公的謚法。孟子定死在魯平公之後。平公死在赧王十九年、通鑑作十八年。孟子譜說孟子死在赧王二十六年、西歷前二八九。似乎相差不遠。但恐孟子這書未必是他自己作的。

二、論性。　孟子同時有幾種論性的學說。告子篇說、

告子曰、『性無善無不善也。』或曰、『性可以爲善、可以爲不善。是故文武興則民好善、幽厲興則民好暴。』或曰、『有性善、有性不善。是故以堯爲君而有象、以瞽瞍

爲父而有舜』……今日性善、然則彼皆非歟？

孟子總答這三說道、

乃若其情（翟灝孟子攷異引四書辨疑云、『下文二才字與此情字上下相應、情乃才字之誤』適按孟子用情字與才字同義。告子篇『牛山之木』一章中云、『人見其濯濯也、以爲未嘗有材焉、此豈山之性也哉』又云、『人見其禽獸也、而以爲未嘗有才焉、此豈人之情也哉』可以爲證。）則可以爲善矣。乃所謂善也。若夫爲不善、非才之罪也。惻隱之心、人皆有之。羞惡之心、人皆有之。恭敬之心、人皆有之。是非之心、人皆有之。惻隱之心、仁也。羞惡之心、義也。恭敬之心、禮也。是非之心、智也。仁義禮智非由外鑠我也、我固有之也、非思耳矣。故曰求則得之、舍則失之。或相倍蓰而無算者、不能盡其才者也。

這一段可算得孟子說性善的總論。滕文公篇說『孟子道性善、言必稱堯舜』、此可見性善論在孟子哲學中可算得中心問題。如今且仔細把他說性善的理論分條陳說如下、

(1)人的本質同是善的。　上文引孟子一段中的『才』便是材料的材。孟子叫做『性』的只是人本來的質料、所以孟子書中『性』字『才』字『情』字可以互相通用。

參看上節情字下的按語。漢儒董仲舒春秋繁露深察名號篇曰、「如其生之自然之資、謂之性。性者、質也」又曰、「天地之所生、謂之性情。……情亦性也」可供參證。

孟子的大旨只是說這天生的本質、含有善的「可能性」。（可能性說見八篇末章。）如今先看這本質所含是那幾項善的可能性。

（甲）人同具官能　第一項便是天生的官能。孟子以爲無論何人的官能、都有根本相同的可能性。他說、

故凡同類者、舉相似也。何獨至於人而疑之？聖人與我同類者。故龍子曰、「不知足而爲屨、我知其不爲蕢也。」屨之相似、天下之足同也。口之於味、有同耆也。易牙先得我口之所耆者也。如使口之於味也、其性與人殊、若犬馬之與我不同類也、則天下何耆皆從易牙之於味也？至於味、天下期於易牙、是天下之口相似也。惟耳亦然、至於聲、天下期於師曠、是天下之耳相似也。惟目亦然。……故曰口之於味也、有同耆焉。耳之於聲也、有同聽焉。目之於色也、有同美焉。至於心、獨無所同然乎？心之所同然者、何也？謂理也、義也。聖人先得我心之所同然耳。故禮義之悅我心、猶芻豢之悅我口。（告子）

（乙）人同具『善端』　董仲舒說、（引書同上）『性有善端、動之愛父母。善於禽獸、則謂之善。此孟子之善』　這話說孟子的大旨狠切當。孟子說人性本有種種『善端』有觸卽發、不待教育。他說、

人皆有不忍人之心。……今人乍見孺子將入於井、皆有怵惕惻隱之心：非所以內交於孺子之父母也；非所以要譽於鄉黨朋友也；非惡其聲而然也。由是觀之、無惻隱之心、非人也；無羞惡之心、非人也；無辭讓之心、非人也；無是非之心、非人也。惻隱之心、仁之端也；羞惡之心、義之端也；辭讓之心、禮之端也；是非之心、智之端也。人之有是四端也、猶其有四體也。（公孫丑。參看上文所引告子篇語。那段中、辭讓之心、作恭敬之心、餘皆同。）

（丙）人同具良知良能　孟子的知識論全是『生知』（Knowledge *a priori*）一派。所以他說四端都是『我固有之也、非由外鑠我也』。四端之中、惻隱之心、羞惡之心、和恭敬之心、都近於感情的方面。至於是非之心、便近於知識的方面了。孟子自己却不曾有這種分別。他似乎把四端包在『良知良能』之中、而『良知良能』却不止這四端。他說、

人之所不學而能者、其良能也所不慮而知者、其良知也孩提之童無不知愛其親也。及其長也、無不知敬其兄也。親親、仁也。敬長、義也。（盡心）

良字有善義。孟子既然把一切不學而能不慮而知的都認爲『良』、所以他說、

大人者、不失其赤子之心者也。（離婁）

以上所說三種（官能、善端、及一切良知良能）都包含在孟子叫做『性』的裏面。孟子以爲這三種都有善的可能性所以說性是善的。

(2)人的不善、都由於『不能盡其才』　人性既然是善的、一切不善的、自然都不是性的本質。孟子以爲人性雖有種種善的可能性、但是人多不能使這些可能性充分發達。正如中庸所說『惟天下至誠爲能盡其性』天下人有幾個這樣『至誠』的聖人?因此便有許多人漸漸的把本來的善性湮沒了、漸漸的變成惡人。並非性有善惡、只是因爲人不能充分發達本來的善性、以致如此。所以他說、

若夫爲不善、非其才之罪也。……或相倍蓰而無算者、不能盡其才者也

推原人所以『不能盡其才』的緣故、約有三種。

(甲)由於外力的影響　孟子說、

人性之善也、猶水之就下也。人無有不善、水無有不下。今夫水搏而躍之、可使過顙；激而行之、可使在山。是豈水之性哉？其勢則然也。人之可使爲不善、其性亦猶是也。(告子)

富歲子弟多賴、凶歲子弟多暴。非天之降才爾殊也、其所以陷溺其心者然也。今夫麰麥、播種而耰之、其地同、樹之時又同、浡然而生、至於日至之時皆熟矣。雖有不同、則地有肥磽、雨露之養、人事之不齊也。(同上)

這種議論、認定外界境遇對於個人的影響、和當時的生物進化論(見第九篇)頗相符合。

(乙)由於自暴自棄　外界的勢力、還有時可以無害於本性。卽舉舜的一生爲例：

舜之居深山之中、與木石居、與鹿豕遊、其所以異於深山之野人者、幾希。及其聞一善言、見一善行、若決江河、沛然莫之能禦也。(盡心)

但是人若自己暴棄自己的可能性、不肯向善、那就不可救了。所以他說、

自暴者、不可與有言也。自棄者、不可與有爲也。言非禮義、謂之自暴也。吾身不能

居仁由義、謂之自棄也。（離婁）

又說、

雖存乎人者、豈無仁義之心哉？其所以放其良心者、亦猶斧斤之於木也、旦旦而伐之、可以爲美乎？其日夜之所息、平旦之氣、其好惡與人相近也者幾希。則其旦晝之所爲、有梏亡之矣。梏之反覆、則其夜氣不足以存。夜氣不足以存、則其違禽獸不遠矣。人見其禽獸也、而以爲未嘗有才焉者、是豈人之情也哉？（告子）

（丙）由於『以小害大、以賤害貴』　還有一個『不得盡其才』的原因、是由於『養』得錯了。孟子說、

體有貴賤、有小大。無以小害大、無以賤害貴。養其小者爲小人、養其大者爲大人。（告子）

那一體是大的貴的？那一體是小的賤的呢？孟子說、

耳目之官不思、而蔽於物。物交物、則引之而已矣。心之官則思、思則得之、不思則不得也。此天之所與我者。先立乎其大者、則其小者不能奪也。此爲大人而已矣。

（告子）

其實這種議論、大有流弊。人的心思並不是獨立於耳目五官之外的。耳目五官不靈的、還有什麼心思可說？中國古來的讀書人的大病根正在專用記憶力、卻不管別的官能。到後來只變成一班四肢不靈五官不靈的廢物！

以上說孟子論性善完了。

三、個人的位置　上章說、大學中庸的儒學已把個人位置擡高了。到了孟子更把個人看得十分重要。他信人性是善的、又以爲人生都有良知良能和種種『善端』所以他說、

萬物皆備於我矣。反身而誠、樂莫大焉！（盡心）

更看他論『浩然之氣』：

其爲氣也、至大至剛、以直養而無害、則塞於天地之間。（公孫丑）

又看他論『大丈夫』：

居天下之廣居、立天下之正位、行天下之大道；得志與民由之、不得志獨行其道；

富貴不能淫、貧賤不能移、威武不能屈：此之謂大丈夫。（滕文公）

因爲他把個人的人格看得如此之重、因爲他以爲人性都是善的、所以他有一種平等主義。他說、

聖人與我同類者。（告子）

何以異於人哉？堯舜與人同耳。（離婁）

彼丈夫也、我丈夫也、吾何畏彼哉？（滕文公）

舜何人也、予何人也、有爲者亦若是。（同上）

但他的平等主義、只是說人格平等並不是說人的才智德行都平等。孟子狠明白經濟學上『分功』的道理。即如滕文公篇許行一章、說社會中『有大人之事、有小人之事、』『或勞心、或勞力、』說得何等明白！

又如孟子的政治學說很帶有民權的意味。他說、

民爲貴、社稷次之、君爲輕。

君之視民如土芥、則臣視君如寇仇。

這種重民輕君的議論、也是從他的性善論上生出來的。

四、教育哲學　孟子的性善論、不但影響到他的人生觀、並且大有影響於他的教育哲學。他的教育學說有三大要點、都於後世的教育學說大有關係。

(甲)自動的　孟子深信人性本善、所以不主張被動的和逼迫的教育、只主張各人自動的教育他說、

君子深造之以道、欲其自得之也自得之、則居之安。居之安、則資之深。資之深、則取之左右逢其原。故君子欲其自得之也。(離婁)

公孫丑篇論養氣的一段、可以與此印證：

必有事焉而勿正。心勿忘勿助長也。無若宋人然、宋人有憫其苗之不長而揠之者、芒芒然歸、謂其人曰、『今日病矣！予助苗長矣！』其子趨而往視之、苗則槁矣。天下之不助苗長者寡矣。以爲無益而舍之者、不耘苗者也。助之長者、揠苗者也。非徒無益而又害之。

孟子說『君子之所以教者五、』那第一種是『有如時雨化之者。』不耘苗也不好、揠苗

也不好。最好是及時的雨露。

(乙)養性的　人性既本來是善的、教育的宗旨只是要使這本來的善性充分發達。孟子說、

人之所以異於禽獸者幾希、庶民去之、君子存之。(離婁)

教育只是要保存這『人之所以異於禽獸』的人性。孟子書中說此點最多、不用細舉了。

(丙)標準的　教育雖是自動的、却不可沒有標準。孟子說、

羿之教人射必至於彀、學者亦必至於彀。大匠誨人必以規矩、學者亦必以規矩。(告子)

又說、

大匠不爲拙工改廢繩墨、羿不爲拙射廢其彀率。君子引而不發、躍如也、中道而立、能者從之。(盡心)

這標準的教育法、依孟子說來、是教育的最捷徑。他說、

聖人既竭目力焉、繼之以規矩準繩、以爲方圓平直、不可勝用也。既竭耳力焉、繼之以六律正五音、不可勝用也。（離婁）

前人出了多少力、纔造出這種種標準。我們用了這些標準、便可不勞而得前人的益處了。這是標準的教育法的原理。

五、政治哲學　孟子的政治哲學很帶有尊重民權的意味、上文已略說過了。孟子的政治哲學與孔子的政治哲學有一個根本不同之處。孔子講政治的中心學說是『政者、正也。』他的目的只要『正名』『正己』『正人』以至於『君君、臣臣、父父、子子』的理想的郅治。孟子生在孔子之後一百多年、受了楊墨兩家的影響、（凡攻擊某派最力的人、便是受那派影響最大的人。孟子攻楊墨最力、其實他受楊墨影響最大。荀子攻擊辯者、其實他得辯者的影響很大。宋儒攻擊佛家、其實若沒有佛家、又那有宋儒。）故不但尊重個人、尊重百姓過於君主；（這是老子楊朱一派的影響。有這種無形的影響、故孟子的性善論遂趨於極端、遂成『萬物皆備於我』的個人主義。）還要使百姓享受樂利。（這是墨家的影響。孟子自己不覺得。）孟子論政治、不用孔子的『正』字、却用墨子的『利』字。但他又不肯公然用『利』字、故用『仁政』兩字。他對當時的君主說道：『你好色也不妨、好貨也不妨、好田獵也不妨、好游玩也不妨、好音樂也不妨。但是你好色時、須念國中有怨女曠夫；你好貨時、須念國中窮人的饑寒；你出去打獵、作樂游玩時、須念國中的百姓有父子不相見、兄弟妻子離散的痛苦。總而言之、你須要能善推其所爲你須要行仁政。』這是孟子政治學說的中心點。這可不是孔子『正』字的政治哲學了。若用西方政治學的名詞、我們可說孔子的是『爸爸政策』（Paternalism或譯父性政策。）孟子的、是『媽媽政策』（Maternalism或譯母姓政策。）爸爸政策要人正經規矩、要人有道德；媽媽政策要人快活安樂、要人享受幸福。故孟子所說如『五畝之宅、樹之以桑、五十者可以衣帛矣。雞豚狗彘之畜無失其時、七十者可以食肉矣。』這一類『衣帛食肉』的政治、簡直是媽媽的政治。這是孔子孟子不同之處。（孔子有時也說富民、孟子有時也說格君心。但這都不是他們最注意的。）後人不知道這個區別代表一百多年儒家政治學說的進化、所以爸爸媽媽的分不清楚：一面說仁民愛物、一面又只知道正心誠意。這就是沒有歷史觀念的大害了。

孟子的政治學說含有樂利主義的意味、這是萬無可諱的。但他同時又極力把義利兩字分得很嚴。他初見梁惠王、一開口便駁倒他的『利』字；他見宋牼也勸他莫用『利』字來勸秦楚兩國停戰。細看這兩章、可見孟子所攻擊的『利』字只是自私自利

的利。大概當時的君主官吏都是營私謀利的居多。這種爲利主義、與利民主義絕相反對。故孟子說、

今之事君者曰、『我能爲君辟土地、充府庫。』今之所謂良臣、古之所謂民賊也！（告子）

庖有肥肉、廄有肥馬、民有飢色、野有餓莩：此率獸而食人也！（梁惠王）

孟子所攻擊的『利』、只是這種利。他所主張的『仁義』只是最大多數的最大樂利。他所怕的是言利的結果必至於『上下交征利』；必至於『君臣父子兄弟終去仁義、懷利以相接』。到了『上下交征利』『懷利以相接』的地位、便要做出『率獸而食人』的政策了。所以孟子反對『利』的理由、還只是因爲這種『利』究竟不是眞利。

第十一篇　荀子

第一章　荀子

一、荀子略傳　荀子名況、字卿、趙人。曾遊學於齊國。後來又遊秦、（彊國篇應侯問入秦何見。按應侯作相當趙孝成王初年。）又遊趙、（議兵篇孫卿議兵於趙孝成王前。（趙孝成王當西歷前二六五至二四五年））末後到楚、那時春申君當國、使荀卿作蘭陵令。（此事據史記年表在楚考烈王八年。（前二五五））春申君死後、（前二三八。）荀卿遂在蘭陵住家、後來遂死在蘭陵。

荀卿生死的年代、最難確定。請看王先謙荀子集解所錄諸家的爭論、便可見了。最可笑的是劉向的孫卿書序。劉向說荀卿曾與孫臏議兵。孫臏破魏在前三四一年。到春申君死時、荀卿至少是一百三四十歲了。又劉向與諸家都說荀卿當齊襄王時最爲老師。襄王卽位在前二八三年、距春申君死時、還有四十五年。荀卿死在春申君之後、大約在前二三〇年左右。卽使他活了八十歲、也不能在齊襄王時便「最爲老師」了。我看這種種錯誤紛爭、都由於史記的孟子荀卿列傳。如今且把這一段史記鈔在下面、荀卿、趙人。年五十、始來遊學於齊。騶衍〔之術、迂大而閎辯。奭也文具難施。淳于髡久與處、時有得善言。故齊人頌曰、『談天衍、雕龍奭、炙轂過髡』〕田駢之屬皆已死齊襄王時。而荀卿最爲老師。齊尚修列大夫之缺、而荀卿三爲祭酒焉。……

這段文字有兩箇易於誤人之處。(一)荀卿『來遊學於齊』以下、忽然夾入騶衍騶奭淳于髡三箇人的事實、以致劉向誤會了、以爲荀卿五十歲遊齊正在稷下諸先生正盛之時。(劉向序上稱『方齊宣王威王之時』下稱『是時荀卿年五十始來遊學』)不知這一段不相干的事實、乃是上文論『齊有三騶子』一節的錯簡。本文當作『騶衍田駢之屬……』那些荒謬的古文家、不知這一篇孟子荀卿列傳最多後人添插的材料、(如末段記墨翟的二十四字、文理不通、或是後人加入的。)却極力誇許這篇文字文氣變化不測、突兀神奇;還把他選來當古文讀、說這是太史公的筆法、豈不可笑!(二)本文的『齊襄王時』四箇字、當連上文讀、『騶衍田駢之屬、皆已死齊襄王時。』那些荒謬的人、不通文法、把這四字連下文讀成『齊襄王時、而荀卿最爲老師。』不知這四字在文法上是一箇『狀時的讀』;狀時的讀、與所狀的本句、決不可用『而』字隔開。隔開便不通了。古人也知這一段可疑、於是把『年五十』改爲『年十五。』謝墉校、依風俗通改如此。不知本文說的『年五十始來遊學』這箇『始』字含有來遲了的意思。若是『年十五、』決不必用『始』字了。

所以依我看來、荀卿遊齊、大概在齊襄王之後、所以說他『年五十始來遊學於齊』。騶衍田駢之屬皆已死、齊襄王時、而荀卿最爲老師。』這文理狠明顯、並且與荀卿一生事蹟都相合。如今且作一年表如下：

西歷前	二六五至二六〇	荀卿年五十遊齊。
同	二六〇至二五五。	入秦、見秦昭王及應侯。
同	二六〇至二五〇	遊趙、見孝成王。
同	二五〇至二三八。	遊楚、爲蘭陵令。
同	二三〇左右。	死於蘭陵。

至於鹽鐵論所說、荀卿至李斯作丞相時纔死、那更不值得駁了。李斯作丞相在前二一三年。當齊襄王死後五十二年了。

我這一段考據、似乎太繁了。我的本意只因爲古人對於這箇問題、不大講究、所以不嫌說得詳細些、(參觀第六篇第一章。)要望學者讀古書總須存箇懷疑的念頭、不要作古人的奴隸。

二、荀子　漢書藝文志孫卿子三十二篇、又有賦十篇。今本荀子三十二篇、連賦五篇、詩兩篇、在內。大概今本乃係後人雜湊成的。其中有許多篇、如大略、宥坐、子道、法行等、全是東拉西扯拿來湊數的。還有許多篇的分段全無道理：如非相篇的後兩章、全與『非相』無干；又如天論篇的末段、也和天論無干。又有許多篇、如今都在大戴小戴的書中、(如禮論、樂論、勸學諸篇。)或在韓詩外傳之中。究竟不知是誰鈔誰。大概天論、解蔽、正名、性惡四篇全是荀卿的精華所在。其餘的二十餘篇、即使眞不是他的、也無關緊要了。

三、荀子與諸子的關係　研究荀子學說的人須要注意荀子和同時的各家學說都有關係。他的書中、有許多批評各家的話、都狠有價值。如天論篇說：

愼子有見於後、無見於先。老子有見於詘、無見於信。(同伸)墨子有見於齊、無見於畸。宋子有見於少、無見於多。(宋子即宋鈃。他說『人之情欲寡、而皆以己之情爲欲多』。荀卿似是說他只有見於少數人的情性、卻不知多數人的情性。楊倞注似有誤解之處。)有後而無先、則羣衆無門。有詘而無信、則貴賤不分。有齊而無畸、則政令不施。有少而無多、則羣衆不化。

又如解蔽篇說：

墨子蔽於用而不知文。宋子蔽於欲而不知得。愼子蔽於法而不知賢。申子蔽於勢而不知知。惠子蔽於辭而不知實。莊子蔽於天而不知人。故由用謂之、道盡利矣。由俗（楊云、俗當爲欲。）謂之、道盡嗛矣。（楊云、嗛與慊同、快也。）由法謂之、道盡數矣。由勢謂之、道盡便矣。由辭謂之、道盡論矣。由天謂之、道盡因矣。

又非十二子篇論它囂魏牟『縱情性、安恣睢、禽獸之行、不足以合文通治。』陳仲史鰌『忍情性、綦谿利跂、苟以分異人爲高、不足以合大衆明大分。』墨翟宋鈃『不知壹天下建國家之權稱、上功用、大儉約、而優差等、曾不足以容辨異、縣君臣。』愼到田駢『尙法而無法、下脩而好作、（王念孫校『下脩』當作『不循』似是。）……不足以經國定分。』惠施鄧析『好治怪說、玩琦辭、甚察而不惠；（王校惠當作急。）辯而無用、多事而寡功、不可以爲治綱紀。』子思孟子『略法先王而不知其統、……案往舊造說、謂之五行、甚僻遠而無類、幽隱而無說、閉約而無解。』（韓詩外傳無子思孟子二人。）

此外尙有富國篇和樂論篇駁墨子的節用論和非樂論；又有正論篇駁宋子的學說；又有性惡篇駁孟子的性善論；又正名篇中駁『殺盜非殺人也』諸說。這可見荀子學問狠博，曾研究同時諸家的學說。因爲他這樣博學，所以他的學說能在儒家中別開生面，獨創一種狠激烈的學派。

參考書舉要

荀子注以王先謙荀子集解爲最佳。頃見日本久保愛之荀子增注，注雖不佳，而所用校勘之宋本元本頗足供參證。

第二章　天與性

一、論天。　荀子批評莊子的哲學道：『莊子蔽於天而不知人。……由天謂之，道盡因矣。』這兩句話不但是莊子哲學的正確評判，並且是荀子自己的哲學的緊要關鍵。莊子把天道看得太重了，所以生出種種的安命主義和守舊主義。（說詳第九篇）荀子對於這種學說，遂發生一種激烈的反響。他說：

惟聖人爲不求知天（天論）

又說：

故君子敬其在己者、而不慕其在天者。小人錯其在己者、而慕其在天者。君子敬其在己者而不慕其在天者、是以日進也。小人錯其在己者而慕其在天者、是以日退也。（同）

這是儒家本來的人事主義、和孔子的『未能事人、焉能事鬼』同一精神。即如『道』字、老子莊子都解作那無往不在、無時不存的天道；荀子却說：

道者、非天之道、非地之道、人之所以道也君子之所道也。（儒效。此依宋本）

又說：

道者何也？曰、君道也。君者何也？曰、能羣也。（君道）

所以荀子的哲學全無莊子一派的神祕氣味。他說：

天行有常：不爲堯存、不爲桀亡。應之以治則吉、應之以亂則凶。彊本而節用、則天不能貧；養備而動時、則天不能病；循道而不忒、（從王念孫校。）則天不能禍。故水旱不能使之饑、寒暑不能使之疾、祅怪不能使之凶。……故明於天人之分、則可謂至人矣。不爲而成、不求而得、夫是之爲天職。如是者雖深、其人不加慮焉；雖大、不加能焉；雖精、不加察焉。夫是之謂不與天爭職。天有其時、地有其財、人有其治、夫是之謂能參。舍其所以參、而願其所參、則惑矣。（天論）

荀子在儒家中最爲特出、正因爲他能用老子一般人的『無意志的天』來改正儒家墨家的『賞善罰惡』有意志的天；同時却又能免去老子莊子天道觀念的安命守舊種種惡果。

荀子的『天論』不但要人不與天爭職、不但要人能與天地參、還要人征服天行以爲人用。他說：

大天而思之、孰與物畜而制裁之？（王念孫云、依韵、制之當作裁之。適案、依楊注、疑當作『制裁之』、涉下誤脫耳。）從天而頌之、孰與制天命而用之？望時而待之、孰與應時而使之？因物而多之、孰與騁能而化之？思物而物之、孰與理物而勿失之也？願於物之所以生、孰與有物之所以成？故錯人而思天、則失萬物之情。（同）

這竟是倍根的『戡天主義』(Conquest of Nature)了。

二、論物類變化。 荀卿的『戡天主義』、卻和近世科學家的『戡天主義』大不相同。荀卿只要裁制已成之物、以爲人用、卻不耐煩作科學家『思物而物之』的工夫。（下物字是動詞、與公孫龍子名實論『物以物其所物而不過焉』的下兩物字同義。皆有『比類』的意思。物字可作『比類』解、說見王引之經義述聞卷三十一、物字條。） 荀卿對於當時的科學家、狠不滿意。所以他說、

凡事行、有益於理者、立之；無益於理者、廢之。夫是之謂中事。凡知說、有益於理者、爲之；無益於理者、舍之。夫是之謂中說。……若夫充虛之相施易也、堅白同異之分隔也、是聰耳之所不能聽也、明目之所不能見也、辯士之所不能言也。雖有聖人之知、未能僂指也。不知無害爲君子、知之無損爲小人。工匠不知、無害爲巧；君子不知、無害爲治。王公好之則亂法、百姓好之則亂事。（儒效）

充虛之相施易、（施同移。） 堅白同異之相分隔、正是當時科學家的話。荀子對於這一派人屢加攻擊。這都由於他的極端短見的功用主義、所以有這種反對科學的態度。

他對於當時的生物進化的理論、也不贊成。我們曾說過、當時的生物進化論的大旨是『萬物皆種也、以不同形相禪』。荀子所說、恰與此說相反。他說：

古今一度也、類不悖、雖久同理。（非相）韓詩外傳無「度」字。王校從之。

楊倞注此段最妙、他說：

類、種類、謂若牛馬也。……言種類不乖悖、雖久而理同。今之牛馬與古不殊、何至人而獨異哉？

這幾句話便把古代萬物同由種子以不同形遞相進化的妙論、輕輕的推翻了。正名篇說：

物有同狀而異所者、有異狀而同所者、可別也。狀同而爲異所者、雖可合、謂之二實。狀變而實無別而爲異者、謂之化。（爲是行爲之爲。）有化而無別、謂之一實。

荀子所注意的變化、只是個體的變遷、如蠶化爲繭、再化爲蛾、這種『狀變而實無別而爲異』的現象叫做『化』。化來化去、只是一物、故說『有化而無別、謂之一實』。既然只是一物、可見一切變化只限於本身、決無萬物『以不同形相禪』的道理。

如此看來、荀子是不主張進化論的。他說：

欲觀千歲、則數今日。欲知億萬、則審一二。欲知上世、則審周道。（非相）

這就是上文所說『古今一度也』之理。他又說、

夫妄人曰、『古今異情、其所以治亂者異道。』（今本作『以其治亂者異道』王校云、韓詩外傳正作『其所以治亂異道』今从王校改。）而衆人惑焉。彼衆人者、愚而無說、陋而無度者也。其所見焉、猶可欺也。而況於千世之傳也？妄人者、門庭之間、猶可誣欺也、而況於千世之上乎？（同）

這竟是痛罵那些主張歷史進化論的人了。

三、法後王　荀卿雖不認歷史進化古今治亂異道之說、他却反對儒家『法先王』之說。他說：

聖王有百、吾孰法焉？曰、（曰字上舊有故字、今依王校刪。）文久而息、節族久而絕、守法教之有司、極禮而褫。故曰、欲觀聖王之跡、則於其粲然者矣。後王是也。……舍後王而道上古、譬之是猶舍己之君而事人之君也。（同）

但是他要『法後王』、並不是因爲後王勝過先王、不過是因爲上古的制度文物都不可考、不如後王的制度文物『粲然』可考。所以說：

五帝之外無傳人、非無賢人也、久故也。五帝之中無傳政、非無善政也、久故也。禹

湯有傳政、而不若周之察也、久故也。察也下舊有「非無善政也」五字、此蓋涉上文而衍、今删去。傳者久、則論略、近則論詳。略則舉大、詳則舉小。愚者聞其略而不知詳、聞其細舊作詳、今依外傳改。而不知其大也、故文久而滅、節族久而絕。（同）

四、論性。　荀子論天、極力推開天道、注重人治。荀子論性、也極力壓到天性、注重人爲。他的天論是對莊子發的、他的性論是對孟子發的。孟子說人性是善的、說見第十篇荀子說：

人之性惡、其善者僞也。（性惡）

這是荀子性惡論的大旨。如今且先看什麽叫做「性」、什麽叫做「僞」。荀子說：

不可學、不可事、而在人者、謂之性。可學而能、可事而成之在人者、謂之僞。（同）

又說：

生之所以然者、謂之性。性之和所生、精合感應、不事而自然、謂之性。性之好惡喜怒哀樂、謂之情。情然而心爲之擇、謂之慮。心慮而能爲之動、謂之僞。「所以能之在人者謂之能」慮積焉、能習焉、而後成、謂之僞。（正名）

依這幾條界說看來、性只是天生成的、僞只是人力做的。『僞』字本訓『人爲』後來的儒者讀了『人之性惡其善者僞也』、把『僞』字看做眞僞的僞、便大罵荀卿、不肯再往下讀了。所以荀卿受了許多寃枉。中國自古以來的哲學家都崇拜『天然』過於『人爲』老子、孔子、墨子、莊子、孟子、都是如此。大家都以爲凡是『天然的』、都比『人爲的』好、後來漸漸的把一切『天的然』都看作『眞的』一切『人爲的』都看作『假的』所以後來『眞』字竟可代『天』字、例如莊子大宗師『而已反其眞、而我猶爲人猗』以眞對人、猶以天對人也。又此篇屢用『眞人』皆作『天然的人』解。如曰『不以心捐道、不以人助天、是之謂眞人』又『而況其眞乎』郭注曰『夫眞者、不假於物、而自然者也』此更明顯矣。而『僞』字竟變成『譌』字。廣雅釋詁二『僞、爲也』詩兔爰『尙無造』箋云『造、僞也』此僞字本義。獨有荀子極力反對這種崇拜天然的學說、以爲『人爲的』比『天然的』更好。所以他的性論、說性是惡的、一切善都是人爲的結果。這樣推崇『人爲』過於『天然』乃是荀子哲學的一大特色。

如今且看荀子的性惡論有何根據?他說:

今人之性、生而有好利焉。順是、故爭奪生而辭讓亡焉。生而有疾惡焉。順是、故殘賊生而忠信亡焉。生而有耳目之欲、有好聲色焉。順是、故淫亂生而禮義文理亡焉。然則從人之性、順人之情、必出於爭奪、合於犯分亂理、而歸於暴。是故必將有師法之化、禮義之道、然後出於辭讓、合於文理、而歸於治。用此觀之、然則人之性惡明矣。其善者僞也。（性惡）

這是說人的天性有種種情欲、若順著情欲做去、定做出惡事來。可見得人性本惡。因爲人性本惡、故必須有禮義法度、「以矯飾人之情性而正之、以擾化人之情性而導之、」方纔可以爲善。可見人的善行、全靠人爲。故又說：

故枸木必將待檃栝烝矯然後直；鈍金必將待礱厲然後利；今人之性惡、必將待師法然後正、得禮義然後治。……故性善則去聖王息禮義矣。性惡則與聖王貴禮義矣。故檃栝之生、爲枸木也。繩墨之起、爲不直也。立君上、明禮義、爲性惡也。（同）

這是說人所以必須君上禮義、正是性惡之證。

孟子把「性」字來包含一切「善端」如惻隱之心之類、故說性是善的。荀子把「性」來包含一切「惡端」如好利之心耳目之欲之類、故說性是惡的。這都由於根本觀點不同之故。孟子又以爲人性含有「良知良能、」故說性善。荀子又不認此說。他說人人

雖有一種『可以知之質、可以能之具』此卽吾所謂『可能性』但是『可以知』未必就知、『可以能』未必就能。故說、

夫工匠農賈未嘗不可以相爲事也。然而未嘗能相爲事也。用此觀之、然則『可以爲』未必爲『能』也。雖不『能』無害『可以爲』然則『能不能』之與『可不可』其不同遠矣。(同)

例如『目可以見耳可以聽』但是『可以見』未必就能見得『明』『可以聽』未必就能聽得『聰』。這都是駁孟子『良知良能』之說。依此說來、荀子雖說性惡、其實是說性可善可惡。

五、教育學說　孟子說性善、故他的教育學說偏重『自得』一方面。荀子說性惡、故他的教育學說趨向『積善』一方面。他說:

性也者、吾所不能爲也。然而可化也。情也者、非吾所有也。然而可爲也。注錯習俗、所以化性也;并一而不二、所以成積也。習俗移志、安久移質。……涂之人百姓積善而全盡、謂之聖人。彼求之而後得、爲之而後成、積之而後高、盡之而後聖。故聖

人也者人之所積也。人積耨耕而爲農夫、積斲削而爲工匠、積反貨而爲商賈、積禮義而爲君子。工匠之子莫不繼事、而都國之民安習其服。居楚而楚、居越而越、居夏而夏、是非天性也、積靡使然也。（儒效）

荀子書中說這『積』字最多。因爲人性只有一些『可以知之質、可以能之具』、正如一張白紙、本來沒有什麼東西、所以須要一點一滴的『積』起來、纔可以有學問、纔可以有道德。所以荀子的教育學說只是要人積善。他說『學不可以已』、（勸學）又說、『騏驥一躍、不能千步；駑馬十駕、功在不舍。鍥而舍之、朽木不折；鍥而不舍、金石可鏤。』（同）

荀子的教育學說以爲學問須要變化氣質、增益身心。不能如此、不足爲學。他說：

君子之學也、入乎耳、箸乎心、布乎四體、形乎動靜；端而言、蝡而動、一可以爲法則。小人之學也、入乎耳、出乎口；口耳之間、則四寸耳、曷足以美七尺之軀哉？（同）

又說：

不聞不若聞之、聞之不若見之、見之不若知之、知之不若行之。學至於行之而已矣。行之、明也。明之爲聖人。聖人也者、本仁義、當是非、齊言行、不失毫釐。無它道焉、

已乎行之矣。(儒效)

這是荀子的知行合一說。

六、禮樂　荀子的禮論樂論只是他的廣義的教育學說荀子以爲人性惡、故不能不用禮義音樂來涵養節制人的情欲。看他的禮論篇道:

禮起於何也?曰、人生而有欲、欲而不得則不能無求、求而無度量分界、則不能不爭。爭則亂、亂則窮。先王惡其亂也、故制禮義以分之、以養人之欲而給人之求使欲必不窮乎物、物必不屈(楊注、屈、竭也。)於欲、兩者相持而長:是禮之所起也。故禮者、養也。……君子既得其養、又好其別。曷謂別?曰貴賤有等、長幼有差、貧富輕重皆有稱者也。

這和富國篇說政治社會的原起、大略相同:

人倫並處、同求而異道、同欲而異知、性也。皆有所可也、知愚同。所可異也、知愚分。勢同而知異、行私而無禍、縱欲而不窮、則民奮而不可說也。如是、則知者未得治也、……羣衆未縣也。羣衆未縣、則君臣未立也。無君以制臣、無上以制下、天下害生縱欲。欲惡同物。欲多而物寡。寡則必爭矣。百技所成、所以養一人也。（言人人須百技所成。楊注以一人爲君上、大誤。）而能不能兼技、人不能兼官。離居不相待、則窮。羣而無分、則爭。……男女之合、夫婦之分、婚姻聘內送逆無禮：如是則人有失合之憂而有爭色之禍矣。故知者爲之分也。

禮只是一個『分』字；所以要『分』、只是由於人生有欲、無分必爭。樂論篇說：

夫樂者、樂也、人情之所不能免也。故人不能無樂。樂則必發于聲音、形于動靜；人之道也。（此四字舊作『而人之道』今依禮記改。）故人不能無樂。樂則不能無形。形而不爲道、則不能無亂。先王惡其亂也、故制雅頌之聲以道之、使其聲足以樂而不流；使其文足以綸而不息；使其曲直繁省、廉肉節奏足以感動人之善心；使夫邪汙之氣無由得接焉。……故樂者、所以道樂也。金石絲竹、所以道德也。……故樂者、治人之盛者也。（此節諸道字、除第一道字外、皆通導。）

荀子的意思只爲人是生來就有情欲的、故要作爲禮制、使情欲有一定的範圍、不致有爭奪之患；人又是生來愛快樂的、故要作爲正當的音樂、使人有正當的娛樂、不致流於淫亂。參看第五篇論禮的一段。這是儒家所同有的議論。但是荀子是主張性惡的性惡論的自然結果、當主張用嚴刑重罰來裁制人的天性。荀子雖自己主張禮義師法、他的弟子韓非李斯就老老實實的主張用刑法治國了。

第三章　心理學與名學

一、論心。荀子說性惡、單指情欲一方面。但人的情欲之外、還有一個心。心的作用極爲重要。荀子說：

性之好惡喜怒哀樂謂之情。情然而心爲之擇、謂之慮。心慮而能爲之動、謂之僞。（正名）

例如人見可欲之物、覺得此物可欲、是『情然』；估量此物該要不該要、是『心爲之擇』；估量定了、纔去取此物、是『能爲之動』。情欲與動作之間、全靠這個『心』作一把天平秤。所以說：

心也者、道之工宰也。（正名）

心者、形之君也、而神明之主也、出令而無所受令。（解蔽）

心與情欲的關係、如下：

凡語治而待去欲者、無以道欲而困於有欲者也。凡語治而待寡欲者、無以節欲而困於多欲者也。……欲不待可得、而求者從所可。欲不待可得、所受乎天也。求者從所可、受乎心也。〔天性有欲、心爲之制節。〕（此九字、今本闕。今據久保愛所據宋本及韓本增。）……

……故欲過之而動不及、心止之也。心之所可中理、則欲雖多、奚傷於治？欲不及而動過之、心使之也。心之所可失理、則欲雖寡、奚止於亂？故治亂在於心之所可、亡於情之所欲。……以欲爲可得而求之、情之所必不免也。以爲可而道之、知所必出也。故雖爲守門、欲不可去、性之具也。雖爲天子、欲不可盡。（此下疑脫四字。）欲雖不可盡、求可盡也。欲雖不可去、求可節也。……道者進則近盡、退則節求、天下莫之若也。凡人莫不從其所可、而去其所不可。知道之莫之若也、而不從道者、無之有也。

……故可道而從之、奚以損之而亂？不可道而離之、奚以益之而治？（正名）

這一節說人不必去欲、但求導欲；不必寡欲、但求有節；最要緊的是先須有一個『所可中理』的心作主宰。『心之所可中理、則欲雖多、奚傷於治。』這種議論、極合近世教育心理。眞是荀子的特色。大概這裏也有『別墨』的樂利主義的影響。(看第八篇第二章。)

荀子以爲『凡人莫不從其所可而去其所不可。』可是心以爲可得。但是要使『心之所可中理』不是容易做到的。正如中庸上說的『中庸之道』說來狠易、做到却極不易。所以荀子往往把心來比一種權度。他說：

凡人之取也、所欲未嘗粹而來也；其去也、所惡未嘗粹而往也。故人無動而不與權俱。……權不正、則禍託於欲而人以爲福；福託於惡而人以爲禍：此亦人所以惑於禍福也。道者、古今之正權也。離道而內自擇、則不知禍福之所託。(正名)解蔽篇所說與此同。

故解蔽篇說：

故心不可不知道。心不知道、則不可道而可非道。……心知道然後可道。可道然後能守道以禁非道。

這裏的『可』字、與上文所引正名篇一長段的『可』字、同是許可之可。要有正確合理的知識、方才可以有正確合理的可與不可。可與不可沒有錯誤、一切好惡去取便也沒有過失。這是荀子的人生哲學的根本觀念。

古代的人生哲學、獨有荀子最注重心理的研究。所以他說心理的狀態和作用也最詳細。他說：

> 人何以知道？曰、心。心何以知？曰、虛一而靜。心未嘗不藏也、然而有所謂虛。心未嘗不兩也、然而有所謂一。心未嘗不動也、然而有所謂靜。兩字舊作滿。楊注當作兩、是也。
>
> 人生而有知、知而有志。志也者、藏也。志即是記憶。然而有所謂虛。不以所已藏害所將受、謂之虛。
>
> 心生而有知、知而有異。異也者、同時兼知之。同時兼知之、兩也。然而有所謂一。不以夫一害此一、謂之一。
>
> 心臥則夢、偷則自行、使之則謀。說文、慮難曰謀。故心未嘗不動也。然而有所謂靜。不以夢劇亂知、謂之靜。
>
> 未得道而求道者、謂之虛一而靜、作之則。此處「謂之」「作之」都是命令的動詞。如今言「教他要虛一而靜、還替他立下法式準則」。王引之把「作之」二字作一句、把則字屬下文、說「心有動作、則……」這正犯了經義述聞所說「增字解經」的毛病。章太炎明見篇解此章說「作之、彼意識也」、更講

不通。將須道者、〔虛〕之虛則入。舊作人。將事道者、〔一〕之一則盡。將思道者、〔靜之〕靜則察。此文舊不可通。王引之校改爲『則將須道者之虛、〔虛〕則入。將事道者之一、〔一〕則盡。將思道者〔之靜〕靜則察』也不成文法。今改校如上、似乎較妥。……虛一而靜、謂之大清明。萬物莫形而不見、莫見而不論、莫論而失位。……夫惡有蔽矣哉？（解蔽）

這一節本很明白、不須詳細解說。章太炎明見篇（國故論衡下。）用印度哲學來講這一段、把『藏』解作『阿羅耶識』、把『異』解作『異熟』、把『謀』與『自行』解作『散位獨頭意識』、便比原文更難懂了。心能收受一切感覺、故說是『藏』。但是心藏感覺和罐裏藏錢不同。罐藏滿了、便不能再藏了。心却不然、藏了這個、還可藏那個。這叫做『不以所已藏害所將受。』這便是『虛』。心又能區別比類。如正名篇所說、『形體色理以目異、聲音清濁……以耳異、甘苦鹹淡……以口異。……』五官感覺的種類極爲複雜紛繁、所以說、『同時兼知之兩也』。感覺雖然複雜、心却能『緣耳知聲、緣目知形』、比類區別、不致混亂。這是『不以夫一害此一』。這便叫做『一』。心能有種種活動、如夢與思慮之類。但是夢時儘夢、思慮時儘思慮、專心接物時、還依舊能有知識。這是『不以夢劇亂知』

這便是『靜』。心有這三種特性、始能知道。所以那些『未得道而求道』的人、也須做到這三種工夫：第一要虛心、第二要專一、第三要靜心。

二、謬誤　荀子的知識論的心理根據既如上說、如今且看他論知識謬誤的原因和救正的方法。他說：

> 故人心譬如槃水、正錯而勿動、則湛濁在下而清明在上、則足以見鬚眉而察理矣。微風過之、湛濁動乎下、清明亂於上、則不可以得大形之正也。心亦如是矣。導之以理、養之以清、物莫之傾、則足以定是非決嫌疑矣。小物引之、則其正外易、其心內傾、則不足以決麤理也。（同）

凡一切謬誤都由於中心不定、不能靜思、不能專壹。又說：

> 凡觀物有疑。（疑、定也。與下文『疑止之』之疑同義。此即詩『靡所止疑』之疑。）中心不定、則外物不清。吾慮不清、則未可定然否也。冥冥而行者、見寢石以為伏虎也、見植林以為後人也：冥冥蔽其明矣。醉者越百步之溝、以為蹞步之澮也；俯而出城門、以為小之閨也：酒亂其神也。……故從山上望牛者若羊、……遠蔽其大也。從山下望木者、十仞之木若箸、……

……高蔽其長也。水動而影搖、人不以定美惡、水勢玄也。瞽者仰視而不見星、人不以定有無、用精惑也。有人焉以此時定物、則世之愚者也。彼愚者之定物、以疑決疑、決必不當。夫苟不當、安能無過乎。

這一段說一切謬誤都由於外物擾亂五官、官能失其作用、故心不能知物、遂生種種謬誤。（參觀正名篇論『所緣以同異』一節。）

因爲知識易有謬誤、故不能不有個可以取法的標準模範。荀子說：

凡〔可〕以知、人之性也、可知、物之理也。（可字下舊有『以』字。今據久保愛所見元本刪之。）以可以知人之性、求可知物之理、（人字物字疑皆是衍文、後人誤讀上文、又依上文妄改此句而誤也。）而無所疑止之、則沒世窮年不能徧也。其所以貫理焉雖億萬已、不足以浹萬物之變、與愚者若一。學老身長子而與愚者若一、猶不知錯、夫是之謂妄人。

故學也者、固學止之也。惡乎止之？曰、止諸至足。曷謂至足？曰、聖〔王〕也。聖也者、盡倫者也。王也者、盡制者也。兩盡者、足以爲天下法極矣。故學者以聖王爲師、案以聖王之制爲法。法其法、以求其統類〔其〕類、以務象效其人。（解蔽）

這是『標準的』知識論、與孟子的學說、大概相似。孟子說、『規矩、方員之至也；聖人、人倫之至也。』正與荀子的『聖也者、盡倫者也；王也者、盡制者也。』同意。他兩人都把『法聖王』看作一條教育的捷徑。譬如古人用了心思目力、造下規矩準繩、後世的人依著做去、便也可做方員平直。學問知識也是如此。依著好榜樣做去、便也可得正確的知識學問、便也可免了許多謬誤。這是荀子『止諸至足』的本意。

三、名學　荀卿的名學、完全是演繹法。他承著儒家『春秋派』的正名主義、受了時勢的影響、知道單靠著史官的一字褒貶、決不能做到『正名』的目的。所以他的名學、介於儒家與法家之間、是儒法過渡時代的學說。他的名學的大旨是：

> 凡議、必將立隆正、然後可也。無隆正則是非不分而辨訟不決。故所聞曰、『天下之大隆、（下舊有也字。今據久保愛所見宋本刪。）是非之封界、分職名象之所起、王制是也。』故凡言議期命以聖王爲師。（正論）
>
> 傳曰、『天下有二：非察是、是察非』謂合王制與不合王制也。天下有不以是爲隆正也、然而猶有能分是非治曲直者耶？（解蔽）

他的大旨只是要先立一個「隆正」做一個標準的大前提。凡是合這隆正的都是『是的』、不合的都是『非的』。所以我說他是演繹法的名學。

荀子講『正名』只是要把社會上已經通行的名用國家法令制定；制定之後、不得更改他。說：

> 故王者之制名、名定而實辨、道行而志通、則愼率民而一焉。故析辭擅作名、以亂正名、使民疑惑、人多辨訟、則謂之大姦、其罪猶爲符節度量之罪也。故其民莫敢爲奇辭以亂正名。故其民慤、慤則易使、易使則功。（功舊作公、今依顧千里校改。）其民莫敢爲奇辭以亂正名、故一於道法而謹於循令矣。如是、則其迹長矣。迹長功成、治之極也。是謹於守名約之功也。（正名）

但是

> 今聖王沒、名守慢、奇辭起、名實亂、是非之形不明、則雖守法之吏、誦數之儒、亦皆亂。若有王者起、必將有循於舊名、有作於新名。（同）

『循舊名』的法如下：

後王之成名：刑名從商、爵名從周、文名從禮。散名之加於萬物者、則從諸夏之成俗。曲期遠方異俗之鄉、則因之而爲通。(同)

荀子論『正名』、分三步、如下：

(一)所爲有名

(二)所緣有同異

(三)制名之樞要

今分說如下：

(一)爲什麼要有『名』呢？荀子說：

異形離心交喩、異物名實互紐。(此十二字、楊注讀四字一句。王校仍之。今從郝懿行說、讀六字爲句。互舊作玄、今從王校改。)貴賤不明、同異不別、如是則志必有不喩之患、而事必有困廢之禍。

這是說無名的害處。例如我見兩物、一黑一白、若沒有黑白之名、則別人儘可以叫黑的做白的、叫白的做黑的。這是『異形離心交喩、異物名實互紐。』又如爾雅說、『犬未成豪曰狗；』說文說、『犬狗之有縣蹏者也。』依爾雅說、狗是犬的一種、犬可包狗。依說文說、犬是狗的一種、狗可包犬。如下圖：

依爾雅說

“狗、犬也。”

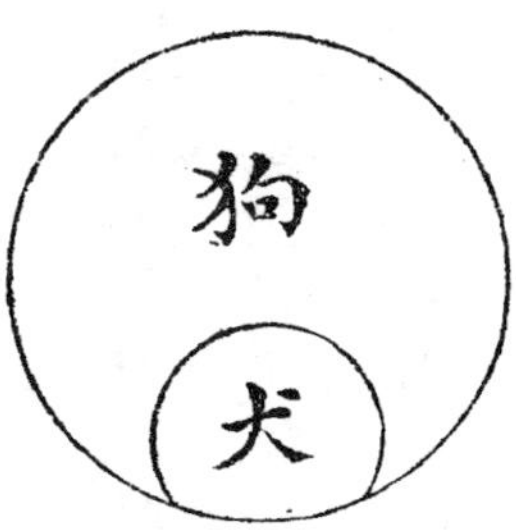

依說文說

“犬、狗也。”

這也是『異物名實互紐』之例。荀子接著說：

故知者爲之分別、制名以指實。上以明貴賤、下以辨同異。貴賤明、同異別、如是則志無不喻之患、事無困廢之禍。此所爲有名也。

此處當注意的是荀子說的『制名以指實』有兩層用處：第一是『明貴賤、』第二是『別同異。』墨家論『名』只有別同異一種用處、儒家却於『別同異』之外添出『明貴賤』一種用處。『明貴賤』卽是『寓褒貶、別善惡』之意。荀子受了當時科學家的影響、不能不說名有別同異之用、但他依然把『明貴賤』看得比『別同異』更爲重要。所以說『上』以明貴賤、『下』以別同異。

說：

（二）怎樣會有同異呢？——荀子說這都由於『天官』。天官卽是耳、目、鼻、口、心、體、之類。他說：

凡同類同情者、其天官之意物也同。故比方之、疑似而通、是所以共其約名以相期也。

這是說『同』因爲同種類同情感的人對於外物所起意象大概相同、所以能造名字以爲達意的符號。但是天官不但知同、還能別異。上文說過『異也者同時兼知之』天官所感覺、有種種不同。故說、

形體色理以目異；聲音淸濁調竽奇聲以耳異；甘苦鹹淡辛酸奇味以口異；香臭芬鬱腥臊洒酸奇臭以鼻異；疾養滄熱滑鈹輕重以形體異；說故喜怒哀樂愛惡欲以心異。心有徵知。（有讀又。此承上文而言、言心於上所舉九事外、又能徵知也。）徵知則緣耳而知聲可也、緣目而知形可也。然而徵知必將待天官之當簿其類、然後可也。五官簿之而不知、心徵之而無說、則人莫不謂之不知。此所緣而以同異也。

這一段不狠好懂。第一長句說天官的感覺有種種不同、固可懂得。此下緊接一句『心有徵知。』楊注云、『徵召也。言心能召萬物而知之。』這話不曾說得明白。章太炎原名篇說、『接於五官曰受、受者謂之當簿、傳於心曰想、想者謂之徵知。』又說、『領納之謂受、受非愛憎不箸；取像之謂想、想非呼召不徵。』是章氏也把徵字作『呼召』解、但他的『呼召』是『想像』之意、比楊倞進一層說。徵字本義有證明之意。中庸『杞不足徵也』注『徵猶明也』這是說五官形體所受的感覺、種類紛繁、沒有頭緒。幸有一個心除了『說故喜怒哀樂愛惡欲』之外、還有證明知識的作用。證明知識就是使知識有根據。例如目見一色、心能證明他是白雪的白色；耳聽一聲、心能證明他是門外廟裏的鐘聲。這就是『徵知。』因爲心能徵知、所以我們可以『緣耳而知聲、緣目而知色。』荀子性惡篇、『善言天者必有徵於人。』漢書董仲舒傳有此語、師古曰、徵、證也。不然、我們但可有無數沒有系統沒有意義的感覺、決不能有知識。

但是單有『心、』不用『天官、』也不能有知識。因爲『天官』所受的感覺乃是知識的原料；沒有原料便無所知。不但如此、那『徵知』的心、並不是離却一切官能自己獨立存在的；其實是和一切官能成爲一體、不可分斷的。徵知的作用、還只是心與官能連合的作用。例如聽官必先聽過鐘聲，方可聞聲卽知爲鐘聲；鼻官必先聞過桂花香，方可聞香卽知爲桂花香。所以說『然而徵知必將待天官之當簿其類，然後可也。』『當簿』如孟子『孔子先簿正祭器』的簿字，如今人說『記帳』。天官所曾感覺過的，都留下影子，如店家記帳一般。帳上有過桂花香，所以後來聞一種香，便如翻開老帳，查出這是桂花香。初次感覺，有如登帳，故名『當簿其類』。後來知物，卽根據帳簿證明這是什麼，故名『徵知』。例如畫一『丁』字，中國人見了說是甲乙丙丁的『丁』字；英國人見了說是英文第二十字母；那沒有文字的野蠻人見了便不認得了。所以說『五官簿之而不知，心徵之而無說，則人莫不謂之不知。』

(三)制名的樞要又是什麼呢？荀子說同異旣分別了，

然後隨而命之，同則同之，異則異之。單足以喩則單，單不足以喩則兼。單與兼無所相避則共，雖共不爲害矣。知異實之異名也，故使異實者莫不異名也，不可亂也。猶使同實者莫不同名也。故萬物雖衆，有時而欲徧舉之，故謂之『物』。物也者，大共名也。推而共之，共則有共，至於無共然後止。有時而欲徧舉之，故謂之『鳥獸。』鳥獸也者、大別名也。推而別之、至於無別然後止。名無固宜、約之以命、約定俗成謂之宜、異於約則謂之不宜。名無固實、約之以命實、約定俗成謂之實名。名有固善、徑易而不拂、謂之善名。……此制名之樞要也。（以上皆正名篇）

制名的樞要只是『同則同之、異則異之』八個字。此處當注意的是荀子知道名有社會的性質、所以說『約定俗成謂之宜』。正名的事業、不過是用法令的權力去維持那些『約定俗成』的名罷了。

以上所說三條、是荀子的正名論的建設一方面。他還有破壞的方面、也分三條。

（一）惑於用名以亂名　荀子舉的例是：

（1）『見侮不辱。』（宋子之說）

（2）『聖人不愛己。』（墨辯大取篇云、『愛人不外己、己在所愛之中。己在所愛、愛加於己、倫列之愛己、愛人也』）

（3）『殺盜非殺人也。』（此墨辯小取篇語。）

對於這些議論、荀子說：

驗之所以爲有名、而觀其孰行、則能禁之矣。

『所以爲有名』卽是上文所說『明貴賤別同異』兩件。如說『見侮不辱』『見侮』是可惡的事、故人都以爲辱。今不能使人不惡侮、豈能使人不把『見侮』當作可恥的事。若不把可恥的事當作可恥的事、便是『貴賤不明同異無別』了。（說詳正論篇）『人』與『己』有別、『盜』是『人』的一種、若說『愛己還只是愛人』又說『殺盜不是殺人』、也是同異無別了。這是駁第一類的『邪說』。

（二）惑於用實以亂名　荀子舉的例是：

（1）『山淵平』（楊注、此卽莊子云、『山與澤平』）

（2）『情欲寡』（欲字是動詞。正論篇說宋子曰、『人之情欲寡而皆以己之情爲欲多』）

（3）『芻豢不加甘、大鐘不加樂』（楊注、此墨子之說。）

荀子說：

驗之所緣而以同異、（而舊作無、今依上文改。）而觀其孰調、則能禁之矣。

同異多『緣天官』、說已見上文、如天官所見、高聳的是山、低下的是淵、便不可說『山淵平』。這便是墨子三表（看第六篇第四章）中的第二表『下原察百姓耳目之實』。『情欲寡』

一條也是如此。請問

人之情爲目不欲綦色、耳不欲綦聲、口不欲綦味、鼻不欲綦臭、形不欲綦佚：——此五綦者、亦以人之情爲不欲乎？曰、人之情欲是已。曰、若是、則說必不行矣。以人之情爲欲此五綦者而不欲多、譬之是猶以人之情爲欲富貴而不欲貨也、好美而惡西施也。（正論）

這是用實際的事實來駁那些『用實以亂名』的邪說。

（三）惑於用名以亂實　荀子舉的例是『非而謁楹有牛馬非馬也。』這十個字前人都讀兩個三字句、一個四字句、以爲『馬非馬也』是公孫龍的『白馬非馬也。』孫詒讓讀『有牛馬非馬也』六字爲句、引以證墨辯經下『牛馬之非牛、與可之同、說在兼』一條。經說下云、『「牛馬牛也」未可。則或可或不可。而曰「牛馬牛也、未可」、亦不可。且牛不二、馬不二、而牛馬二。則牛不非牛、馬不非馬、而牛馬非牛非馬無難。』我以爲孫說狠有理。但上文『非而謁楹』四個字終不可解。

荀子駁他道：

驗之名約、以其所受悖其所辭、則能禁之矣。

名約卽是『約定俗成謂之宜』。荀子的意思只是要問大家的意見如何。如大家都說『牛馬是馬』、便可駁倒『牛馬非馬』的話了。

四、辯　荀子也有論『辯』的話、但說的甚略。他是極不贊成『辯』的、所以說：

夫民、易一以道而不可與共故。故明君臨之以勢、道之以道、申之以命、章之以論、禁之以刑。故其民之化道也如神、辯執惡用矣哉？

這就是孔子『天下有道則庶人不議』的意思。他接著說：

今聖王沒、天下亂、姦言起、君子無勢以臨之、無刑以禁之、故辯說也。

辯說乃是『不得已而爲之』的事。荀子論『辯』有幾條界說狠有價值。他說：

名聞而實喻、名之用也。累而成文、名之麗也。用麗俱得、謂之知名。

又說：

名也者、所以期累實也。（期、會也。會、合也。（說文）累字如累世之累、是形容詞。）辭也者、兼異實之名以論一意也。（王校、論當作諭。我以爲不改也可。）辯說也者、不異實名以喩動靜之道也。（『不異實名』謂辯中所用名須終始同義不當前後涵義有廣狹之區別。

荀子說「辯」、頗沒有什麼精采。他說：

期命也者、辯說之用也。辯說也者、心之象道也。……心合於道、說合於心、辭合於說；正名而期、質請（同情）而喻、辨異而不過、推類而不悖；聽則合文、辯則盡故。正道而辨姦、猶引繩以持曲直。是故邪說不能亂、百家無所竄。

『正道而辨姦、猶引繩以持曲直』、卽是前文所說的、『凡議必將立隆正、然後可也……凡言議期命以聖王爲師』這種論理、全是演繹法。演繹法的通律是『以類度類』（非相）『以淺持博、以一持萬』（儒效）說得詳細點、是：

奇物怪變、所未嘗聞也、所未嘗見也、卒然起一方、則舉統類而應之、無所疑怍；張法而度之、則晻然若合符節。（儒效）

第十二篇　古代哲學的終局

第一章　前三世紀的思潮

西歷前四世紀（前四〇〇年至三〇一年。安王二年至赧王十四年。）和前三世紀的前七十年、（前三〇〇年至二三〇年。周赧王十五年至秦始皇十七年。）乃是中國古代哲學極盛的時代。我們已講過『別墨』、惠施、公孫龍、孟子、莊子、荀子的哲學了。但是除了這幾個重要學派以外、還有許多小學派發生於前四世紀的下半、和前三世紀的上半。因爲這幾家學派成熟的時期大概多在前三世紀的初年、故統稱爲『前三世紀的思潮』。這一篇所說、以各家的人生哲學和政治哲學爲主腦。

一、愼到、彭蒙、田駢。　據史記愼到是趙國人田駢是齊國人史記又屢說『淳于髡、愼到、環淵、接子、田駢、騶奭之徒、』（孟子荀卿列傳及田完世家。）似乎愼到田駢的年代大概相去不遠。莊子天下篇說田駢學於彭蒙尹文子下篇記田子宋子彭蒙問答一段、又似乎田駢是彭蒙之師。但道藏本的尹文子無此段、或是後人加入的。大概我們還應該根據天下篇說愼到稍在前、彭蒙次之、田駢最後。他們的時代大概當前三世紀初年漢書藝文志有慎子四十二篇、田子二十五篇、今多不傳、慎子惟存佚文若干條、後人集成慎子五篇。（漢書云『慎子先申韓、申韓稱之』此言甚謬。慎子在申子後。）

莊子天下篇說:

> 彭蒙田駢慎到……齊萬物以爲首。曰、天能覆之而不能載之;地能載之而不能覆之;大道能包之而不能辯之。知萬物皆有所可、有所不可。故曰選則不徧、教則不至、道則無遺者矣。（道通導字。）

這種根本觀念、與莊子齊物論相同。『萬物皆有所可、有所不可』象雖大、螞蟻雖小、各有適宜的境地、故說萬物平等。齊物論只是認明萬物之不齊、方才可說齊。萬物既各有個性的不齊、故說選擇不能徧及、教育不能周到、只有因萬物的自然、或者還可以不致有遺漏。『道』卽是因勢利導。故下文接著說、

> 是故慎到棄知去己而緣不得已。冷汰於物以爲道理。（郭注『冷汰猶聽放也』郭說似是。冷汰猶今人說冷淡。）謑髁無任、而笑天下之尙賢也。縱脫無行、而非天下之大聖。椎拍輐斷、與物宛轉。舍是與非、苟可以免;不師知慮、不知前後、魏然而已矣。

『棄知去己而緣不得已』、『椎拍輐斷、與物宛轉』即是上文『道』字的意思。莊子所說的『因』、也是此理。下文又申說這個道理：

推而後行、曳而後往、若飄風之還、若羽之旋、若磨石之隧；全而無非、動靜無過、未嘗有罪。是何故？夫無知之物、無建己之患、無用知之累、動靜不離於理、是以終身無譽。故曰至於若無知之物而已。無用賢聖。夫塊不失道。豪桀相與笑之曰、『愼到之道、非生人之行而至死人之理、適得怪焉。』

這一段全是說『棄知去己而緣不得已』的道理。老子說的『聖人之治、虛其心、實其腹；弱其志、強其骨；常使民無知無欲、』即是這個道理。老子要人做一個『頑似鄙』的『愚人』。愼到更進一層、要人做土塊一般的『無知之物。』

如今所傳的愼子五篇、及諸書所引、也有許多議論可說明天下篇所說。上文說『夫無知之物、無建己之患、無用知之累、動靜不離於理。』反過來說、凡有知之物、不能盡去主觀的私見、不能不用一己的小聰明、故動靜定不能不離於理。這個觀念用於政治哲學上、便主張廢去主觀的私意、建立物觀的標準。愼子說：

措鈞石、使禹察之、不能識也。懸於權衡、則氂髮識矣。

權衡鈞石都是『無知之物』、但這種無知的物觀標準、辨別輕重的能力、比有知的人還高千百倍。所以說、

有權衡者、不可欺以輕重；有尺寸者、不可差以長短；有法度者、不可巧以詐僞。

這是主張『法治』的一種理由。孟子說過：

徒善不足以爲政、徒法不能以自行。詩云、『不愆不忘、率由舊章。』遵先王之法而過者、未之有也。聖人既竭目力焉、繼之以規矩準繩、以爲方員平直、不可勝用也。既竭耳力焉、繼之以六律、（以）正五音、不可勝用也。既竭心思焉、繼之以不忍人之政、而仁覆天下矣。

孟子又說、

規矩、方員之至也；聖人、人倫之至也。皆見離婁篇。

孟子所說的『法』、還只是一種標準模範、還只是『先王之法』。當時的思想界、受了墨家『法』的觀念的影響、都承認治國不可不用一種『標準法。』儒家的孟子主張用

『先王之法、』荀子主張用『聖王爲師。』這都是『法』字模範的本義。愼子的『法治主義、』便比儒家進一層了。愼子所說的『法、』不是先王的舊法、乃是『誅賞予奪』的標準法。愼子最明『法』的功用、故上文首先指出『法』的客觀性這種客觀的標準、如鈞石權衡、因爲是『無知之物、』故最正確、最公道、最可靠。不但如此、人治的賞罰、無論如何精明公正、總不能使人無德無怨。這就是『建己之患用知之累。』若用客觀的標準、便可免去這個害處愼子說、

君人者舍法而以身治、則誅賞予奪從君心出。然則受賞者、雖當、望多無窮；受罰者、雖當、望輕無已。君舍法、以心裁輕重、則同功殊賞、同罪殊罰矣。怨之所由生也。

這是說人治『以心裁輕重』的害處。愼子又說、

法雖不善、猶愈於無法。所以一人心也。夫投鉤以分財、投策以分馬、非鉤策爲均也、使得美者不知所以美、得惡者不知所以惡、此所以塞願望也。

這是說客觀的法度可以免『以心裁輕重』的大害。此處愼子用鈎策比『法、』說法之客觀性最明白。此可見中國法治主義的第一個目的只要免去專制的人治『誅賞

予奪從君心出』的種種禍害。此處愼到雖只爲君主設想、其實是爲臣民設想、不過他不敢明說罷了。儒家雖也有講到『法』字的、但總脫不了人治的觀念、總以爲『惟仁者宜在高位。』孟子語、見離婁篇。愼到的法治主義首先要去掉『建己之患用知之累』這才是純粹的法治主義。

愼到的哲學根本觀念——『棄知去己而緣不得已』——有兩種結果第一是用無知的法治代有知的人治、這是上文所說過了的。第二是因勢主義。天下篇說『選則不偏、教則不至、道則無遺者矣。』愼子也說、

> 天道因則大、化則細。因卽天下篇之『道』、化卽天下篇之『教』。因也者、因人之情也。人莫不自爲也。化而使之爲我、則莫可得而用。……人人不得其所以自爲也、則上不取用焉。故用人之自爲、不用人之爲我、則莫不可得而用矣。此之謂因。

這是老子楊朱一支的嫡派。老子說爲治須要無爲無事。楊朱說人人都有『存我』的天性、但使人人不拔一毛、則天下自然太平了。愼到說的『自爲』、卽是楊朱說的『存我。』此處說的『因』只是要因勢利用人人的『自爲』心。此說後來淮南子發揮得最好。看本書中卷論淮南子。

凡根據於天道自然的哲學、多趨於這個觀念。歐洲十八世紀的經濟學者所說的『自爲』觀念、（參看亞丹斯密原富部甲第二篇。）便是這個道理。

上文引天下篇說慎到的哲學道、『推而後行、曳而後往；若飄風之還、若羽之旋、若磨石之隧。』這也是說順著自然的趨勢。慎到的因勢主義、有兩種說法：一種是上文說的『因人之情』；一種是他的『勢位』觀念。韓非子難勢篇引慎子道：

慎子曰、『飛龍乘雲、騰蛇遊霧。雲罷霧霽而龍蛇與蟥螘同矣、則失其所乘也。賢人而詘於不肖者、則權輕位卑也。不肖而能服於賢者、（適按服字下之於字係衍文。後人不通文法、依上句妄加者也。）則權重位尊也。堯爲匹夫不能治三人；而桀爲天子、能亂天下。吾以此知勢位之足恃而賢智之不足慕也。夫弩弱而矢高者、激於風也。身不肖而令行者、得助於衆也。堯教於隸屬而民不聽、至於南面而王天下、令則行、禁則止。由此觀之、賢智未足以服衆、而勢位足以任賢者也。』

這個觀念、在古代政治思想發達史上狠是重要的。儒家始終脫不了人治的觀念、正因爲他們不能把政權與君主分開來看、故說『徒法不能以自行、』又說『惟仁者宜在高位。』他們不知道法的自身雖不能施行、但行法的並不必是君主、乃是政權、乃是『勢位』。知道行政執法所靠的是政權、不是聖君明主、這便是推翻人治主義的第一步。慎子的意思要使政權（勢位）全在法度、使君主『棄知去己』、做一種『虛君立憲』制度。君主成了『虛君』、故不必一定要有賢智的君主。荀子批評慎子的哲學、說他『蔽於法而不知賢』、又說『由法謂之、道盡數矣。』解蔽篇。不知這正是慎子的長處。

以上說慎到的哲學。天下篇說田駢彭蒙的哲學與慎到大旨相同、都以爲『古之道人、至於莫之是、莫之非而已矣。』這就是上文『齊萬物以爲首』的意思。

二、宋鈃尹文　宋鈃、又作宋牼、大概與孟子同時。尹文曾說齊湣王、見呂氏春秋正名篇。又見說苑漢書藝文志作說齊宣王。大概死在孟子之後、若用西歷計算、宋鈃是紀元前三六〇至二九〇年、尹文是紀元前三五〇至二七〇年。

漢書藝文志有宋子十八篇、列在小說家；尹文子一篇、列在名家。今宋子已不傳了。現行之尹文子有上下兩篇。

莊子天下篇論宋鈃尹文道：

不累於俗、不飾於物、不苟於人、不忮於衆；願天下之安寧、以活民命；人我之養、畢足而止、以此白心。白、釋文云、或作任。古之道術有在於是者、宋鈃尹文聞其風而悅之、作爲華山之冠以自表。接萬物以別宥爲始。……見侮不辱、救民之鬬；禁攻寢兵、救世之戰。以此周行天下、上說下教、雖天下不取、強聒而不舍也。……以禁攻寢兵爲外、以情欲寡淺爲內。……

這一派人的學說與上文愼到田駢一派有一個根本的區別。愼到一派『齊萬物以爲道、』宋鈃尹文一派『接萬物以別宥爲始。』齊萬物是要把萬物看作平等、無論他『有所可、有所不可、』只是聽其自然。『別宥』便不同了。宥與囿通。呂氏春秋去宥篇說『夫人有所宥者、因以晝爲昏、以白爲黑。……故凡人必別宥、然後知。別宥則能全其天矣。』別宥只是要把一切蔽囿心思的物事都辨別得分明。故愼到一派主張無知、主張『莫之是、莫之非；』宋鈃尹文一派主張心理的硏究、主張正名檢形、明定名分。

尹文子也有『禁暴息兵、救世之鬬』的話。孟子記宋牼要到楚國去勸秦楚停戰。這都與天下篇相印證。孟子又說宋牼游說勸和的大旨是『將言其不利。』這個正與墨家非攻的議論相同。天下篇說宋鈃尹文『其爲人太多、其自爲太少』、（此亦與愼到『自爲』主義不同。）又說『先生恐不得飽、弟子雖飢、不忘天下、日夜不休、曰、我必得活哉！』這都是墨家『日夜不休、以自苦爲極』的精神。因此我疑心宋鈃尹文一派是墨家的一支、稍偏於『宗教的墨學』一方面、故不與『科學的別墨』同派。若此說是眞的、那麼今本尹文子中『大道治者、則儒墨名法自廢、以儒墨名法治者、則不得離道』等句、都是後人加入的了。（荀子非十二子篇也以墨翟宋鈃並稱。）

『見侮不辱、救民之鬬』、乃是老子墨子的遺風。老子的『不爭』主義、卽含有此意。（見第三篇。）墨子也有此意。耕柱篇說、

子墨子曰、『君子不鬬。』子夏之徒曰、『狗豨猶有鬬、惡有士而無鬬矣。』子墨子曰、『傷矣哉！言則稱於湯文、行則譬於狗豨、傷矣哉！』

但宋鈃的『見侮不辱』說、乃是從心理一方面著想的、比老子、墨子、都更進一層。荀子正論篇述宋子的學說道：

子宋子曰、明見侮之不辱、使人不鬬。人皆以見侮爲辱、故鬬也。知見侮之爲不辱、

則不鬪矣。（正名篇亦言『見侮不辱』）

宋子的意思只要人知道『見侮』不是可恥的事、便不至於爭鬪了。（婁師德的『唾面自乾』便是這個道理。）譬如人罵你『猪狗、』你便大怒；然而你的老子對人稱你爲『豚兒、』爲『犬子、』何以不生氣呢？你若能把人罵你用的『猪狗』看作『豚兒』之豚、『犬子』之犬、那便是做到「見侮不辱」的地位了。

宋子還有一個學說、說人的性情是愛少不愛多的、是愛冷淡不愛濃摯的。莊子天下篇稱爲『情欲寡淺』說。（欲是動詞、即『要』字。）荀子正論篇說、

子宋子曰、『人之情欲（欲是動詞。）寡、而皆以己之情爲欲多、是過也。』故率其羣徒、辨其談說、明其譬稱、將使人知情之欲寡也。（正名篇亦有『情欲寡』句。）

這種學說大概是針對當時的『楊朱主義』（縱欲主義）而發的。宋子要人寡欲、因說人的情欲本來是要『寡淺』的、故節欲與寡欲並不是逆天拂性、乃是順理復性。這種學說正如儒家的孟子一派要人爲善、遂說性本是善的同是偏執之見。（看荀子的駁論。）但宋鈃尹文都是能實行這個主義的、看天下篇所說、便可見了。

尹文的學說、據現有的尹文子看來、可算得當時一派重要學說。尹文是中國古代一個法理學大家。中國古代的法理學乃是儒墨道三家哲學的結果。老子主張無爲、孔子也說無爲、但他却先要「正名」、等到了「君君、臣臣、父父、子子」的地位、方才可以「無爲而治」了。孔子的正名主義已含有後來法理學的種子。看他說不正名之害可使「刑罰不中、……民無所措手足」、便可見名與法的關係。後來墨家說「法」的觀念、發揮得最明白。墨家說「名」與「實」的關係也說得最詳細。尹文的法理學的大旨只在於說明「名」與「法」的關係。尹文子說：

名者、名形者也。形者、應名者也。……故必有名以檢形、形以定名；名以定事、事以檢名；（疑當作「名以檢事、事以正名」）……善名命善、惡名命惡。故善有善名、惡有惡名。聖賢仁智、命善者也。頑嚚凶愚、命惡者也。……使善惡盡然有分、雖未能盡物之實、猶不患其差也。……今親賢而疏不肖、賞善而罰惡。賢、不肖、善、惡之名宜在彼、親、疏、賞、罰之稱宜在我。……名宜屬彼、分宜屬我。我愛白而憎黑、韻商而舍徵、好羶而惡焦、嗜甘而逆苦。白、黑、商、徵、羶、焦、甘、苦、彼之名也；愛、憎、韻、舍、好、惡、嗜、逆、我之分也。定此名分、則萬事不亂也。

這是尹文的法理學的根本觀念。大旨分三層說：一是形、二是名、三是分。形即是『實』、即是一切事物。一切形都有名稱、名須與實相應、故說『名者、名形者也；形者、應名者也。』尹文的名學好像最得力於儒家的正名主義、故主張名稱中須含有褒貶之意、所以說『善名命善、惡名命惡、……使善惡盡（疑當作畫）、然有分。』這完全是寓褒貶、別善惡、明貴賤之意。命名既正當了、自然會引起人心對於一切善惡的正當反動。這種心理的反動、這種人心對於事物的態度、便叫做『分』。例如我好好色而惡惡臭、愛白而憎黑：好色、惡臭、白、黑、是名；好、惡、愛、憎、是分。分名是根據於事物的性質而定的、故說『名宜屬彼。』分是種種名所引起的態度、故說『分宜屬我。』有什麼名、就該引起什麼分。名不正、則分不正。例如匈奴子娶父妻、不以爲怪；中國人稱此爲『烝』、爲『亂倫』、就覺得是一樁大罪惡。這是因爲『烝』與『亂倫』二名都能引起一種罪惡的觀念。又如中國婦女纏足、從前以爲『美』、故父母狠起心腸來替女兒裹足、女兒也忍著痛苦要有這種『美』的小腳。現今的人說小腳是『野蠻』、『殘忍非人道』、於是纏足的都要放了，沒有纏的也不再纏了。這都因爲『美』的名可引起人的羨慕心，『野蠻』『殘忍』的名可引起人的厭惡心。名一變，分也變了。正名的宗旨只是要『善有善名，惡有惡名；』只是要善名發生羨慕愛做的態度，惡名發生厭惡不肯做的態度。故說『定此名分，則萬事不亂也。』

以上所說，尹文的法理學與儒家的正名主義毫無分別。參觀第四篇第四章，第十一篇第三章。但儒家如孔子想用『春秋筆法』來正名，如荀卿想用國家威權來制名，多不主張用法律。尹文便不同了。尹文子道：

故人以度審長短，以量受多少，以衡平輕重，以律均淸濁，以名稽虛實，以法定治亂，以簡治煩惑，以易御險難，以萬事皆歸於一，百度皆準於法。歸一者，簡之至；準法者，易之極。如此，頑嚚聾瞽可與察慧聰明同其治也。

從純粹儒家的名學一變遂成純粹的法治主義。這是中國法理學史的一大進步，又可見學術思想傳授沿革的線索最不易尋，決非如劉歆班固之流畫分做六藝九流就可完事了的。

三、許行、陳相、陳仲。　當時的政治問題和社會問題最爲切要，故當時的學者沒有一人不注意這些問題的。內中有一派，可用許行作代表。許行和孟子同時。孟子滕文公篇說：

有爲神農之言者許行，自楚之滕，踵門而告文公曰，『遠方之人，聞君行仁政，願受一廛而爲氓。』文公與之處。其徒數十人，皆衣褐，捆屨，織席以爲食。……陳相見孟子，道許行之言曰，『滕君則誠賢君也；雖然，未聞道也。賢者與民並耕而食，饔飧而治。今也滕有倉廩府庫，則是厲民而以自養也，惡得賢？』

這是狠激烈的無政府主義。漢書藝文志論『農家』也說他們『以爲無所事聖王，欲使君臣並耕，誖上下之序。』大概這一派的主張有三端。第一，人人自食其力，無有貴賤上下，人人都該勞働。故許行之徒自己織席子，打草鞋，種田；又主張使君主與百姓『並耕而食，饔飧而治。』第二，他們主張一種互助的社會生活。他們雖以農業爲主，但並不要廢去他種營業。陳相說『百工之事，固不可耕且爲也。』因此他們只要用自己勞働的出品與他人交易，如用米換衣服、鍋、甑、農具之類。因爲是大家共同互助的社會、故誰也不想賺誰的錢、都以互相輔助、互相供給爲目的。因此他們理想中的社會是：

從許子之道、則市賈不貳、國中無僞。雖使五尺之童適市、莫之或欺。布帛長短同、則賈相若。麻縷絲絮輕重同、則賈相若。五穀多寡同、則賈相若。屨大小同、則賈相若。

因爲這是互助的社會、故商業的目的不在賺利益、乃在供社會的需要。孟子不懂這個道理、故所駁全無精采。如陳相明說『屨大小同、則賈相若』這是說屨的大小若相同、則價也相同；並不是說大屨與小屨同價。孟子却說、『巨屨小屨同價、人豈爲之哉；』這竟是『無的放矢』的駁論了。第三、因爲他們主張互助的社會、故他們主張不用政府。漢書所說『無所事聖王、欲使君臣並耕；』孟子所說『賢者與民並耕而食、饔飧而治、』都是主張社會以互助爲治、不用政府。若有政府、便有倉廩府庫、便是『厲民而以自養、』失了『互助』的原意了。（這種主義、與近人托爾斯太(Tolstoy)所主張最近）

以上三端、可稱爲互助的無政府主義。只可惜許行陳相都無書籍傳下來、遂使這一

學派湮沒至今。漢書藝文志記『農家』有神農二十篇、野老十七篇、及他書若干種、序曰、

農家者流、蓋出於農稷之官、播百穀、勸耕桑、以足衣食、……此其所長也。及鄙者爲之、以爲無所事聖王、欲使君臣並耕、誖上下之序。

却不知序中所稱『鄙者』正是這一派的正宗。這又可見藝文志分別九流的荒謬了。

參看江瑔讀子巵言第十六章論農家。

陳仲子、（陳古同音。也稱田仲。田）也是孟子同時的人。據孟子所說：

仲子、齊之世家也。兄戴蓋祿萬鍾。以兄之祿爲不義之祿而不食也；以兄之室爲不義之室而不居也。避兄離母、處於於陵。

居於陵、三日不食、耳無聞、目無見也。井上有李、螬食實者過半矣、匍匐往將食之、然後耳有聞、目有見。

仲子所居之室、所食之粟、彼身織屨、妻辟纑以易之。

陳仲這種行爲、與許行之徒主張自食其力的、毫無分別。韓非子也稱田仲『不恃仰

人而食。』可與孟子所說互相證明。荀子非十二子篇說陳仲一般人『忍情性、綦谿利跂、苟以分異人爲高、不足以合大衆、明大分。』這一種人是提倡極端的個人主義的、故有這種特立獨行的行爲。戰國策記趙威后問齊王的使者道：

> 於陵仲子尙存乎？是其爲人也、上不臣於王、下不治其家、中不索交諸侯、此率民而出於無用者、何爲至今不殺乎？

這可見陳仲雖不曾明白主張無政府、其實也是一個無政府的人了。

四、騶衍　騶衍、齊人。史記說他到梁時、梁惠王郊迎；到趙時、平原君『側行襒席』；到燕時、燕昭王『擁篲先驅』。這幾句話狠不可靠。平原君死於西歷前二五一年、梁惠王死於前三一九年、此據紀年、若據史記、則在前三三五年。梁惠王死時、平原君還沒有生呢。平原君傳說騶衍過趙在信陵君破秦存趙之後、前二五七年。那時梁惠王已死六十二年了、若依史記、則那時惠王已死七十八年。燕昭王已死二十二年了。史記集解引劉向別錄也有騶衍過趙見平原君及公孫龍一段、那一段似乎不是假造的。依此看來、騶衍大概與公孫龍同時、在本章所說諸人中、要算最後的了。史記亦說衍後孟子。

漢書藝文志有騶子四十九篇、又騶子終始五十六篇、如今都不傳了。只有史記孟荀列傳插入一段、頗有副料的價值。史記說：

> 騶衍睹有國者益淫侈不能尚德、……乃深觀陰陽消息而作怪迂之變、終始大聖之篇十餘萬言。其語閎大不經、必先驗小物、推而大之、至於無垠。先序今以上至黃帝、學者所共術。次並世盛衰因載其禨祥度制、推而遠之、至天地未生窈冥不可考而原也。先列中國名山、大川通谷、禽獸、水土所殖、物類所珍。因而推之、及海外人之所不能睹。

這是騶衍的方法。這方法其實只是一種『類推』法。再看這方法的應用：騶衍這個方法、全是由已知的推想到未知的。用這方法稍不小心便有大害。騶衍用到歷史地理兩種科學、更不合宜了。歷史全靠事實、地理全靠實際觀察調查、騶衍却用『推而遠之』的方法、以爲『想來大概如此』、豈非大錯？史記又說、

> 稱引天地剖判以來、五德轉移、治各有宜、而符應若茲。

這是陰陽家的學說。大概當時的歷史進化的觀念已狠通行。（看第九篇第一二章及本篇下章論韓非。）但

當時的科學根據還不充足、故把歷史的進化看作了一種終始循環的變遷。騶衍一派又附會五行之說、以爲五行相生相勝、演出『五德轉移』的學說。墨辯經下說、

> 五行無常勝說在宜。　說曰、五合水土火、火離然。（五當作互）火鑠金、火多也。金靡炭、金多也。合之府水、（道藏本吳鈔本作木）木離木。

此條有脫誤、不可全懂。但看那可懂的幾句、可知這一條是攻擊當時的『五行相勝』說的。五行之說大概起於儒家。荀子非十二子篇說子思『案往舊造說、謂之五行』、可以爲證。騶衍用歷史附會五德、於是陰陽五行之說遂成重要學說。到了漢朝這一派更盛、從此儒學遂成『道士的儒學』了。（看中卷第十四篇第五章）

騶衍的地理學雖是荒誕、却有狠大胆的思想。史記說他

> 以爲儒者所謂『中國』者、於天下乃八十一分居其一分耳。中國名曰赤縣神州。……中國外、如赤縣神州者九、乃所謂『九州』也。於是有裨海環之。人民禽獸莫能相通者、……乃爲一州。如此者九、乃有大瀛海環其外、天地之際焉。

這種地理、雖是懸空理想、但狠可表示當時理想的大胆、比那些人認中國爲『天下』

的、可算得高十百倍了！

史記平原君傳集解引劉向別錄有騶衍論『辯』一節、似乎不是漢人假造的。今引如下：

鄒子曰、……辯者、別殊類使不相害、序異端使不相亂；抒意通指、明其所謂；使人與知焉、不務相迷也。故勝者不失其所守、不勝者得其所求。若是、故辯可爲也。及至煩文以相假、飾辭以相悖、巧譬以相移、引人聲使不得及其意。如此、害大道。不能無害君子。

這全是儒家的口吻、與荀子論『辯』的話相同。（看上篇第三章。）

參考書：

馬驌繹史卷一百十九。

第二章　所謂法家

一、論『法家』之名　古代本沒有什麼『法家』。讀了上章的人當知道慎到屬於老子楊朱莊子一系；尹文的人生哲學近於墨家、他的名學純粹是儒家。又當知道孔子的正名論、老子的天道論、墨家的法的觀念都是中國法理學的基本觀念。故我以為中國古代只有法理學、只有法治的學說、並無所謂『法家』。中國法理學當西歷前三世紀時、最為發達、故有許多人附會古代有名的政治家如管仲商鞅申不害之流、造出許多講法治的書。後人沒有歷史眼光、遂把一切講法治的書統稱為『法家』。其實是錯的。但法家之名、沿用已久了、故現在也用此名。但本章所講、注重中國古代法理學說、並不限於漢書藝文志所謂『法家』。

二、所謂『法家』的人物及其書

（一）管仲與管子　管仲在老子孔子之前。他的書大概是前三世紀的人假造的、其後又被人加入許多不相干的材料。（詳說第一篇。）但此書有許多議論可作前三世紀史料的參考。

（二）申不害與申子　申不害曾作韓昭侯的國相。昭侯在位當西歷前三五八至三三三年。大概申不害在當時是一個大政治家。（韓非子屢稱申子。荀子解蔽篇也說『申子蔽於勢而不知智。由勢謂之、道盡便矣。』）韓非子定法篇說『申不害言術而公孫鞅為法。』又說、『韓者、晉之別國也。晉之故法未息，而韓之新法又生；先君之令未收，而後君之令又下。申不害不擅其法，不一其憲令。……故託萬乘之勁韓七十年（顧千里校疑當作十七年。）而不至於霸王者，雖用術於上，法不勤飾於官之患也。』依此看來，申不害雖是一個有手段（所謂術也）的政治家，却不是主張法治主義的人。今申子書已不傳了。諸書所引佚文，有『聖君任法而不任智，任數而不任說。……置法而不變』等語，似乎不是申不害的原著。

（三）商鞅與商君書　衛人公孫鞅於西歷前三六一年入秦，見孝公，勸他變法。孝公用他的話，定變法之令，『設告相坐而責其實，連什伍而同其罪。（史記云，『令民爲什伍而相收司連坐。不告姦者腰斬，告姦者與斬敵同賞，匿姦者與降敵同罰。』與此互相印證。）賞厚而信，刑重而必。』（韓非子定法篇。）公孫鞅的政策只是用賞罰來提倡實業，提倡武力。（史記所謂『變法修刑，內務耕稼，外勸戰死之賞罰』是也。）這種政策功效極大，秦國漸漸富強，立下後來吞并六國的基礎。公孫鞅後封列侯，號商君，但他變法時結怨甚多，故孝公一死，商君遂遭車裂之刑而死。（西歷前三三八年。）商君是一個大政治家，主張用嚴刑重賞來治國。故他立法：『斬一首者爵一級、欲爲官者爲五十石之官；斬二首者爵二級、欲爲官者爲百石之官。』（韓非子定法篇。）又『步過六尺者有罰、棄灰於道者被刑。』（新序。）這不過是注重刑賞的政策、與法理學沒有關係。今世所傳商君書二十四篇、（漢書作二十九篇。）乃是商君死後的人所假造的書。如徠民篇說『自魏襄以來、三晉之所亡於秦者、不可勝數也。』魏襄王死在西歷前二九六年、商君已死四十二年、如何能知他的諡法呢？徠民篇又稱『長平之勝、』此事在前二六〇年、商君已死七十八年了。書中又屢稱秦王秦稱王在商君死後十餘年。此皆可證商君書是假書。商君是一個實行的政治家、沒有法理學的書。

以上三種都是假書。況且這三個人都不配稱爲『法家。』這一統的人物、——管仲子產、申不害、商君、——都是實行的政治家、不是法理學家、故不該稱爲『法家。』但申不害與商君同時、皆當前四世紀的中葉。他們的政策、都狠有成效、故發生一種思想上的影響。有了他們那種用刑罰的政治、方才有學理的『法家。』正如先有農業、方才有農學；先有文法、方才有文法學；先有種種美術品、方才有美學。這是一定的道理。如今且說那些學理的『法家』和他們的書：

(四)愼到與愼子　見上章。

(五)尹文與尹文子　見上章。漢書藝文志尹文在『名家』是錯的。

(六)尸佼與尸子　尸佼楚人。據史記孟荀列傳及集解引劉向別錄。班固以佼爲魯人、魯滅於楚、魯亦楚也。或作晉人、非。古說相傳尸佼曾爲商君之客；商君死、尸佼逃入蜀。漢書藝文志。尸子書二十卷、向來列在『雜家』。今原書已亡、但有從各書裏輯成的尸子兩種。一爲孫星衍的、一爲汪繼培的。汪輯最好。據這些引語看來、尸佼是一個儒家的後輩、但他也有許多法理的學說、故我把他排在這裏。即使這些話不眞是尸佼的、也可以代表當時的一派法理學者。

(七)韓非與韓非子　韓非是韓國的公子、與李斯同受學於荀卿。當時韓國削弱、韓非發憤著書、攻擊當時政府『所養非所用、所用非所養』；因主張極端的『功用』主義、要國家變法、重刑罰、去無用的蠹蟲。韓王不能用。後來秦始皇見韓非的書、想收用他、遂急攻韓。韓王使韓非入秦說存韓的利益。按史記所說。李斯勸秦王急攻韓韓欲得韓非、似乎不可信。李斯既舉薦韓非、何以後來又害殺他。大概韓王遣韓非入秦說秦王存韓、是事實。但秦攻韓未必是李斯的主意。秦王不能用、後因李斯姚賈的讒言、遂收韓非下獄。李斯使人送藥與韓非叫他自殺。韓非遂死獄中、時爲西歷前二三三年。

漢書藝文志載韓非子五十五篇。今本也有五十五篇。但其中狠多不可靠的。如初見秦篇乃是張儀說秦王的話、所以勸秦王攻韓。韓非是韓國的王族、豈有如此不愛國的道理？況且第二篇是存韓。既勸秦王攻韓、又勸他存韓、是決無之事。第六篇有度、說荆齊燕魏四國之亡。韓非死時、六國都不曾亡。齊亡最後、那時韓非已死十二年了。可見韓非子決非原本、其中定多後人加入的東西。依我看來、韓非子十分之中、僅有一二分可靠、其餘都是加入的。那可靠的諸篇如下：

顯學　五蠹　定法　難勢

詭使　六反　問辯

此外如孤憤、說難、說林、內外儲、雖是司馬遷所舉的篇名。但是司馬遷的話是不狠靠得住的。（如所舉莊子漁父盜跖諸篇、皆爲僞作無疑。）我們所定這幾篇、大都以學說內容爲根據。大概解老喻老諸篇另是一人所作。主道揚推（今作揚榷、此從顧千里校。）諸篇、又另是一派『法家』所作。外儲說左上似乎還有一部分可取。其餘的更不可深信了。

三、法。

按說文『灋、刑也平之如水、从水。廌所以觸不直者去之、从廌去。（廌、解廌獸也。似牛一角。古者決訟、令觸不直者。象形。）法、今文省。佱古文。』據我個人的意見看來、大概古時有兩個法字。一個作『佱』从亼从正、是模範之法。一個作『灋』說文云『平之如水、从水。廌所以觸不直者去之、从廌去』是刑罰之法。這兩個意義都狠古。比較看來、似乎模範的『佱』更古。尚書呂刑說『苗民弗用靈、制以刑、惟作五虐之刑、曰法。』如此說可信、是罰刑的『灋』字乃是後來纔從苗民輸入中國本部的。灋字从廌从去、用廌獸斷獄、大似初民狀態、或本是苗民的風俗也未可知。大概古人用法字起初多含模範之義。易蒙初六云、『發蒙利用刑人、用說桎梏以往吝。』象曰『利用刑人以正法也。』此明說『用刑人』即是『用正法。』『刑』是刑範、『法』是模範、『以』即是用。古人把『用說桎梏以往』六字連讀、把言說的說解作脫字、便錯了。又繫辭傳『見乃謂之象、形乃謂之器、制而

用之謂之法。』法字正作模範解。孔穎達正義『垂為模範故云謂之法』又如墨子法儀篇云、

天下從事者、不可以無法儀。……雖至百工從事者亦皆有法。百工為方以矩、為圓以規、直以繩、正以縣。無巧工不巧工、皆以此四者為法。

這是標準模範的『法』。參看天志上中下、及管子七法篇。到了墨家的後輩、『法』字的意義講得更明白了。墨辯經上說：

法、所若而然也。看第八篇第二章論『法』的觀念 佴、所然也。 經說曰、佴所然也者、民若法也。

佴字爾雅釋言云、『貳也』郭注、『佴次為副貳』。周禮『掌邦之六典八法八則之貳』。鄭注、『貳副也』。我們叫鈔本做『副本』。卽是此意。譬如摹搨碑帖、原碑是『法』、搨本是『佴』。是『副』。墨家論法、有三種意義。(一)一切模範都是法。如上文所引法儀篇。(二)物事的共相、可用物事的類名作代表的、也是法。看第八篇第二三章。(三)國家所用來齊一百姓的法度也是法。如上文所引墨辯『佴所然也者民若法也』的話、便是指這一種齊一百姓的法度。荀子說『墨子有見於齊、無見於畸。』天論篇。墨子的『尙同主義』要『壹同天下之義、』使『上之所是、必皆是之、上之所非、必皆非之。』故荀子說他偏重『齊』字、卻忘了

『畸』字、畸卽是不齊。後來『別墨』論『法』字、要使依法做去的人都有一致的行動、如同一塊碑上摹下來的搨本一般；要使守法的百姓都如同法的『佀』。這種觀念正與墨子的尙同主義相同、不過墨子的尙同主義含有宗教的性質、別墨論法便沒有這種迷信了。

上文所引墨辯論『法』字、已把『法』的意義推廣、把灋佱兩個字合成一個字。易經噬嗑卦象傳說『先王以明罰飭法』、法與刑罰還是兩事。大概到了『別墨』時代、（四世紀中葉以後。）法字方才包括模範標準的意義和刑律的意義。如尹文子說、

法有四呈：一曰不變之法、君臣上下是也。二曰齊俗之法、能鄙同異是也。三曰治衆之法、慶賞刑罰是也。四曰平準之法、律度權衡是也。

尹文子的法理學狠受儒家的影響、（說見上章。）故他的第一種『法』卽是不變之法、近於儒家所謂天經地義。第二種『齊俗之法』指一切經驗所得或科學研究所得的通則、如『火必熱』、『員無直』、（皆見墨辯。）等等。第三種是刑賞的法律、後人用『法』字單指這第三種。（佛家所謂法、（達摩）不在此例。）第四種『平準之法』乃佱字本義、無論儒家墨家道家都早承認這種

標準的法。看孟子離婁篇、荀子正名篇、墨子法儀天志等篇、及管子七法篇、慎子、尹文子等書。當時的法理學家所主張的『法』、乃是第三種『治衆之法』。他們的意思只是要使刑賞之法也要有律度權衡那樣的公正無私明確有效。看上章論慎到尹文。故韓非子定法篇說：

法者、憲令著於官府、刑罰必於民心；賞存乎慎法、而罰加乎姦令者也。

又韓非子難三篇說、

法者、編著之圖籍、設之於官府、而布之於百姓者也。

又慎子佚文說、

法者、所以齊天下之動、至公大定之制也。見馬驌繹史百十九卷所輯。

這幾條界說、講『法』字最明白。當時所謂『法』、有這幾種性質：(一)是成文的、編著之圖籍。(二)是公布的、布之於百姓。(三)是一致的、所以齊天下之動、至公大定。(四)是有刑賞輔助施行的功効的。刑罰必於民心、賞存乎慎法而罰加於姦令。

四、『法』的哲學　以上述『法』字意義變遷的歷史、卽是『法』的觀念進化的小史。如今且說中國古代法理學法的哲學。的幾個基本觀念。

要講法的哲學、先須要說明幾件事。第一、千萬不可把『刑罰』和『法』混作一件事。刑罰是從古以來就有了的、『法』的觀念是戰國末年方才發生的。古人早有刑罰、但刑罰並不能算是法理學家所稱的『法』。譬如現在內地鄉人捉住了做賊的人便用私刑拷打；又如那些武人隨意鎗斃人、這都是用刑罰、卻不是用『法』。第二、須知中國古代的成文的、公布的法令、是經過了許多反對、方才漸漸發生的。春秋時的人不明『成文公布法』的功用、以爲刑律是愈祕密愈妙、不該把來宣告國人。這是古代專制政體的遺毒。雖有些出色人才也不能完全脫離這種遺毒的勢力。所以鄭國子產鑄刑書時、（昭六年、西曆前五三六年。）晉國叔向寫信與子產道、

> 先王議事以制、不爲刑辟、懼民之有爭心也。……民知有辟、則不忌於上、並有爭心、以徵於書而徼幸以成之、弗可爲矣。……錐刀之末、將盡爭之。亂獄滋豐、賄賂並行、終子之世、鄭其敗乎！

後二十幾年、（昭二十九年、前五一三年。）叔向自己的母國也作刑鼎、把范宣子所作刑書鑄在鼎上。那時孔子也極不贊成、他說、

晉其亡乎！失其度矣。……民在鼎矣、何以尊貴？（尊字是動詞、貴是名詞。）貴何業之守？……

這兩句話狠有趣味。就此可見刑律在當時、都在『貴族』的掌握。孔子恐怕有了公布的刑書、貴族便失了他們掌管刑律的『業』了。那時法治主義的幼稚、看此兩事、可以想見。後來公布的成文法漸漸增加、如鄭國既鑄刑書、後來又採用鄧析的竹刑。鐵鑄的刑書是狠笨的、到了竹刑更方便了。公布的成文法既多、法理學說遂漸漸發生。這是狠長的歷史、我們見慣了公布的法令、以爲古代也自然是有的、那就錯了。第三、須知道古代雖然有了刑律、並且有了公布的刑書、但是古代的哲學家對於用刑罰治國、大都有懷疑的心、並且有極力反對的。例如老子說的『法令滋彰、盜賊多有』；『民不畏死、奈何以死懼之。』又如孔子說的：『道之以政、齊之以刑、民免而無恥；道之以德、齊之以禮、有恥且格。』這就可見孔子不重刑罰、老子更反對刑罰了。這也有幾層原因。(一)因當時的刑罰本來野蠻得狠、又沒有限制、（如詩『彼宜無罪、汝反收之、此宜有罪、汝覆脫之』又如左傳所記諸虐刑。）(二)因爲儒家大概不能脫離古代階級社會的成見、以爲社會應該有上下等級、刑罰只配用於小百姓們、不配用於上流社會。上流社會只該受『禮』的裁制，不該受『刑』的約束。如禮記所說『禮不下庶人，刑不上大夫』；荀子富國篇所說『由士以上則必以禮樂節之；衆庶百姓則必以法數制之』；都可爲證。近來有人說儒家的目的要使上等社會的『禮』普及全國，法家要使下級社會的『刑』普及全國。（參看梁任公中國法理學發達史。）這話不甚的確。其實那種沒有限制的刑罰，是儒法兩家所同聲反對的。法家所主張的，並不是用刑罰治國。他們所說的『法』，乃是一種客觀的標準法，要『憲令著於官府，刑罰必於民心』，百姓依這種標準行動，君主官吏依這種標準賞罰。刑罰不過是執行這種標準法的一種器具。刑罰成了『法』的一部分，便是『法』的刑罰，便是有了限制，不是從前『誅賞予奪從心出』的刑罰了。

懂得上文所說三件事，然後可講法理學的幾個根本觀念。中國的法理學雖到前三世紀方才發達，但他的根本觀念來源狠早。今分述於下：

第一，無爲主義。　中國的政治學說，自古代到近世，幾乎沒有一家能逃得出老子的無爲主義。孔子是極力稱贊『無爲而治』的，後來的儒家多受了孔子『恭己正南面』的話的影響，（宋以後更是如此。）無論是說『正名』，『仁政』，『王道』，『正心誠意』，都只是要歸到『無爲而治』的理想的目的。平常所說的『道家』一派、更不用說了。法家中如愼到一派便是受了老子一系的無爲主義的影響；如尸子如管子中禁藏白心諸篇、如韓非子中揚搉主道諸篇、便是受了老子孔子兩系的無爲主義的影響。宋朝王安石批評老子的無爲主義、說老子『知無之爲車用、無之爲天下用、然不知其所以爲用也。故無之所以爲車用者、以有轂輻也；無之所以爲天下用者、以有禮樂刑政也。如其廢轂輻於車、廢禮樂刑政於天下、而坐求其無之爲用也、則亦近於愚矣。』（王安石老子論、）這段話狠有道理。法家雖信『無爲』的好處、但他們以爲必須先有『法』然後可以無爲。如管子白心篇說、『名正法備、則聖人無事。』又如尸子說、『正名去僞、事成若化。……正名覆實、不罰而成。』這都是說有了『法』便可做到『法立而不用、刑設而不行、』（用管子禁藏篇語、）的無爲之治了。

第二、正名主義。上章論尹文的法理學時、已說過名與法的關係。（參看上章。）尹文的大旨是要『善有善名、惡有惡名、』使人一見善名便生愛做的心、一見惡名便生痛惡的心。『法』的功用只是要『定此名分、』使『萬事皆歸於一、百度皆準於法。』這可見儒家的正名主義乃是法家哲學的一個根本觀念。我且再引尸子幾條作參證：

天下之可治、分成也。是非之可辨、名定也。

明王之治民也、……言寡而令行、正名也。君人者苟能正名、愚智盡情；執一以靜、令名自正、賞罰隨名、民莫不敬。（參看韓非子揚搉篇云『執一以靜、使名自命、令事自定』又看主道篇。）

言者百事之機也。聖王正言於朝、而四方治矣。是故曰、正名去僞、事成若化；以實覆名、百事皆成。……正名覆實、不罰而威。

審一之經、百事乃成；審一之紀、百事乃理。名實判爲兩、分爲一。是非隨名實、賞罰隨是非。

這幾條說法治主義的邏輯、最可玩味。他的大旨是說天下萬物都有一定的名分。只看名實是否相合、便知是非：名實合、便是『是』；名實不合、便是『非』。是非既定、賞罰跟著來。譬如『兒子』是當孝順父母的、如今說『此子不子』、是名實不合、便是『非』、便有罰了。『名』與『法』其實只是同樣的物事、兩者都是『全稱』(Universal)都有駕馭個體事物的效能。『人』是一名、可包無量數的實。『殺人者死』是一法、可包無數殺人的事實。所以說『審一之經、』又說『執一以靜。』正名定法、都只要『控名責實、』都只要『以一統萬。』——孔子的正名主義的弊病在於太注重『名』的方面、就忘了名是爲『實』而設的、故成了一種偏重『虛名』的主張、如論語所記『爾愛其羊、我愛其禮、』及春秋種種正名號的筆法、皆是明例。後來名學受了墨家的影響、趨重『以名舉實、』故法家的名學、如尹文的『名以檢形、形以定名、名以定事、事以檢名；』（疑當作『名以檢事、事以定名』）如尸子的『以實覆名、……正名覆實；』如韓非子的『形名參同、』（主道篇、揚搉篇。）都是墨家以後改良的正名主義了。

第三、平等主義。 儒家不但有『禮不下庶人、刑不上大夫』的成見、還有『親親』『貴貴』種種區別、故孔子有『子爲父隱、父爲子隱』的議論；孟子有瞽瞍殺人、舜竊負而逃的議論。故我們簡直可說儒家沒有『法律之下、人人平等』的觀念。這個觀念得墨家的影響最大。墨子的『兼愛』主義直攻儒家的親親主義、這是平等觀念的第一步。後來『別墨』論『法』字、說道：

一、法者之相與也盡類、若方之相合也。 經說曰、一方盡類、俱有法而異、或木或石、不害其方之相合也。盡類猶方也。物俱然。

這是說同法的必定同類。無論是科學的通則、是國家的律令、都是如此。這是法律平等的基本觀念。所以法家說『如此、則頑嚚聾瞽可與察慧聰明同其治也。』（尹文子。）『法』的作用要能『齊天下之動。』儒家所主張的禮義、只可行於少數的『君子』、不能偏行全國。韓非說得最好：

> 夫聖人之治國、不恃人之爲吾善也、而用其不得爲非也。恃人之爲吾善也、境內不什數。用人不得〔爲〕非、一國可使齊。爲治者用衆而舍寡、故不務德而務法。夫恃自直之箭、百世無矢；恃自圜之木、百世無輪矣。自直之箭、自圜之木、百世無有一。然而世皆乘車射禽者、隱栝之道用也。雖有不恃隱栝而自直之箭、自圜之木、良工弗貴也。何則？乘者非一人、射者非一發也。不恃賞罰而自善之民、明主弗貴也。何則？國法不可失、而所治非一人也。（顯學篇）

第四、客觀主義。　上章曾說過愼到論『法』的客觀性。（參看。）愼到的大旨以爲人的聰明才智、無論如何高絕、總不能沒有偏私錯悞。卽使人沒有偏私錯悞、總不能使人人心服意滿。祇有那些『無知之物、無建己之患、無用知之累』可以沒有一毫私意、又可以不至於陷入偏見的蒙弊。例如最高明的才智總比不上權衡斗斛度量等物的正碻無私。又如拈鉤分錢、投策分馬、即使不如人分的均平、但是人總不怨鉤策不公。這都是『不建己、不用知』的好處。不建己、不用知、即是除去一切主觀的蔽害、專用客觀的標準。法治主義與人治主義不同之處、根本即在此。愼到說得最好：

> 君人者舍法而以身治、則誅賞予奪從君心出。然則受賞者、雖當、望多無窮；受罰者、雖當、望輕無已。……法雖不善、猶愈於無法。……夫投鉤以分財、投策以分馬、非鉤策爲均也、使得美者不知所以美、得惡者不知所以惡、此所以塞願望也。

這是說用法可以塞怨望。韓非子說、

> 釋法術而心治、堯不能正一國。去規矩而妄意度、奚仲不能成一輪。……使中主守法術、拙匠守規矩尺寸、則萬不失矣。君人者能去賢巧之所不能、守中拙之所萬不失、則人力盡而功名立。（用人）
>
> 故設柙非所以備鼠也、所以使怯弱能服虎也。立法非所以避曾史也、所以使庸

主能止盜跖也。（守道）

這是說、若有了標準法、君主的賢不賢都不關緊要。人治主義的缺點在於只能希望『惟仁者宜在高位』却免不了『不仁而在高位』的危險。法治的目的在於建立標準法、使君主遵守不變。現在所謂『立憲政體』即是這個道理。但中國古代雖有這種觀念、却不曾做到施行的地步。所以秦孝公一死、商君的新法都可推翻；秦始皇一死、中國又大亂了。

第五、責效主義。儒家所說『爲政以德』『保民而王』『恭己正南面而天下治』等話、說來何嘗不好聽、只是沒有收效的把握。法治的長處在於有收效的把握。如韓非子說的：

法者、憲令著於官府、刑罰必於民心；賞存乎愼法、而罰加乎姦令者也。

守法便是效。（效的本義爲『如法』。說文『效、象也』引申爲效驗、爲功效。）不守法便是不效。但不守法即有罰、便是用刑罰去維持法令的效能。法律無效、等於無法。法家常說『控名以責實』這便是我所說的『責效』。『名』指法、（『如殺人者死』）實指個體的案情。（如『某人殺某人』）凡合於某法的某案情、都該依某法所定的處分：這便是『控名以責實』。（如云『凡殺人者死。某人殺人、故某人當死』）這種學說、根本上只是一種演繹的論理。這種論理的根本觀念只要『控名責實』、要『形名參同』、要『以一統萬』。這固是法家的長處、但法家的短處也在此。因為『法』的目的在『齊天下之動』、卻不知道人事非常複雜、有種種個性的區別、決不能全靠一些全稱名詞便可包括了一切。例如『殺人』須分故殺與誤殺。故殺之中、又可分別出千百種故殺的原因和動機。若單靠『殺人者死』一條法去包括一切殺人的案情、豈不要冤枉殺許多無罪的人嗎？中國古代以來的法理學只是一個刑名之學。今世的『刑名師爺』、便是這種主義的流毒。『刑名之學』只是一個『控名責實』。正如『刑名師爺』的責任只是要尋出各種案情（實）合於刑律的第幾條第幾款。（名）

五、韓非。 『法家』兩個字、不能包括當時一切政治學者。法家之中、韓非最有特別的見地、故我把他單提出來、另列一節。

我上文說過、中國古代的政治學說大都受了老子的『無為』兩個字的影響。就是法家也逃不出這兩個字。如上文所引尸子的話：『君人者苟能正名、愚智盡情；執一以靜、令名自正。』又說『正名去僞、事成若化。……正名覆實、不罰而威。』又如管子白心篇說的『名正法備則聖人無事』這都是『無爲』之治。他們也以爲政治的最高目的是『無爲而治、』有了法律、便可做到『法立而不用、刑設而不行』的無爲之治了。這一派的法家、我們可稱爲保守派。

韓非是一個極信歷史進化的人、故不能承認這種保守的法治主義。若顯學五蠹諸篇是韓非的書、則主道揚搉諸篇決不是韓非的書。兩者不可並立。他的歷史進化論、把古史分作上古、中古、近古、三個時期；每一時期、有那時期的需要、便有那時期的事業。故說：

今有搆木鑽燧於夏后氏之世者、必爲鯀禹笑矣。有決瀆於殷周之世者、必爲湯武笑矣。然則今有美堯舜禹湯武之道於當今之世者、必爲新聖笑矣。是以聖人不務循古、不法常可。論世之事、因爲之備（五蠹）

韓非的政治哲學、只是『論世之事、因爲之備』八個字。所以說『事因於世而備適於事。』又說『世異則事異、事異則備變。』他有一則寓言說得最好：

宋人有耕田者、田中有株、兔走觸株、折頸而死、因釋其耒而守株、冀復得兔。……

今欲以先王之政治當世之民、皆守株之類也。（同）

後人多愛用『守株待兔』的典、可惜都把這寓言的本意忘了。韓非既主張進化論、故他的法治觀念也是進化的。他說：

故治民無常、惟治爲法。法與時轉則治。治與世宜則有功。……時移而治不易者亂。（心度）

韓非雖是荀卿的弟子、他這種學說却恰和荀卿相反。荀卿罵那些主張『古今異情、其所以治亂者異道、』的人都是『妄人。』如此說來、韓非是第一個該罵了！其實荀卿的『法後王』說、雖不根據於進化論、却和韓非有點關係。荀卿不要法先王、是因爲先王的制度文物太久遠了、不可考了、不如後王的詳備。韓非說得更暢快：

孔子墨子俱道堯舜而取舍不同、皆自謂眞堯舜。堯舜不復生、將誰使定儒墨之誠乎？……不能定儒墨之眞、今乃欲審堯舜之道於三千歲之前、意者其不可必乎？無參驗而必之者、愚也。弗能必而據之者、誣也。故明據先王必定堯舜者非、愚則誣也。（顯學）

『參驗』卽是證據。韓非的學說最重實驗。他以爲一切言行都該用實際的『功用』作試驗。他說：

夫言行者、以功用爲之的彀者也。夫砥礪殺矢、而以妄發、其端未嘗不中秋毫也。然而不可謂善射者、無常儀的也。設五寸之的、引十步之遠、非羿逢蒙不能必中者、有常儀的也。故有常儀的則羿逢蒙以五寸的爲巧。無常儀的則以妄發之中秋毫爲拙。今聽言觀行、不以功用爲之的彀、言雖至察、行雖至堅、則妄發之說也。(問辯)舊本無後面三個『儀的』今據外儲說左上增。

言行若不以『功用』爲目的、便是『妄發』的胡說胡爲、沒有存在的價值。正如外儲說左上舉的例：

鄭人有相與爭年者、〔其一人曰『我與堯同年。』〕舊無此九字、今據馬總意林增。其一人曰『我與黃帝之兄同年。』一訟此而不決、以後息者爲勝耳。

言行旣以『功用』爲目的、我們便可用『功用』來試驗那言行的是非善惡。故說：

人皆寐則盲者不知；皆嘿則喑者不知覺而使之視、問而使之對、則喑盲者窮矣

……明主聽其言必責其用、觀其行必求其功、然則虛舊之學不談、矜誣之行不飾矣。（六反）

韓非的『功用主義』和墨子的『應用主義』大旨相同。但韓非比墨子還要激烈些。他說：

故不相容之事、不兩立也。斬敵者受上賞、而高慈惠之行；拔城者受爵祿、而信兼愛之說；（兼舊誤作廉。）堅甲厲兵以備難、而美薦紳之飾；富國以農、距敵恃卒、而貴文學之士、廢敬上畏法之民、而養遊俠私劍之屬：舉行如此、治強不可得也。國貧養儒俠、難至用介士：所利非所用、所用非所利。是故服事者簡其業、而游於學者日衆。是世之所以亂也。且世之所謂賢者、貞信之行也。所謂智者、微妙之言也。微妙之言、上智之所難知也。今爲衆人法、而以上智之所難知、則民無從識之矣。……夫治世之事、急者不得、則緩者非所務也。今所治之政、民間之事、夫婦所明知者不用、而慕上知之論、則其於治反矣。故微妙之言、非民務也。……今境內之民皆言治、藏商管之法者家有之、而國愈貧。言耕者衆、執耒者寡也。境內皆言兵、藏孫吳

之書者家有之、而兵愈弱。言戰者多、被甲者少也。故明主用其力、不聽其言；賞其功、必禁無用。（五蠹）

這種極端的『功用主義』在當時韓非對於垂亡的韓國、固是有爲而發的議論。但他把一切『微妙之言』、『商管之法』、『孫吳之書』、都看作『無用』的禁品。後來他的同門弟兄李斯把這學說當眞實行起來、遂鬧成焚書坑儒的大劫。這便是極端狹義的功用主義的大害了。（參看第八篇末章。）

第三章　古代哲學之中絕

本章所述、乃係中國古代哲學忽然中道銷滅的歷史。平常的人都把古學中絕的罪歸到秦始皇焚書阬儒兩件事。其實這兩件事雖有幾分關係、但都不是古代哲學銷滅的眞原因。現在且先記焚書阬儒兩件事：

焚書　秦始皇於西曆前二三〇年滅韓、二二八年滅趙、二二五年滅魏、二二三年滅楚、明年滅燕、又明年滅齊、二二一年、六國都亡、秦一統中國。始皇稱皇帝、用李斯的計策、廢封建制度、分中國爲三十六郡；又收天下兵器、改鑄鐘鐻鐵人；於是統一法度、衡石、丈尺；車同軌、書同文；為中國有歷史以來第一次造成統一的帝國。(此語人或不以為然。但古代所謂一統、不是眞一統、至秦始眞成一統耳。當日李斯等所言『上古以來未嘗有、五帝所不及』並非妄言。)李斯曾做荀卿的弟子、荀卿本是主張專制政體的人、(看他的正名篇。)以為國家對於一切奇辭邪說、應該用命令刑罰去禁止他們。李斯與韓非同時、又曾同學於荀卿、故與韓非同有歷史進化的觀念、又同主張一種狹義的功用主義。故李斯的政策、一是注重功用的、二是主張革新變法的、三是狠用專制手段的。後來有一班守舊的博士如淳于越等反對始皇的新政、以為『事不師古而能長久者、非所聞也。』始皇把這議交羣臣會議。李斯回奏道：

> 五帝不相復、三代不相襲、各以治、非其相反、時變異也。(看上一章論韓非一節。)今陛下創大業、建萬世之功、固非愚儒所知。且越言乃三代之事、何足法也。(此等話全是韓非顯學五蠹兩篇的口氣。)(商君書論變法也有這等話。但商君書是假造的、(考見上章)不可深信。)異時諸侯並爭、厚招游學。今天下已定、法令出一；百姓當家則力農工、士則學習法令、辟禁。今諸生不師今而學古、以非當世、惑亂黔首。丞相臣斯昧死言：古者天下散亂、莫之能一、是以諸侯(侯字當作儒。)並作、語皆道古以害今、飾虛言以亂實。人善其所私學、以非上之所建立。今皇帝幷有天下、

別黑白而定一尊。而私學相與非法教。（而字本在學字下。）人聞令下、則各以其學議之；入則心非、出則巷議。夸主以爲名、異取以爲高、率羣下以造謗。如此弗禁、則主勢降於上、黨與成乎下。禁之便。臣請史官非秦紀、皆燒之。非博士官所職、天下敢有藏詩書百家語者、悉詣守尉雜燒之。有敢偶語詩書、棄市。以古非今者、族。吏見知不舉者、與同罪。令下三十日不燒、黥爲城旦。所不去者、醫藥卜筮種樹之書。若有欲學法令、（有欲二字原本誤倒。今依王念孫校改。）以吏爲師。（此奏據史記秦始皇本紀及李斯列傳。）

始皇贊成此議、遂實行燒書。近人如康有爲（新學僞經考卷一。）崔適（史記探原卷三。）都以爲此次燒書「但燒民間之書、若博士所職、則詩書百家自存。」又以爲李斯奏內「若有欲學法令、以吏爲師」一句、當依徐廣所校及李斯列傳刪去「法令」二字、「吏」卽博士、「欲學詩書六藝者、詣博士受業可矣。」（此康有爲之言。）康氏崔氏的目的在於證明六經不曾亡缺。其實這種證據是狠薄弱的。法令既說「偶語詩書者棄市」、決不至又許「欲學詩書六藝者、詣博士受業」。這是顯然的道理。況且「博士所職」四個字泛得狠。從史記各處合看起來、大概秦時的「博士」多是「儒生」、決不至兼通「文學百家語」。卽使如康氏崔氏所言、『六經』是博士所職、但他們終不能證明『百家』的書都是博士所守。始皇本紀記始皇自言、『吾前收天下書不中用者、盡去之。』大概燒的書自必很多、博士所保存的不過一些官書、未必肯保存諸子百家之書。但是政府禁書、無論古今中外、是禁不盡絕的。秦始皇那種專制手段、還免不了博浪沙的一次大驚嚇；十日的大索也捉不住一個張良。可見當時犯禁的人一定很多、偸藏的書一定狠不少。試看漢書藝文志所記書目、便知秦始皇燒書的政策、雖不無小小的影響、其實是一場大失敗。所以我說燒書一件事不是哲學中絕的一個眞原因。

阬儒　阬儒一事、更不重要了。今記這件事的歷史於下：

侯生盧生相與謀曰、『始皇爲人天性剛戾自用。起諸侯、幷天下、意得欲從、以爲自古莫能及己。專任獄吏、獄吏得親幸。博士雖七十人、特備員弗用。丞相諸大臣皆受成事、倚辦於上。上樂以刑殺爲威、……下懾伏謾欺以取容。秦法不得兼方不驗、輒死。然候星氣者至三百人、皆良士、畏忌諱、諛不敢端言其過。天下之事無大小皆決於上。上至以衡石量書、日夜有呈、不中呈不得休息。貪於權勢至如此、未可爲求仙藥。』遂亡去。始皇聞亡、乃大怒曰、『吾前收天下書不中用者、盡去之；悉召文學方術士甚衆、欲以興太平；方士欲練以求奇藥。今聞韓衆去不報、徐市等費以巨萬計、終不得藥、徒姦利相告日聞。盧生等、吾尊賜之甚厚、今乃誹謗我以重吾不德也！（也通耶字。）諸生在咸陽者、吾使人廉問、或爲謠言以亂黔首。』於是使御史悉按問諸生、諸生傳相告引、乃自除犯禁者四百六十餘人、皆阬之咸陽、使天下知之以懲。後益發、謫徙邊。（史記秦始皇本紀。）

細看這一大段、可知秦始皇所阬殺的四百六十餘人、乃是一班望星氣、求仙藥的方士。（史記儒林列傳也說『秦之季世阬術士』）這種方士、多阬殺了幾百個、於當時的哲學只該有益處、不該有害處。故我說阬儒一件事也不是哲學中絕的眞原因。

現今且問中國古代哲學的中道斷絕究竟是爲了什麼緣故呢？依我的愚見看來、約有四種眞原因：（一）是懷疑主義的名學、（二）是狹義的功用主義、（三）是專制的一尊主義、（四）是方士派的迷信。我且分說這四層如下：

第一、懷疑的名學　在哲學史上、『懷疑主義』乃是指那種不認眞理爲可知、不認是非爲可辯的態度。中國古代的哲學莫盛於『別墨』時代。看墨辯諸篇、所載的界說、可想見當時科學方法和科學問題的範圍。無論當時所造詣的深淺如何、只看那些人所用的方法和所研究的範圍、便可推想這一支學派、若繼續研究下去、有人繼長增高、應該可以發生狠高深的科學、和一種『科學的哲學』。不料這支學派發達得不多年、便受一次根本上的打擊。這種根本上的打擊就是莊子一派的懷疑主義。因爲科學與哲學發達的第一個條件、就是一種信仰知識的精神：以爲眞理是可知的、是非是可辯的、利害嫌疑治亂都是可以知識解決的。故『別墨』論『辯』以爲天下的眞理都只有一個是非眞僞、故說『彼、不可兩不可也』又說、『辯也者、或謂之是、或謂之非、當者勝也。』這就是信仰知識的精神。看第八篇第三章。到了莊子、忽生一種反動。莊子以爲天下本沒有一定的是非、『彼出於是、是亦因彼』；『是亦彼也、彼亦是也。』因此他便走入極端的懷疑主義、以爲人生有限而知識無窮、用有限的人生去求無窮的眞理、乃是最愚的事。況且萬物無時不變、無時不移、此刻的是、停一刻已變爲不是；古人的是、今人又以爲不是了；今人的是、將來或者又變爲不是了。所以莊子說、我又如何知道我所知的當眞不是『不知』呢？又如何知道我所不知的或者倒是眞『知』呢？這就是懷疑的名學。有了這種態度、便可把那種信仰知識的精神一齊都打銷了。再加上老子傳下來的『使民無知無欲』的學說和莊子同時的愼到田駢一派的『莫之是、莫之非』的學說、自然更容易養成一種對於知識學問的消極態度。因此莊子以後、中國的名學簡直毫無進步、名學便是哲學的方法。方法不進步、哲學科學自然不會有進步了。所以我說中國古代哲學中絕的第一個眞原因、就是莊子的齊物論。自從這種懷疑主義出世以後、人人以『不譴是非』爲高尚、如何還有研究眞理的科學與哲學呢？

第二、狹義的功用主義　莊子的懷疑主義出世之後、哲學界又生出兩種反動：一是功用主義、一是一尊主義。這兩種都帶有救正懷疑主義的意味。他們的宗旨都在於尋出一種標準、可作爲是非的準則。如今且先說功用主義。

我從前論墨子的應用主義時、曾引墨子自己的話、下應用主義的界說、如下：

言足以遷行者、常之。不足以遷行者、勿常。不足以遷行而常之、是蕩口也。（貴義篇、耕柱篇。）

這是說、凡理論學說須要能改良人生的行爲、始可推尙。這是墨家的應用主義。後來科學漸漸發達、學理的研究越進越高深、於是有堅白同異的研究、有時間空間的研究。這些問題、在平常人眼裏覺得是最沒有實用的詭辯。所以後來發生的功用主義、一方面是要挽救懷疑哲學的消極態度、一方面竟是攻擊當時的科學家與哲學家。如荀子儒效篇說：

凡事行、有益於理者、立之；無益於理者、廢之。……若夫充虛之相施易也、（施通移。）堅白同異之分隔也、是聰耳之所不能聽也、明目之所不能見也、……雖有聖人之知、未能僂指也。不知無害爲君子、知之無損爲小人。

這種學說、以『有益於理』『無益於理』作標準。一切科學家的學說如『充虛之相施易、』（充是實體、虛是虛空。物動時只是從這個地位、換到那個地位、故說充虛之相移易。墨辯釋動爲『域徙也』可以參看。）如『堅白同異之分隔』依儒家的眼光看來、都是『無益於理』。荀子解蔽篇也說：

若夫非分是非、非治曲直、非辨治亂、非治人道、雖能之、無益於人；不能、無損於人。案（乃也。）直將治怪說、玩奇辭、以相撓滑也。……此亂世姦人之說也、墨家論辯的目的有六種：(一)明是非、(二)審治亂、(三)明同異之處、(四)察名實之理、(五)處利害、(六)決嫌疑。(見小取篇。)荀子所說只有(一)(二)兩種、故把學問知識的範圍更狹小了。因此、我們可說荀子這一種學說爲『狹義的功用主義』、以別於墨家的應用主義。(墨子亦有甚狹處。說見第六篇。)

這種主義到韓非時、更激烈了、更褊狹了。韓非說：

夫言行者、以功用爲之的彀者也。……今聽言觀行、不以功用爲之的彀、言雖至察、行雖至堅、則妄發之說也。是以亂世之聽言也、以難知爲察、以博文爲辯。其觀行也、以離羣爲賢、以犯上爲抗。……是以儒服帶劍者衆、而耕戰之士寡；堅白無厚之辭章、而憲令之法息。(問辯篇)

這種學說、把『功用』兩字解作富國強兵立刻見效的功用。因此、一切『堅白無厚之辭』(此亦指當時的科學家。墨辯屢言『無厚』。見經說上。惠施也有『無厚不可積也』之語。)同一切『上智之論、微妙之言』都是沒有用的、都是該禁止的。(參觀上章論韓非一段。)後來秦始皇說『吾前收天下書不中用者盡去之、』便是這種狹義的功用主義的自然結果。其實這種短見的功用主義乃是科學與哲學思想發達的最大阻力。科學與哲學雖然都是應用的、但科學家與哲學家却須要能夠超出眼前的速效小利、方才能夠從根本上著力、打下高深學問的基礎、預備將來更大更廣的應用。若哲學界有了一種短見的功用主義、學術思想自然不會有進步、正用不著焚書阬儒的摧殘手段了。所以我說古代哲學中絕的第二個眞原因便是荀子韓非一派的狹義的功用主義。

第三、專制的一尊主義　上文說懷疑主義之後、中國哲學界生出兩條挽救的方法：一條是把『功用』定是非、上文已說過了；還有一條是專制的一尊主義。懷疑派的人說道：

計人之所知、不若其所不知；其生之時、不若其未生之時。以其至小、求窮其至大之域、是故迷亂而不能自得也。（莊子秋水篇。）

這是智識上的悲觀主義。當時的哲學家聽了這種議論、覺得狠有道理。如荀子也說：

凡〔可〕以知、人之性也。可知、物之理也。以可以知人之性、求可知物之理、而無所疑止之、（疑、定也。說詳第九篇第一章。參看第十一篇第三章引此段下之校語。）則沒世窮年不能徧也。其所以貫理焉、雖億萬已、不足以浹萬物之變、與愚者若一。學老身長子而與愚者若一、猶不知錯、夫是之謂妄人。

故學也者、固學止之也。

這種議論同莊子的懷疑主義有何分別？但荀子又轉一句、說道：

這九個字便是古學滅亡的死刑宣言書！學問無止境、如今說學問的目的在於尋一個止境：從此以後還有學術思想發展的希望嗎？荀子接著說道：

惡乎止之？曰、至足。曷謂至足？曰、聖王也。聖也者、盡倫者也；王也者、盡制者也。兩盡者足以爲天下極矣。故學者以聖王爲師、案（荀子用案字、或作乃解、或作而解。古音案、而、乃、等字皆在泥紐、故相通。）以聖王之制爲法。（解蔽篇。）

這便是我所說的『專制的一尊主義』在荀子的心裏、這不過是挽救懷疑態度的一個方法、不料這種主張便是科學的封門政策、便是哲學的自殺政策。荀子的正名主義全是這種專制手段。後來他的弟子韓非李斯和他的『私淑弟子』董仲舒（董仲舒作書美荀卿、見劉向荀卿書序。）都是實行這種師訓的人。韓非子問辯篇說：

明主之國、令者、言最貴者也；法者、事最適者也。言無二貴、法不兩適。故言行而不軌於法令者、必禁。

這就是李斯後來所實行『別黑白而定一尊』的政策。哲學的發達全靠『異端』羣起、百川競流。（端、古訓一點。引申爲長物的兩頭。異端不過是一種不同的觀點。譬如一根手杖、你拿這端、我拿那端。你未必是、我未必非。）一到了『別黑白而定一尊』的時候、一家專制、罷黜百家；名爲『尊』這一家、其實這一家少了四圍的敵手與批評家、就如同刀子少了磨刀石、不久就要銹了、不久就要鈍了。故我說中國古代哲學滅亡的第三個眞原因就是荀子韓非李斯一系的專制的一尊主義。

第四、方士派迷信的盛行　中國古代哲學的一大特色就是幾乎完全沒有神話的迷信。當哲學發生之時、中國民族的文化已脫離了幼稚時代、已進入成人時代、故當時的文學、（如國風小雅。）史記、（如春秋。）哲學、都沒有神話性質。老子第一個提出自然無爲的天道觀念、打破了天帝的迷信、從此以後、這種天道觀念遂成中國『自然哲學』（老子、楊朱、莊子、淮南子、王充、以及魏晉時代的哲學家。）的中心觀念。儒家的孔子荀子都受了這種觀念的影響、故多有破除迷信的精神。但中國古代通行的宗教迷信、有了幾千年的根據、究竟不能一齊打破。這種通行的宗教、簡單說來、約有幾個要點。(一)是一個有意志知覺、能賞善罰惡的天帝；(說見第二篇。)(二)是崇拜自然界種種質力的迷信、如祭天地日月山川之類；(三)是鬼神的迷信、以爲人死有知、能作禍福、故必須祭祀供養他們。這幾種迷信、可算得是古中國的國教。這個國教的教主卽是『天子』。(天子之名、乃是古時有此國教之鐵證。)試看古代祭祀頌神的詩歌、(如周頌及大小雅。)及天子祭天地、諸侯祭社稷、大夫祭宗廟、等等禮節、可想見當時那種半宗教半政治的社會階級。更看春秋時人對於一國宗社的重要、也可想見古代的國家組織實含有宗教的性質。周靈王時、因諸侯不來朝、萇弘爲那些不來朝的諸侯設位、用箭去射、要想用這個法子使諸侯來朝。這事雖極可笑、但可考見古代天子對於各地諸侯、不單是政治上的統屬、還有宗教上的關繫。古代又有許多宗教的官、如祝、宗、巫、覡、之類。後來諸國漸漸強盛、周天子不能統治諸侯、政治權力與宗教權力都漸漸銷滅。政教從此分離、宗祝巫覡之類也漸漸散在民間。哲學發生以後、宗教迷信更受一種打擊。老子有『其鬼不神、其神不傷人』的話；儒家有無鬼神之論。(見墨子。)春秋時人叔孫豹說『死而不朽、』以爲立德、立功、立言、是三不朽；至於保守宗廟、世不絕祀、不可謂之不朽。這已是根本的推翻祖宗的迷信了。但是後來又發生幾種原因、頗爲宗教迷信增添一些勢燄。一是墨家的明鬼尊天主義。二是儒家的喪禮祭禮。三是戰國時代發生的仙人迷信。仙人之說、古文學如詩三百篇中皆無之。似是後起的迷信。四是戰國時代發生的陰陽五行之說。看本篇第一章論鄒衍一節。五是戰國時代發生的鍊仙藥求長生之說。——這五種迷信、漸漸混合、遂造成一種方士的宗教。這五項之中天鬼、喪祭、陰陽五行三件都在別篇說過了。最可怪的是戰國時代哲學科學正盛之時、何以竟有仙人的迷信同求長生仙藥的迷信？依我個人的意見看來、大概有幾層原因。（一）那個時代乃是中國本部已成熟的文明開化四境上各種新民族的時代。試想當日開化中國南部的一段歷史。新民族吸收中原文化、自不必說。但是新民族的許多富於理想的神話也隨時輸入中國本部。試看屈原宋玉一輩人的文學中所有的神話、都是北方文學所無、便是一證。或者神仙之說也是從這些新民族輸入中國文明的。（二）那時生計發達、航海業也漸漸發達、於是有海上三神山等等神話自海邊傳來。（三）最要緊的原因是當時的兵禍連年、民不聊生、於是出世的觀念也更發達。同時的哲學也有楊朱的厭世思想和莊子一派的出世思想、可見當時的趨勢。莊子書中有許多仙人的神話、（如列子御風、藐姑射仙人之類。）又有『眞人』『神人』、『大浸稽天而不溺、大旱金石流、土山焦而不熱』種種出世的理想。故仙人觀念之盛行、其實只是那時代厭世思想流行的表示。

以上說『方士的宗教』的小史。當時的君主、狠有幾人迷信這種說話的。齊威王、宣王與燕昭王都有這種迷信。燕昭王求長生藥、反被藥毒死。秦始皇一統天下之後、功成意得、一切隨心所欲、只有生死不可知、於是極力提倡這種『方士的宗教』、到處設祠、封泰山、禪梁父、信用燕齊海上的方士、使徐市帶了童男女數千人入海求仙人、使盧生去尋仙人羨門子高、使韓終（又作韓衆。）侯生等求不死之藥、召集天下『方術士』無數、『候星氣者多至三百人』。這十幾年的熱鬧、遂使老子到韓非三百年哲學科學的中國、一變竟成一個方士的中國了。古代的哲學、消極一方面受了懷疑主義的打擊、受了狹義功用主義的摧殘、又受了一尊主義的壓制：積極一方面又受了這十幾年最時髦的方士宗教的同化：古代哲學從此遂眞死了！所以我說、哲學滅亡的第四個眞原因、不在焚書、不在阬儒、乃在方士的迷信。

卷上終

History of Chinese Philosophy
Vol. I
Commercial Press, Limited

中華民國八年二月初版
（北京大學叢書之一）
（中國哲學史大綱卷上一冊）
（卷上定價大洋壹元貳角）
（外埠酌加運費匯費）

編著者　胡適
發行者　商務印書館
印刷所　上海北河南路北首寶山路　商務印書館
總發行所　上海棋盤街中市　商務印書館
分售處　北京　天津　保定　奉天　吉林　龍江　濟南　東昌　太原　開封　洛陽　西安　南京　杭州　蘭谿　安慶　蕪湖　南昌　漢口　長沙　常德　成都　重慶　瀘縣　福州　廣州　潮州　香港　桂林　梧州　雲南　貴陽　張家口　新嘉坡　商務印書分館